本书为浙江省哲学社会科学规划后期资助课题（13HQZZ040）

本书为 2012 年陕西省优秀博士学位论文

本书获得绍兴文理学院出版基金资助

浙江省哲学社会科学规划
后期资助课题成果文库

信阳地区方言语音研究

Xinyang Diqu Fangyan Yuyin Yanjiu

叶祖贵　著

中国社会科学出版社

图书在版编目（CIP）数据

信阳地区方言语音研究／叶祖贵著．—北京：中国社会科学出版社，
2014.6

ISBN 978 – 7 – 5161 – 4448 – 0

Ⅰ.①信⋯　Ⅱ.①叶⋯　Ⅲ.①北方方言 – 语音 – 方言研究 – 信阳市

Ⅳ.①H172.1

中国版本图书馆 CIP 数据核字（2014）第 143621 号

出 版 人	赵剑英	
责任编辑	宫京蕾	
责任校对	郝阳洋	
责任印制	何　艳	

出　　　版	中国社会科学出版社	
社　　　址	北京鼓楼西大街甲 158 号　（邮编100720）	
网　　　址	http：//www. csspw. cn	
	中文域名：中国社科网　　010 – 64070619	
发 行 部	010 – 84083685	
门 市 部	010 – 84029450	
经　　　销	新华书店及其他书店	

印刷装订	北京市兴怀印刷厂	
版　　　次	2014 年 6 月第 1 版	
印　　　次	2014 年 6 月第 1 次印刷	

开　　　本	710 × 1000　1/16	
印　　　张	15	
插　　　页	2	
字　　　数	246 千字	
定　　　价	45. 00 元	

序

胡安顺

　　《信阳地区方言语音研究》一书是祖贵同志的博士论文。信阳市地处河南省南部，毗邻鄂皖两省，下辖浉河区、平桥区和罗山县、光山县、新县、潢川县、固始县、商城县、息县、淮滨县2区8县，总人口约780万。文章选择该市老城区、浉河区谭家河镇、平桥区城阳城、罗山县楠杆镇、光山县北向店乡、光山县白雀园镇、新县沙窝镇、新县卡房乡、潢川县白店乡、固始县郭陆滩镇、商城县城关、商城县吴河乡、息县孙庙乡、息县小茴店镇、淮滨县张庄乡15个方言点进行了调查，描写出了15个方言点的声韵调，讨论了各点声韵调的特点及演变规律，同时考察了信阳行政区划的历史沿革、移民史等情况，在此基础上论证了信阳方言的成因及归属等问题。结论主要有以下七个方面。

　　一、信阳方言的内部差异很大，大致可以分为江淮官话、中原官话和西南官话三个方言区。其中新县、光山县属于江淮官话的黄孝片，主要特点是有 ʮ 类韵母，南部许多乡镇保留有入声，去分阴阳。浉河区、平桥区、罗山县、潢川县、息县和淮滨县属于中原官话，主要特点是古全浊入声字今归阳平，清声与次浊入声字今归阴平。商城县和固始县属于西南官话，主要特点是泥、来母不分，知庄章组与精组不分，深臻摄与曾梗摄不分，遇流摄和宕通摄入声部分明母字读 –ŋ 尾，古入声字今归阳平（限于商城县中部）。

　　二、信阳方言晓、非组的演变有 x → f 和 f → x 两种类型。浉河区、平桥区、新县、光山县和罗山县属于 x → f 型，潢川县、息县和淮滨县属于 f → x 型。

　　三、信阳方言精知庄章组分为 ts、tʂ 相混和 ts、tʂ 分立两种类型。浉河区、光山县、新县和息县属 ts、tʂ 分立型，其他地区属 ts、tʂ 相混型。

四、信阳方言德陌麦韵除"贼"等少数字有 –i 尾外（罗山县除外），大多数字都无 –i 尾。

五、信阳方言（息县和淮滨县除外）中的全清、次浊古入声字早期多派入阴平（如浉河区、平桥区、罗山县、光山县、新县、潢川县）和阳平（如商城县和固始县）。后因郑州等方言的影响，浉河区、平桥区、罗山县和潢川县变成全浊入声归阳平，清与次浊归阴平，跟郑州方言完全一致；商城县中部、新县和光山县因距郑州相对较远，没有发生此类变化。

六、商城县北部和固始县的部分清、次浊入声字有阴平、阳平两读现象，此类字早期也只读阳平，后来受郑州方言的影响产生阴平一读。

七、信阳市在历史上曾经发生多次移民潮，其中明初由山西和江西流入信阳的移民最多。外来移民对信阳方言产生了重要影响，例如明初的江西移民使一些县市具有赣语的一些特点。

这些结论虽未必尽善尽美，但都是在实地调查的基础上得出的，应该说比较符合事实。除此之外，该论文还以附录形式展示了信阳地区 15 个方言点的字音对照、"遇蟹止山臻通"六摄部分合口字的读音、方音语音特征地图以及固始方言的同音字汇。这次付梓之前，作者又作了一些修改，删去了《固始方言同音字汇》，将《附录一》和《附录二》的 15 个方言点删改为 12 个方言点，增加了《信阳地区古入声的发展演变》一节，调整了第七章的内容，对原文的部分结构作了新的安排。

该书首次比较全面地揭示了信阳方言的面貌，提出了一系列有关信阳方音特点和演变规律的新观点，颇有学术价值，相信会引起学界尤其是信阳方言研究者的重视。另外，书中作为论据的材料也很丰富，特别值得一提的是书末的几个附录，均为精心之作。其中《信阳地区 12 个方言代表点的字音对照》列字 1102 个，对 12 个方言点的声韵调进行了详细对照；《遇、蟹、止、山、臻、通六摄合口部分字读音对照表》分别对此六摄部分字在 12 个方言点中的异同作了详细对照；《信阳地区方言语音特征地图》分别绘制了 15 个方言点的"泥、来分混图"、"ts、tʂ 分混图"、"f、x 分混示意图"、"深臻摄与曾梗摄分混图"、"宕江摄知系阳声韵字读音情形图"和"'书虚'、'篆倦'读音情形图"。这些附录同样具有重要的学术价值，例如从《附录二》中，我们看到东韵"东、送、虫"等字的韵母在信阳老城区、浉河区、罗山、光山、新县、卡房等地读作 oŋ，"东"字的韵母在潢川、固始、商城等地读作 əŋ，屋韵"秃、叔"等字的韵母在"浉河区"读作 ou，在罗山、光山、新县、

卡房等地读作 əu，这些读音为进一步确定中古东韵的音值提供了新的证据。高本汉将《韵镜》、《七音略》明确标为开口的东韵拟作 u（o）ŋ 和 ɪuŋ，而将《韵镜》、《七音略》明确标为合口的冬韵拟作 uoŋ，还有些学者干脆将东韵拟作 uŋ 和 ɪuŋ，而将冬韵拟作 uoŋ 或 oŋ，都值得商榷。

　　祖贵同志为人质朴，寡于言语而专心治学，勇于攻坚。读博期间曾在《中国语文》、《方言》、《宁夏大学学报》发表论文各 1 篇，在中国社会科学出版社出版专著 1 部，先后荣获 2010 年度宝钢优秀学生奖、陕西师范大学2010 年度研究生优秀学位论文奖、陕西师范大学 2010 届优秀毕业研究生奖、2010 年陕西师范大学"元白语言学奖"一等奖，毕业后又荣获 2012 年陕西省优秀博士论文奖。成绩可谓突出，荣誉亦不可谓少。然当今社会浮躁之风渐甚，甘坐冷板凳者日少，祖贵作为一名高校青年教师诸多不易，常来信告知其困顿迷茫，难以静心。古人云"不戚戚于贫贱，不汲汲于富贵"、"不以物喜，不以己悲"，余劝其奉斯心不为暂时名利所动，应以成就大业为己任。大业者，立言之谓也。于经谓《论语》、《孟子》之属，于子谓《荀子》、《墨子》之属，于史谓《史记》、《汉书》之属，于集谓《文选》、《文心》之属，于语言谓《说文》、《切韵》之属，皆集数十年之功而成，垂千秋万代而不灭。祖贵同志若能去除浮躁，守志向学，面壁十年，定能取得一番成就！

　　今见祖贵已将论文修改成书，即将付梓，余喜而贺之，遂为之序。

2013年11月于陕西师范大学菊香斋

目　　录

第一章

绪 论

第一节 信阳地区①的地理概况

信阳是河南省的分政区域，位于河南省南部。地理位置处于北纬 31°23′—32°27′，东经 113°21′—115°56′。全境东西长约 205 公里，南北宽约 142 公里，总面积 1.8 万多平方公里，人口约 780 万。辖 2 区 8 县：2 区是浉河区、平桥区；8 县是罗山县、光山县、新县、潢川县、固始县、商城县、息县、淮滨县。信阳地处大别山北麓与淮河上游之间，东与安徽的阜阳、六安相连，南同湖北的黄冈、孝感接壤，被人誉为"鄂北豫尾"，地理位置十分重要。其具体的地理位置详见图 1-1。

信阳地势南高北低，是岗川相间、形态多样的阶梯地貌。西部和南部是桐柏山、大别山构成的豫南山地，蜿蜒于豫鄂边界，成为江淮两大流域的分水岭。中部是丘陵岗地，北部是平原洼地，里面梯田层层，河渠纵横，塘堰密布，水田如网，是信阳的粮食生产基地。

信阳地跨淮河，属亚热带向暖温带过渡区。这种过渡气候造成淮河南北自然景观的巨大差异。淮南山清水秀，河渠纵横，盛产水稻，犹如江南风情。淮北平原舒展，一望无垠，盛产小麦、杂粮、棉花，酷似北国风光。

信阳地区河流众多，分属长江、淮河两大水系，其中淮河支流密集，水量丰富，较大的有史河、灌河、浉河、白露河、潢河和竹竿河，均按西南—东北方向汇入淮河。

---

① 在信阳人的心目中，信阳地区和信阳市是两个不同的概念。信阳市一般只指信阳市区一带，信阳地区则包括信阳市区及所辖各县。本书也采用这个分法。另外为行文方便，"信阳地区"有时也说为"信阳"。

图1-1 信阳地理位置示意图

第二节 信阳地区的政区沿革及历史移民概况

一 信阳地区的政区沿革

信阳历史悠久，8000年前境内的淮河两岸就已出现原始农业。潢川县张集乡三河岔出土的研磨稻麦谷物的石磨盘，表明当时的原始农业已经达到相当的规模。仰韶期、屈家岭期及龙山期等20余处遗址出土的器物表明，当时氏族社会的经济生活都以农业为基础。夏朝，皋陶的后裔被分封于本地区的舒蓼，建立了蓼国，即现在的固始县一带。商朝该地区中部出现了息国。西周又出现了蒋、江、申、赖等诸侯国。东周又有弦、黄、曾等诸侯国，并出现负函、白邑、雩娄、鸡父等城市。其中息、黄两国的农业经济规模最大，号称千乘之国，人口当在万户以上。

到了战国，南部的楚国日益强大，逐步吞并了本地区的诸侯国。在周庄王九年（前688）灭申国,建立申县,即现在的信阳市一带;庄王十三年（前684）灭息国,建立息县;惠王二十二年（前655）灭弦国;襄王四年（前648）灭黄国;襄王二十九年（前623）灭江国,其淮南之地归申县所辖;次年（前622）灭蓼国,在此之前已灭蒋国,并以蓼、蒋、黄等地建期思县,县城设于原蒋国都城。

秦朝时以郡辖县,本地区县制增加,分属周围各郡管辖。原期思县境内设蓼、安丰、雩娄3县。蓼县、安丰县均在今固始境内,雩娄在今商城境内,3县同属九江郡,治所在今安徽寿春。原弦国境内增设西阳县,与期思县同属衡山郡,治所在今湖北黄冈附近。息县属陈郡,治所在今淮阳。原申县地域设南阳郡,辖有新设的城阳县。城阳县以西的地区,即信阳市西北隅淮河以北的三角地带,属平氏县的义阳乡。城阳、平氏两县同属南阳郡。

西汉沿袭秦制,本地区的郡县辖区缩小,数目增多。改陈郡为汝南郡,辖有本区的期思县、新息县（原息县）、城阳县、安昌县（新设）、弋阳县（新设）。分庐江郡设安丰郡,辖有本地区的蓼县、安丰县、雩娄县。分衡山郡设江夏郡,辖有本地区的西阳县、轪县（新设）、鄳县（新设）、钟武县（新设）。

东汉初年,新息、弋阳、雩娄、蓼和轪等县改置侯国。分期思县置褒信侯国,国都在今息县包信镇,改钟武县为平春侯国。后又相继废除侯国,恢复县制。

三国本地区属于曹魏国。魏文帝时分汝南郡置弋阳郡,治所设于西阳。这是本地区设郡之始,辖原属汝南郡的弋阳县、期思县和原属江夏郡的鄳县、西阳县。汝南郡在本地区只剩下新息县和褒信县,江夏郡在本地区剩下鄳县和平春县。又分南阳郡置义阳郡,辖有本地区的义阳县和鄳县,不久又省去。

西晋安丰郡、弋阳郡、汝南郡所辖县如旧,3郡皆隶属于豫州。惠帝时分汝南郡置汝阴郡,分褒信县归其所辖,亦隶属于豫州。原三国时省去的义阳郡复置为义阳国。不久又罢义阳国,恢复义阳郡,治所先设于安昌,后移至仁顺城,即现在的信阳市。

东晋安丰郡并入弋阳郡,辖原2郡的7县,隶属于豫州。豫州治所移至西阳,这是本地区设州之始。汝南郡、汝阴郡所辖县不变,2郡亦隶属于豫州。咸和五年（330）,后赵进占淮河两岸,本地区郡县全部为其所有。永和五年（349）,因冉闵降而复归于东晋。桓温北伐失败后,前秦于太元三年（378）占领淮北，新息县、褒信县属其所有，淮南郡县则仍属东晋。淝水之战后，淮北诸县复归东晋。但隆安三年（399），后秦占据了淮北，东晋只据有淮南，直至东晋灭亡。

南北朝时战争激烈，本地区较多时期以淮河为界。北朝占据淮北，南朝占据淮南。各朝或为安置流亡人口而侨置州县，或为招纳士族而虚设官衔，州郡越变越小，甚至有名无实。因查考无据，不谈。

隋朝省州并郡，减少县制。隋文帝开皇三年（583）废郡，以州辖县。隋炀帝改州称郡，以郡辖县。本地区简化为3郡14县，汝南郡辖本地区的城阳、新息和褒信3县，治所在今汝南县；光阳郡（不久又改为弋阳郡）辖本地区的光山、乐安、定城（今潢川县）、殷城、期思、固始6县，治所在今光山县城；义阳郡辖本地区的义阳、钟山、罗山、淮源、礼山5县，治所在今信阳市。

唐朝改郡为州，继续减少县制。改汝南郡为蔡州，又称豫州，隶属于河南道，治所在今天的汝南县，辖有本地区的新息与褒信两县。改弋阳郡为光州，治所在今天的光山。太极元年（712）治所由光山移至定城，即现在的潢川县城南部，辖定城县、殷城县、固始县、光山县和仙居县（原乐安县）。改义阳郡为申州，辖义阳、钟山和罗山。光州和申州皆隶属于淮南道。

五代前期，蔡州和申州属于梁、唐，光州属于吴国。后期，蔡州和申州属于晋、汉，光州属于南唐。末期，3州同属于北周。

北宋时，降申州为义阳军，废钟山县归义阳县。太平兴国元年（976）因避宋太宗赵光义名讳，改义阳为信阳，治所在今天的信阳市。蔡州和信阳军隶属于京西北路。光州辖定城、固始、光山、仙居等县，隶属于淮南路。因避赵匡胤父亲赵弘殷的名讳，改殷城镇为商城镇，其地并入固始。宋神宗熙宁五年（1072）分淮南路为东西两路，光州属于淮南西路。

南宋时，蔡州隶属于南京路，信阳军属于京湖北路，光州仍属于淮南西路。高宗建炎元年（1127），并仙居县入光山县。绍兴二十八年（1158）因避金太子光瑛名讳，改光州为蒋州，改光山县为期思县。

元朝至元十二年（1275），复蒋州为光州，隶属于蕲黄宣慰司。至元二十三年（1286）隶属于淮西宣慰司。至元三十年（1293）改蔡州为汝宁府，光州也归其所属。至元十四年（1277）改信阳军为府，辖信阳、罗山两县。至元十五年（1278）改为信阳州，至元三十年（1293）也归汝宁府所辖。

明洪武四年（1371），光州改属于中都临濠府，治所在今天的安徽凤阳县。十三年（1380）又复归汝宁府管辖。明成化十一年（1475）分固始县西南部重置商城县，归光山管辖。洪武四年（1371），信阳州也改隶属于中都临濠府。七年（1374）又复归汝宁府管辖。

清从建国至乾隆末，光州、信阳州辖县未变。雍正二年（1724）实行直隶制度，光州由隶属汝宁府改为直隶河南行省，信阳州仍属汝宁府。光绪末年，光州、信阳州隶属于南汝光道。宣统元年（1909），光州、信阳州隶属于南汝光淅道，直至清朝灭亡。

1913年，改南汝光淅道为豫南道，然后又改光州直隶州为潢川县，改信阳州为信阳县。1932年，国民政府划分河南省为11个督察区，第九督察区辖潢川、光山、固始、商城、息县、信阳、罗山7县，专员公署驻潢川县城。同年，分商城县东南的和区、乐区14个半保和固始县的金寨保、李桥保、长江河保的一半和安徽省霍邱县部分地区新设立煌县，即现在的安徽金寨县。分光山县南部的八山里、五马里、沙城里、长潭里、青山里的17个保，湖北省麻城县仁美区2/3的乡、择里区2/3的乡、丰义区1/2的乡和黄安县（今红安县）的长水会、塔耳会的东北部新设经扶县，即现在的新县。1933年，划罗山县宣化店、姚家畈、丰家店、唐店、王家店、彭家店、新府、毛家集归属新设的礼山县，即现在的湖北大悟县。

新中国成立初期，本地区属河南省的信阳专区和潢川专区。信阳专区辖本地区的信阳市，潢川专区辖本地区的潢川县、罗山县、光山县、新县、固始县、商城县、息县。1951年划乌龙区的38个乡，马集区的40个乡，防胡区的42个乡，固始桥沟区和蒋集区的59个乡增设淮滨办事处，次年定为淮滨县。1952年信阳专区和潢川专区合并为信阳专区。1965年分出上蔡、新蔡、西平、遂平、汝南、平舆、确山、正阳8县，另立驻马店专区，其余仍属信阳专区。1998年，撤销信阳专区和县级信阳市、信阳县，设立地级信阳市，信阳市设浉河区、平桥区。信阳市辖原信阳的罗山县、光山县、新县、潢川县、固始县、商城县、息县、淮滨县和新设立的浉河区、平桥区，至今未变。信阳地区历代行政区划详见表1-1。

表1-1只反映大致情形，不涉及一些小范围的调整。比如南北朝时期，信阳地区的行政区划十分复杂，因而表中只截取梁朝作为代表。

根据历代的行政沿革，大致可以将信阳地区划分为西部、中部、东部、北部4个区域。浉河区、平桥区与罗山属西部区域，光山、新县、潢川属中部区域，固始、商城属东部区域，息县、淮滨属北部区域。

表 1-1   信阳地区历代行政区划表

今信阳地区 \ 行政区划	浉河区	平桥区	罗山	新县	潢川	商城 西南部	商城 东北部	固始	淮滨 淮南	淮滨 淮北	息县
战国	楚国地										
秦	衡山郡					九江郡			陈郡		
两汉	江夏郡			汝南郡			庐江郡		汝南郡		
三国魏—西晋	义阳国			弋阳郡			安丰郡		汝南郡		
东晋	荆州义阳郡			豫州弋阳郡					豫州汝南郡		
南北朝	南朝的司州			南朝的光州			南朝的义州		北朝的淮州		
隋	义阳郡			弋 阳 郡					汝南郡		
唐宋	申州			光州					蔡州		
明清	信阳州			光州							
新中国成立初	信阳专区		潢川专区								
1952—1998 年	信阳专区										
1998 年—现在	信阳市										

二　信阳地区的历史移民概况

信阳地区自夏朝开始，就已经从中原先后迁移来了黄、息、曾、蒋等古老氏族，在这片肥沃的土地上繁衍生息。

汉武帝建元三年（前138），闽越发兵围攻东瓯。汉军出动，未至而闽越兵退。东瓯王广武侯率众4万余人来降，被安置在庐江郡，当时的蓼县、安丰县和雩娄县（现在的固始、商城一带）都隶属于庐江郡。汉武帝元封三年（前108），汉军平定东越和闽越。武帝因为"东越狭多阻，闽越悍，数反复"，于是"诏军吏将其民徙处江淮之间，东越地遂虚"（《汉书·闽越王传》）。当时闽越有10万—20万人，当有近10万人迁到江淮。江淮之间以庐江、九江、临淮3郡人口最少，而庐江郡与九江郡又是汉武帝意欲开发之地，因此这次移民当以此两郡为多。本地区安丰、蓼、雩娄3县隶属于此两郡，每县至少接纳数千人。

东汉末至三国时期，西北地区民族内迁，其中以黄河中游地区南迁江淮一带居多。"河东、平阳、弘农、上党诸流人之在颍川、襄城、汝南、南阳、河南者数万家。"（《晋书·王弥传》）因此信阳地区应当迁入了不少流民。此外，各诸侯之间的征战也使信阳地区一带的居民流离失所，深受其害。如三国初年，魏吴争夺淮南，"全琮略河南，决芍陂，烧安城邸阁，收其人民。……魏将军毋丘俭以淮南之众西入降吴"（《三国志·孙权传》）。《晋书·羊祜传》："晋武帝泰始中，祜镇守荆州，会吴人寇弋阳、江夏，略户口。"又《晋书·武帝纪》："咸宁三年十二月，吴将孙慎入江夏、汝南，掳掠千余家而去。"

唐高宗总章二年（669），泉州、潮州土著居民叛乱，朝廷命岭南行军总管固始人陈政率领府兵 3600 名前往镇压。陈政进军不利，退守九龙山。朝廷又命陈政兄陈敷、陈敏率领固始 58 军校，约 5000 名士兵前往增援。垂拱二年（686）陈政病亡，其子陈元光代父领兵，从九龙山打到潮州，平定叛乱。唐朝命设漳州，任陈元光为刺史。陈元光以所领固始军校屯田驻守，经营农桑，开发闽地，并与土著居民通婚，繁衍子孙，传播中原文化。

唐朝末年，寿州人王绪率众起义，数千固始农民参加起义军。原固始县令王晔的裔孙王潮、王审邽、王审知也参加了起义军，王潮被任命为军正。接着起义军南下，入闽至汀州。因王绪滥杀无辜，激起士兵不满，于是一致推举王潮为首领。王潮率军攻取泉州、福州，统一了全闽，被任为观察使。王潮死后，王审知继任，治闽 30 年，政绩卓著，后被封为闽王。随王氏兄弟入闽的固始人，继陈氏父子率领的军校之后，再次成为开发闽地的先锋。此后固始与闽地之间的联系更加密切，民间往来十分频繁。

1161 年金完颜亮大举南侵，信阳地区成为宋金反复争夺的地带。由于南宋政权招抚流亡，因此此处居民大量迁向江南。1211 年蒙古南侵，又值中原大饥，信阳地区南徙的居民户数数以千计。

元末，江淮之间历经战乱，地广人稀。朱元璋建国后大兴屯田，多次组织狭乡农民前往宽乡垦种。洪武年间，信阳地区的外来人口主要是山西与江西。山西移民主要被安置在淮河以北的息县与淮滨，江西移民主要被安置在淮河以南。据息县与淮滨当地居民的族谱记载，山西移民主要来自"山西大槐树下"。"大槐树下"是因明朝在山西洪洞设立的移民司位于大槐树下而得名的。移民司多次向全国各地迁徙移民，由于很多移民不知道其原籍，故对他人称其老家为"山西大槐树下"。江西移民主要来自饶州，是朱元璋为了削弱江南陈友谅反明势力而迁移来的。当时信阳地区隶属于中都临濠府，中都是朱元璋的老家。为了保护自己的老家，朱元璋便从江西等地迁移来了大量移民。当时有许多江西饶州的移民被安置在信阳地区南部的光山、新县、罗山、商城等县，这在当地的县志及族谱上都有记载。如民国《光山县志约稿·沿革志》说："旧族百无一二，及朱元璋定鼎，然后徙江西之民以实之。今考阖邑人民，大概原籍是江西，其明证也。"并且在光山民间，也有关于光山人来自江西的传说。如光山县的老人爱说："光山人散步、走路，常常爱两手偏向背后，那是我们祖先被绳索捆绑由江西押到河南来'插标为记'的见证。"①在商城县虽很难发现民初大移民的痕迹，但在明清时大部分属于商城县、民国时划归安徽省的金寨县，情况有些不同。当地的 41 种氏族资料，直接载明是明初及明初以前迁入的就有 22 族，除 1 族在宋代自赣北迁入外，其余皆迁自元末明初，其中从江西就迁入了 10 族。不少家族并非一步到位，而是通过湖北黄冈或安徽六安辗转而入。《信阳地区志》对此也有记载："周氏由安徽婺源（现属江西）徙居商城牛食畈，熊氏自江西洪都迁至商城城内，杨氏、黄氏自江西瓦西坝筷子巷迁至商城城关和葛藤山，刘氏自江西吉水迁至金刚台下石棺河，余氏由江西奉兴县迁至商城余集尤门里，李氏由江西太和县迁至商城铜境畈。在商城县 249 个常见姓氏中，有 40% 以上是明初从江西迁来的。"②洪武初迁来信阳的有何、王、张、孟、马、高、樊、刘、李、郭、陈等大姓。

清朝以后，信阳地区也有移民迁徙活动，但规模一般都不大。

第三节　信阳地区方言语音概况

信阳地区方言属于北方方言，关于其方言系属，目前还有分歧。袁家骅认为是西南官话③，李荣根据古入声字的今读调类把信阳归入中原官话④。贺巍⑤、⑥、卢甲文⑦都同意李荣的看法。

信阳地区方言内部既有很强的一致性，又有较大的差异性，这种一致性与差异性都是长期演变发展所造成的。

---

① 此处及后面金寨县的材料都转引自《中国移民史》（葛剑雄，1997）。

② 信阳地志编纂委员会：《信阳地区志》，生活·读书·新知三联书店 1992 年版，第 861 页。

③ 袁家骅：《汉语方言概要》，文字改革出版社 1983 年版，第 24 页。

④ 李荣：《官话方言的分区》，《方言》1985 年第 1 期。

⑤ 贺巍：《河南山东皖北苏北的官话（稿）》，《方言》1985 年第 3 期。

⑥ 贺巍：《中原官话的分区（稿）》，《方言》2005 年第 2 期。

⑦ 卢甲文：《河南方言述评》，《社会科学述评》1989 年第 5 期。

一 信阳地区方言语音内部的一致性

信阳地区语音内部的一致性主要表现在：

1. 中古全浊声母清化，其中平声送气，仄声不送气。但个别仄声字送气，如"族造从秩澄"读 ts'，"捕佩泊叛並"读 p'，"突特定挺从"读 t'。

2. 全浊上声归去声。如：稻效开一定上＝盗效开一定去＝到效开一端去 tau˧。这里只有南部的卡房、长竹园等乡镇例外，这些地方的去声分阴去和阳去，全浊上声归阳去。如：稻效开一定上＝盗效开一定去 tau˧ ≠ 到效开一端去 tau˥。

3. 不分尖团。如：钱从＝钳群 ₌tɕ'ian，秋清＝丘溪 ₌tɕ'iou。

4. 梗合三、通合三影、喻母字一般读同日母，如"用涌拥勇佣踊庸荣融雍臃"等。

5. 儿化现象不太突出，有的地方干脆就没有儿化，如固始县。

6. "你"、"尾"在口语中分别读 ₌n̩、₌i。[①]

7. 文白异读现象较少，连读变调贫乏。文白异读只在光山、新县等地有少量表现。如光山：

（1）蟹摄一、二等见母部分字，文读为 k 声母，白读为 k' 声母。如："概"文读 kai˧，白读 k'ai˧；"剑"文读 kuai˧，白读 k'uai˧；"溉"文读 kai˧，白读 k'ai˧；"挂"文读 kua˧，白读 k'ua˧。

（2）帮母与非组部分字，文读为 p、f 声母，白读为 p' 声母。如："并"文读 pin˧，白读 p'in˧；"遍"文读 pian˧，白读 p'ian˧；"绊"文读 pan˧，白读 p'an˧；"庇"文读 pi˧，白读 p'i˧；"浮"文读 ₌fu，白读 ₌p'u；"辅"文读 ₌fu，白读 ₌p'u；"赴"文读 fu˧，白读 p'u˧；"伏"文读 ₌fu，白读 ₌p'u。

（3）遇合三鱼、虞韵精组部分字韵母，文读为 ʅ，白读为 i。如："徐"文读 ₌ʂʅ，白读 ₌ɕi；"绪"文读 ʂʅ˧，白读 ɕi˧；"需"文读 ₌ʂʅ，白读 ₌ɕi；"婿"文读 tʂʅ˧，白读 tɕi˧；"聚"文读 tʂʅ˧，白读 tɕi˧；"去"文读 tʂʅ˧，白读 tɕi˧。

（4）咸、山摄端、泥组部分字韵母，文读为 an，白读为 aŋ。但只表现

[①] 新县沙窝的第一发音合作人将"你"读成 ₌ni，"尾"读成 ₌uei，比较特殊。但第二发音合作人依然将"你"读成 ₌n̩，"尾"读成 ₌i。这里以第二发音合作人为准。卡房则将"尾"读作 ₌ni。

在个别词语中。如："耽误"的"耽"文读 ₌tan，白读 ₌taŋ；"端午端午节"的"端"文读 ₌tan，白读 ₌taŋ；"通宵达旦"的"旦"文读 tan⁼，白读 taŋ⁼；"平坦坦"的"坦"文读 ⁼tan，白读 ⁼taŋ；"暖和"的"暖"文读 ⁼lan，白读 ⁼laŋ；"拦腰抱住"的"拦"文读 ₌lan，白读 ₌laŋ。

其余各地的文白异读只有零星表现，且多存在于个别词语中。如固始县："尾巴"的"尾"文读 ⁼uei，白读 ⁼i；"解手"的"解"文读 ⁼tɕiɛ，白读 ⁼kai；"干涉"的"涉"文读 ₌sai，白读 ₌tsʻai；"拦住"的"拦"文读 ₌lan，白读 ₌luan；"暖和"的"暖"文读 ⁼luan，白读 ⁼laŋ；"国库券"的"券"文读 tɕʻyan⁼，白读 tɕyan⁼；"深浅"的"深"文读 ₌sən，白读 ₌tsʻən；"早晨"的"晨"文读 ₌tsʻən，白读 ₌sən；"时辰"的"辰"文读 ₌tsʻən，白读 ₌sən；"藏东西"的"藏"文读 ₌tsaŋ，白读 ₌tɕʻiaŋ；"在家"的"在"文读 tsai⁼，白读 ₌tai。

信阳地区的连读变调也不丰富。像固始与商城的变调更多地表现在个别字中，如"可 ①、别、姑、一、七、八"等。其中"一、七、八"的变调与普通话一样。"可、别"则都是去声前读阳平，非去声前读去声。如"可去 | 可怕 | 可卖米 | 可练字 | 别坐 | 别卖 | 别去 | 别怕"的"可、别"读阳平；"可热 | 可来 | 可写 | 别吃 | 别来 | 别管"的"可、别"读去声。"姑"字处在词语的末尾时读上声，其他位置读阴平。如"亲姑 | 姨姑 | 老姑 | 大姑"的"姑"读上声；"姑夫 | 老姑娘 | 姑爷 | 大姑奶"的"姑"读阴平。光山等地的变调现象虽稍多，但却跟普通话差不多。只有息县与信阳市老城区的变调稍特殊些。如息县的两个阴平字相连时，前字的阴平 213 调值读如阳平的 34 调值。像"飞机"读 fei²¹³⁻³⁴tɕi²¹³，"诗歌"读 sʅ²¹³⁻³⁴kɣ²¹³。当阴平和非阴平相连时，阴平字 213 读成 21 调值。像"关门"读 kuan²¹³⁻²¹mən³⁴，"京剧"读 tɕiŋ²¹³⁻²¹tɕy⁵³。信阳市老城区两个去声相连时，第一个去声读如阴平。如"上市"听起来就像"伤势"。

一般来说，如果一个方言的声韵调类别少，就会有连读变调（像轻声和儿化等），比如很多官话区，这对于拼合音节来说显然起了一点补偿作用。如果一个方言的韵类、调类多，相应地就没有连读变调等现象，如粤语。但这并不绝对，如吴方言普遍有浊声母，韵母、声调也多，连读后有复杂的变调、小称，有的还有轻声。闽语的福州话声母不多，但有 48 个

---

① "可"是一个表反复问的副词，如"可看书看不看书？"。

韵母、7 个声调，多音连读后变声、变韵、变调兼而有之。这些方言的语音系统属于复杂型。西南官话的武汉话，只有 19 个声母、37 个韵母、4 个声调，但在连音变化上只有轻声和个别调类的变调，没有儿化韵。闽语建瓯话 15 个声母、33 个韵母、6 个声调，没有任何连音变化，连轻声也没有。这些方言的语音结构系统属于简单型[①]。信阳地区各县市的声母数量一般都在 20 个左右（若合并 ɣ、n̩ 则不到 20），韵母 40 个左右，声调 4 个（有入声的地方除外），连读变调不丰富，跟武汉话差不多，也属于简单型的语音结构系统。

二　信阳地区方言语音内部的差异性

信阳地区语音内部的差异性主要表现在以下六个方面：

1. 非敷奉母字与晓匣合口一、二等字的分合；
2. 精知庄章组字的分合；
3. 泥来母的分合；
4. 曾梗摄与深臻摄的分合；
5. 有无 ʮ 类韵；
6. 有无入声。

具体情况如表 1-2 所示。

表 1-2　　　　　信阳地区方言语音内部的异同表

	非组：晓组	精庄知二：知三章	泥：来	深臻：曾梗	ʮ 类韵	入声
老城区	相混	相混	洪混细分	相混	没有	没有
浉河区	相混	不混	洪混细分	相混	有	没有
平桥区	相混	相混	洪混细分	相混	没有	没有
罗　山	相混	相混	洪混细分	相混	没有	没有
光山北	相混	不混	洪混细分	相混	有	没有
光山白	相混	相混	洪混细分	相混	没有	没有
新　县	相混	不混	洪混细分	相混	没有	没有
卡　房	相混	不混	洪混细分	相混	有	有
潢　川	相混	相混	相混	相混	没有	没有
固　始	不混	相混	相混	相混	没有	没有
商城城	不混	相混	相混	相混	没有	没有

---

① 李如龙：《汉语方言学》，高等教育出版社 2007 年版，第 112 页。

续表

	非组：晓组	精庄知二：知三章	泥：来	深臻：曾梗	ʅ类韵	入声
商城吴	不混	相混	相混	相混	没有	没有
息县孙	相混	不混	不混	不混	没有	没有
息县小	相混	相混	不混	不混	没有	没有
淮滨	相混	相混	相混	相混	没有	没有

注：老城区指信阳市区的老城区一带，浉河区指浉河区的谭家河镇，平桥区指平桥区的城阳城，罗山指罗山县的楠杆镇，光山北指光山县的北向店乡，光山白指光山县的白雀园镇，新县指新县的沙窝镇，卡房指新县的卡房乡，潢川指潢川县的白店乡，固始指固始县的郭陆滩镇，商城城指商城县的城关，商城吴指商城县的吴河乡，息县孙指息县的孙庙乡，息县小指息县的小茴店镇，淮滨指淮滨县的张庄乡。下同。

其中第六个方面的代表性较差。信阳地区的绝大多数地方都没有入声，只在新县南部的卡房、箭厂河、陈店、郭家河、泗店、田铺、周河及商城西南部的长竹园等乡镇有入声。如果我们以前五个方面作为划分标准，则基本上可将信阳地区分为西部、中部、东部、北部四个方言片。如表1－3所示。

表1-3　　　　　　　　信阳地区四个方言片的语音特点

方言片	所含方言点	语音特点
西部方言片	老城区、平桥区、罗山	非敷奉与晓匣合口字相混；精知庄章相混；泥来母洪混细分；深臻摄与曾梗摄相混
中部方言片	浉河区、光山北、光山白、新县、卡房	有ʅ类韵；精庄知二与知三章不混；非敷奉与晓匣合口字相混；泥来母洪混细分；深臻摄与曾梗摄相混
东部方言片	潢川、固始、商城城、商城吴、淮滨	非敷奉与晓匣合口字不混（潢川、淮滨除外）；精知庄章相混；泥来母相混；深臻摄与曾梗摄相混
北部方言片	息县孙、息县小	泥来母不混；深臻摄与曾梗摄不混；精庄知二与知三章不混（小茴店除外）；非敷奉与晓匣合口字相混

浉河区中部和北部的语音特点跟老城区一致，只有南部少数乡镇的语音特点跟光山等一致，因此浉河区原本应该属于西部方言区。但由于本书将浉河区的调查点设在南部的谭家河镇，而谭家河镇的语音特点跟光山县、新县等地一致，故表1-3将其列入中部方言片。淮滨县的淮南与淮北语音差异较大，淮南与固始、商城一致，淮北与息县一致。由于本书将淮滨县

的调查点设在淮南的张庄乡，故将淮滨归入东部方言片。另外，后文在讨论各县的语音特点时一般都以该县市的方言点为代表。比如信阳市区的语音特点以老城区为代表，浉河区的语音特点以谭家河镇为代表，固始县的语音特点以郭陆滩镇为代表。一个县有两个方言调查点时，若这两个调查点都具有某种语音现象，就只以该县指称。比如商城的城关与商城的吴河乡都是晓组与非组不混，这时就将这两个方言点统说为"商城"。新县设有卡房乡与沙窝镇两个方言点，由于卡房有入声，比较特殊，故本书常将卡房单独列出，而新县则一般只指沙窝镇。

若不考虑东部方言片的潢川县，则这四个方言片与信阳地区历代行政沿革（详见表1-1）有着惊人的相似。这种相似显然是由于历代的行政区划所致。

三国以前，西部方言片与中部方言片联系紧密，并在秦、汉时期与湖北的鄂东共同隶属于衡山郡和江夏郡。这种原因使得这两个方言片跟鄂东的江淮官话黄孝片有着极深的历史渊源关系。三国以后，西部方言片与中部方言片的关系才渐渐疏远。隋唐以后，西部方言片长时期隶属于信阳州，中部方言片长时间隶属于光州。

若从历史上看，潢川应该属于中部方言片，因为潢川经常跟光山、新县同处于一个行政区内，且绝大多数时间内同城共治。现在潢川属于东部方言片，这有两个原因：第一，跟潢川的经济、文化水平有关。一般来说，经济、文化水平高的地方，其方言演化速度较快，反之较慢。潢川自唐朝太极元年（712）以后就一直是光州的政治、经济和文化中心，因此其方言的演化速度要比光山、新县快。第二，潢川在两汉期间曾属于汝南郡，这种历史原因也会造成潢川与光山、新县的方言有一定的差别。

东部方言片的固始、商城在秦、汉期间与安徽的合肥、六安等地共同隶属于九江郡与扬州刺史部，跟安徽中西部有过联系。不过这两县在隋朝以后就与潢川、光山、新县同处于一个行政区内，至今已一千多年，这一千多年的同州共治，会使得这两县的方言十分趋同于潢川、光山和新县。

北部方言片由于长时间隶属于汝南郡，且南北朝时期又属于北朝，因而其语音性质与河南的中、东部一致，而与信阳地区的其他县市不同。

因此可以说，由于历史原因，西部方言片、中部方言片和东部方言片在以前十分一致，现在不同是因为后来发展速度的快慢所造成的。北部方言片现在与东部方言片、西部方言片、中部方言片不同，是因为它们的历史渊源原本就不同。因而后文在讨论信阳地区方言语音的历史演变时，一般将老城区、浉河区、平桥区、罗山、光山、新县、潢川、固始和商城放在一起谈论，而把息县单独列出进行讨论。淮滨的方言点张庄乡位于淮河南滨，受固始方言和息县方言的影响都很大，因此本书有时将它跟息县放在一起谈论，有时则把它跟固始等地放在一块进行讨论。

第四节　信阳地区方言语音研究概述

瑞典汉学家高本汉为写作《中国音韵学研究》①，调查记录了 33 种方言，其中包括信阳地区的固始方言，这是信阳地区方言科学调查的开始。但信阳方言研究此后就陷于沉寂，直到 20 世纪 80 年代才陆续有学者进行研究。如王国启《固始声、韵、调系统及其与普通话对应规律》②介绍了固始方言的语音系统，后面还附有固始方言的分区地图；龚佩琏《新县方言的语音系统及其与普通话的对应规律》③从推广普通话的角度介绍了新县方言的语音特点；宋学、许仰民《河南省信阳地区九县（市）的声调及其与普通话对应规律》④比较系统地介绍了信阳地区方言的声调状况。总的来看，这一时期的成果多偏重于语音的共时描写，写作目的也仅仅是为了推广普通话。

到了 20 世纪 90 年代，研究逐步展开，一方面成果数量明显增多，另一方面研究范围也有所扩大。这一时期最有代表性的成果是张启焕、陈天福、程仪的《河南方言研究》⑤，这部专著虽出版于 1993 年，但实际上很多调查在 50 年代末就已经开始了。该书把河南方言分为五片，其中信阳地区属于第五片。书中对信阳地区方言的讨论比较细致，还提供了信阳市方言的同音

---

①　高本汉：《中国音韵学研究》，商务印书馆 2003 年版。

②　王国启：《固始声、韵、调系统及其与普通话对应规律》，《信阳师范学院学报》1982 年第 3 期。

③　龚佩琏：《新县方言的语音系统及其与普通话的对应规律》，《信阳师范学院学报》1982 年第 2 期。

④　宋学、许仰民：《河南省信阳地区九县（市）的声调及其与普通话对应规律》，《信阳师范学院学报》1987 年第 2 期。

⑤　张启焕、陈天福、程仪：《河南方言研究》，河南大学出版社 1993 年版。

字表。此外，刘冬冰《古合口韵在今光山方言中的变异》①从历时角度探讨了光山方言古合口韵的演变；安华林《固始话的"嵌 l 词"》②讨论了固始方言"嵌 l 词"的特点及其在汉语史上的价值，他的另一篇文章《固始话的阴阳平异读》③则深入讨论了固始方言古入声字的阴、阳平两读现象；许仰民《信阳方言的声韵调系统及其特点》④探讨了老城区的声韵调特点。

21 世纪以后，信阳方言的研究开始走向深入，无论是成果数量还是质量都有了明显提升，并逐渐由静态的描写转向动态的考察。代表性的成果如贺巍的《中原官话分区（稿）》⑤将中原官话分为八片，其中信阳地区属信蚌片；杨永龙的《河南商城（南司）方言音系》⑥提供了商城南司的同音字表；王东的《河南罗山方言研究》⑦对罗山方言的语音特征讨论得十分深入细致。其他的还有闫德亮的《罗山方音概述》⑧、王东的《河南罗山朱堂话语音特点探悉》⑨、陈明富的《河南罗山方言的韵母系统及其中古音探源》⑩以及刘雪霞的博士论文《河南方言语音的演变和层次》⑪。

以上研究极大地推动了信阳地区方言的研究，取得了很大成就，但由于各种主客观的因素，还存在着一些有待深入的地方。

1. 研究大都局限于个别县市的平面描写上，未能从点与面的结合上考察信阳方言的共时地理分布和历时演变规律。

2. 因缺乏深入细致的调查研究，许多方言现象没有被注意到，有些结论也不够准确。如新县南部的很多乡镇有入声，光山县、新县的古入声字今多归阴平，这些方言现象以前都没有被发现。又如信阳方言的归属问题，

① 刘冬冰：《古合口韵在今光山方言中的变异》，《语言研究》1994 年第 6 期。

② 安华林：《固始话的"嵌 l 词"》，《信阳师范学院学报》1994 年第 4 期。

③ 安华林：《固始话的阴阳平异读》，《中州学刊》（增刊），1997 年。

④ 许仰民：《信阳方言的声韵调系统及其特点》，《信阳师范学院学报》1994 年第 4 期。

⑤ 贺巍：《中原官话的分区（稿）》，《方言》2005 年第 2 期。

⑥ 杨永龙：《河南商城（南司）方言音系》，《方言》2008 年第 2 期。

⑦ 王东：《河南罗山方言研究》，中国社会科学出版社 2009 年版。

⑧ 闫德亮：《罗山方音概述》，《信阳师范学院学报》2004 年第 3 期。

⑨ 王东：《河南罗山朱堂话语音特点探悉》，《信阳师范学院学报》2005 年第 4 期。

⑩ 陈明富：《河南罗山方言的韵母系统及其中古音探源》，《河南科技大学学报》2009 年第 2 期。

⑪ 刘雪霞：《河南方言语音的演变与层次》，博士学位论文，复旦大学，2006 年。

学者们一般认为属中原官话，而事实上信阳地区方言是一个方言混合带，内部可分为中原官话、西南官话和江淮官话三个方言区。

3. 研究多注重内部的分析比较，忽视了山川地理、方言接触、历史移民以及历代行政沿革等非语言因素所带来的影响。如信阳的历史移民很多，尤其是明初的江西移民最多，这些移民对信阳方言造成了很大影响。又如淮河，南北朝及宋金时期曾作为南北的政治分界线，这种历史原因使得淮河两岸的方言差异很大。这些外部的非语言因素都对信阳方言的形成发展起到了十分重要的作用，以往的研究者没有注意到这些因素，以致对信阳方言的演变规律认识不清。

第五节　本书的研究目标、意义及研究方法

一　研究的目标、意义

本书的研究目标主要有三个：

1. 通过实地调查各方言点的声、韵、调系统，全面掌握信阳方言语音的基本面貌，归纳出语音特点，揭示出信阳方言语音的内部差异。

2. 将信阳方言同其他方言进行全面对比，着重与周边的中原官话、江淮官话、西南官话进行比较，深入探讨信阳方言与周边方言之间的关系，从方言接触角度考察信阳方言语音的形成与发展，总结出信阳方言语音的演变规律和演变过程。

3. 在语音特征的基础上，再结合语法、词汇特征，同时注意联系当地居民的生产生活、风俗习惯以及语言的认同感等方面来对信阳地区方言的归属进行合理的判断。

本书的研究意义主要表现在以下几点：

1. 信阳地区的历史移民很多，方言接触频繁，加之又处在中原官话、江淮官话和西南官话的交接带，因此本书的研究将会为语言变异理论和语言接触理论提供一些有价值的材料。

2. 本书将信阳地区方言语音作为一个整体进行研究，从共时和历时角度探讨信阳方言的形成和发展，这不仅能认清信阳方言语音的演变规律和发展方向，而且对河南方言的深入研究也能提供帮助。

3. 信阳地区多数县市方言缺乏科学详尽的调查材料，本书研究可以弥补这一不足，为地方志中的方言志撰写提供依据，同时也为国家制定语言

文字政策提供参考。

二　研究方法

1. 田野调查法。以实地调查为基础，获得第一手资料。

2. 比较法。从共时和历时两个方面进行比较。

3. 历史地理分析法。根据信阳地区的行政沿革状况探讨信阳方言的演变发展。

4. 地理学的方法。绘制方言地图，直观地反映出信阳方言语音的地理分布状况。

第六节　本书的选点标准及材料来源

一　选点标准

我们对信阳地区的 2 区 8 县都进行调查，一个区一个调查点，一个县至少一个调查点。但在调查点的选取上进行了一定的限制：（1）在照顾城关语音的基础上尽量多选一些乡镇作为调查点；（2）事先对各个县市的方言特点进行粗略了解，然后选取能代表该县市方言特点的地方作为调查点。比如固始方言有内部差异，大致可分为北部、西部和中南部，而中南部最能反映该县的方言特点，故将调查点放在中南部的郭陆滩镇。光山县西部有卷舌音，东部没有，因此在东、西部各选取一个调查点。

鉴于以上考虑，我们共选取了 15 个方言调查点：（1）老城区；（2）浉河区谭家河镇；（3）平桥区城阳城；（4）罗山县楠杆镇；（5）光山县北向店乡；（6）光山县白雀园镇；（7）新县沙窝镇；（8）新县卡房乡；（9）潢川县白店乡；（10）固始县郭陆滩镇；（11）商城县城关；（12）商城县吴河乡；（13）息县孙庙乡；（14）息县小茴店镇；（15）淮滨县张庄乡。各个方言调查点的具体位置详见图 1-2。

二　材料来源

本书所用的材料有两个来源。

1. 来自我们的田野调查。以上 15 个方言调查点的材料都是我们自己的实地调查所得。调查得到了发音合作人的积极支持和配合，在此谨向他们表示诚挚的谢意！本书的主要发音合作人情况如下：

图 1 - 2　信阳地区各个方言调查点的位置示意图

表 1-4　　　　　　　　主要发音合作人的情况表

方言点	发音人姓名	性别	年龄	文化程度	职业
老城区	郭金玲	女	62	中专	市民
浉河区谭家河镇	梁家勤	男	59	中专	干部
平桥区城阳城	程保元	男	75	初中	农民
平桥区城阳城	陈祖全	男	67	小学	农民
罗山县楠杆镇	李国清	男	76	初中	干部
新县沙窝镇	胡秀才	男	68	初中	农民
新县卡房乡	林典华	男	58	中专	教师
新县卡房乡	查金山	男	43	中师	教师
光山县北向店乡	彭家擎	男	58	初中	教师
光山县白雀园镇	彭公益	男	55	高中	干部
潢川县白店乡	骆世刚	男	69	初中	市民
息县孙庙乡	琚明华	男	54	大专	教师
息县孙庙乡	何梅	女	35	小学	市民
息县小茴店镇	余现斌	男	55	初中	干部
商城县城关镇	李世文	男	67	初中	干部

续表

方言点	发音人姓名	性别	年龄	文化程度	职业
商城县吴河乡	吴德权	男	65	初中	农民
淮滨县张庄乡	任绪佳	男	61	初中	教师
固始县郭陆滩镇	李有珍	女	58	小学	农民

以上是本书的主要发音合作人。除此之外还有多人提供过发音，但因提供发音的时间较短，没有列出。发音人在年龄上老中青都有，但中老年人居多。

2. 来自前人的科研成果。详见文后的《参考文献》。

第二章

信阳地区方言代表点的语音系统

本章归纳和描写了信阳地区 15 个方言点的声、韵、调系统。

一 信阳市老城区

（一）声母系统（20 个）

p 八不步别	pʻ 盘怕皮旁	m 门面毛埋	f 飞罚互凤
t 夺到道担	tʻ 同太土叹		l 兰难怒路
ts 糟争招重	tsʻ 从吵畅船	s 森帅是生	z 仁日拥容
tɕ 剑焦猪倦	tɕʻ 腔秋春居	ȵ 年娘牛泥	ɕ 勋小顺旋
k 甘古干贵	kʻ 开葵哭扛	ŋ 硬袄昂岸	x 河海很杭
∅ 玩延约雨			

说明：

1. ȵ 的发音部位稍后些，接近舌面中音 ɲ。

2. ŋ 声母的有些字已经开始消变为 ɣ 声母，如"袄奥"等。

3. 合口呼零声母字的 u 韵头触唇动作十分明显，也可以将其独立为 v 声母。以下各方言点也同此。

（二）韵母系统（41 个）

ɿ 资吃支师	i 第几踢衣	u 布母胡故	y 鱼吕虚出
a 马挖发花	ia 家下架压	ua 瓜夸抓挎	
ɛ 蛇车或黑	iɛ 姐铁别夜	uɛ 国	yɛ 靴缺说月
ɚ 而二儿耳			
ɣ 歌可河贺			
o 波破摸活		uo 多桌科禾	yo 略岳确药
ai 帅盖来爱	iai 界街械研	uai 怪快乖块	
ei 妹堆退最		uei 归亏桂葵	
au 饱桃靠好	iau 挑票交腰		

ou 丑读鹿醋　　iou 丢球刘优

an 胆酸竿换　　ian 面间连言　　uan 关宽管款　　yan 权宣船软

ən 根庚孙硬　　in 林心星灵　　uən 滚捆困棍　　yn 军云顺唇

aŋ 党床黄康　　iaŋ 江枪娘央　　uaŋ 光广筐矿

oŋ 东用农聋　　　　　　　　　　uoŋ 翁嗡瓮　　　　yoŋ 胸雄熊兄

ŋ̣ 你嗯　　　　ɣ̩ 屋吴五雾

说明：

1.i、y（包括韵头）出现在零声母后带有摩擦性，老年人尤为突出。以下各方言点也同此。

2.u（包括韵头）在和声母 k、k‘相拼时，有时读成与这些声母同时发音的 v（或 ʋ），例如"古"读 k͡v，"库"读 k͡‘v。以下各方言点也同此。

3.a、ia、ua、au、iau、aŋ、iaŋ、uaŋ 中的 a 实际音值为 ʌ。

4.ɛ、iɛ、uɛ 中的 ɛ 的舌位略微向上。

5.ɚ 是 ə 的卷舌，但 ə 的舌位较低。

6.o、ou、iou 中的 o 有点靠前，开口度不大。

7.yoŋ 中的 o 比较模糊，也可记为 yŋ。

（三）声调系统（4 个单字调）

调类	调值	例字
阴平	213	衣昏知天惜八药桌
阳平	33	时婆服田白截昨毒
上声	35	每马老火九主晚水
去声	53	付注稻旱见到电汗

说明：

阳平的落点略微上扬，介于 3 与 4 之间，也可记为 34。

二　浉河区谭家河镇

（一）声母系统（23 个）

p 八不步别　　p‘ 盘怕皮旁　　m 门面毛埋　　f 飞互风红

t 夺到道担　　t‘ 同太土叹　　　　　　　　　　　　　　　l 兰难怒路

ts 糟增窄争　　ts‘ 从仓巢初　　　　　　　　s 散森数苏

tʂ 招蒸举据　　tʂ‘ 昌潮渠区　　　　　　　　ʂ 扇书虚诗　　ʐ 仁用拥容

tɕ 交基尖经　　tɕ‘ 欺邱谦江　　ɲ 年娘牛泥　　ɕ 修续限向

k 甘古干贵　　k‘ 开葵哭扛　　ŋ 硬袄昂岸　　x 河含很海

Ø 牙延约雨

说明：

n̠ 的发音部位稍后些，接近舌面中 ɲ。

（二）韵母系统（41 个）

| ɿ 资次事使 | i 第地踢衣 | u 母故扶湖 | ʮ 鱼虚出吕 |

ʅ 迟耻施知

| a 马巴答华 | ia 家驾夏牙 | ua 瓜刮跨挎 | |
| ɛ 蛇扯获克 | iɛ 姐写铁聂 | uɛ 国 | ʯɛ 缺决阅月 |

ɚ 而二贰耳

o 波河歌落	io 略雀药约	uo 我握沃	
ai 开再买帅	iai 界介解械	uai 乖拐快块	
ei 妹内对岁		uei 亏归贵桂	
au 桃好扫招	iau 辽笑票要		
ou 丑毒速族	iou 丢球刘流		
an 竿含暖缓	ian 现连牵言	uan 关管宽款	ʮan 权船然缘
en 根更孙魂	in 金心经零	uen 滚棍捆昆	ʮen 军唇顺云
aŋ 党堂双黄	iaŋ 想枪良杨	uaŋ 光广筐矿	
oŋ 洞宋浓工	ioŋ 胸雄熊兄	uoŋ 翁嗡瓮	
n̩ 你嗯	ɣ 屋舞务物		

说明：

1. a、ia、ua、au、iau、aŋ、iaŋ、uaŋ 中的 a 实际音值为 ɑ。

2. ɛ 的舌位偏上，实际音值接近 ɛ。

3. ei、uei 中的 e 的舌位比较靠前。

4. uo 韵母只局限在零声母字中。下面的平桥区、罗山、光山北、光山白、新县和卡房也是如此。

（三）声调系统（4 个单字调）

调 类	调 值	例 字
阴平	21	初昏高天惜笛药国
阳平	33	时题肥田白截活昨
上声	35	女老好比九体晚委
去声	422	弟是士注见到近厚

说明：

阳平的落点略微上扬，介于 3 与 4 之间。

三　平桥区城阳城

（一）声母系统（20 个）

p 八步办帮　　p' 怕扑盘旁　　m 米母慢梦　　f 飞罚胡红

t 大夺单灯　　t' 同太弹疼　　　　　　　　　　　　　l 里路难怒

ts 糟猪壮纸　　ts' 从抽畅善　　　　　　　s 森帅爽烧　　z 仁然用容

tɕ 举纠箭蒋　　tɕ' 起强瞧青　　n̠ 泥念牛娘　　ɕ 虚休序星

k 古歌跟刚　　k' 苦课看坑　　　　　　　　x 贺汗痕杭　　ɣ 恩鹅安昂

Ø 挖闻阳运

说明：

ɣ 的实际音值为小舌带音摩擦音 ʁ，它只在老年人口中比较明显，中青年人几近消失。下面潢川、固始、商城、息县、淮滨的各方言点也同此。

（二）韵母系统（41 个）

ɿ 资池致诗　　i 第李记衣　　u 母故步胡　　y 鱼虚句区

a 马辣爬画　　ia 家下掐假　　ua 夸瓜抓刷

ɛ 车蛇色或　　iɛ 接叠街憋　　uɛ 国　　　　yɛ 雪缺说月

ɚ 而二贰耳

o 波合割桌　　　　　　　　　uo 我握沃恶　　yo 岳削确药

ai 拜淮抬害　　iai 介界街解　　uai 快怪乖筷

ei 梅堆陪类　　　　　　　　　uei 归亏葵跪

au 桃稻劳烧　　iau 挑表小咬

ou 斗丑透厚　　iou 丢牛刘酒

an 感烂欢谈　　ian 先前见点　　uan 酸关宽专　　yan 卷劝宣权

ən 孙啃耕生　　in 临亲性京　　uən 滚捆棍昆　　yən 俊运勋旬

aŋ 邦上郎港　　iaŋ 江相亮杨　　uaŋ 光广筐矿

əŋ 蹦梦风红　　　　　　　　　uəŋ 翁嗡瓮

　　　　　　　　　　　　　　　uŋ 东松中共　　yŋ 胸雄穷兄

n̩ 你嗯　　　　　ɣ̍ 乌五务物

说明：

1. a、ia、ua、au、iau、aŋ、iaŋ、uaŋ 中的 a 实际音值为 ɑ。

2. ɚ 是 ə 的卷舌，但 ə 的舌位偏前，接近 ɛ。

3. o 的舌位略微偏下。

4.ei、au 的主元音和韵尾之间的复合动程较短。

5. 通摄端、泥组字的韵母可以 əŋ、uŋ 两读。

（三）声调系统（4 个单字调）

调　类	调　值	例　字
阴平	213	衣昏知天惜八药桌
阳平	34	时婆服田白截昨毒
上声	35	每马老火九主晚水
去声	53	付注稻旱见到电汗

说明：

阳平的落点略微上扬，介于 3 与 4 之间，也可记为 33。

四　罗山县楠杆镇

（一）声母系统（20 个）

p 八不步别　p‘盘怕皮旁　m 门面毛埋　　f 夫冯黄洪

t 夺到道担　t‘同太土叹　　　　　　　　　l 难兰怒路

ts 糟罩蒸章　ts‘草超愁垂　　　　　　s 散稍拴水　　z 日然让用

tɕ 焦级主专　tɕ‘全权除串　n̠ 年泥仪严　ɕ 希修树说

k 甘苦改刚　k‘开葵课肯　ŋ 恩袄欧岸　x 河货含很

ø 望阳鱼云

说明：

n̠ 的发音部位稍后些，接近舌面中音 ɲ。

（二）韵母系统（40 个）

ɿ 资知师枝　　i 第喜里艺　　u 部服库胡　　y 鱼举树出

a 马挖塔花　　ia 加押夏掐　　ua 瓜夸抓挎

ɚ 而二儿耳

e 北车窄黑　　ie 接铁节夜　　ue 国　　　　ye 靴雪瘸月

o 波活我桌　　　　　　　　　uo 我饿沃恶　　yo 略脚确约

ai 拜带来淮　　iai 介界街解　　uai 拐怪快筷

ei 梅睡最挥　　　　　　　　　uei 归桂亏葵

au 饱捞道好　　iau 挑飘消咬

əu 丑鹿苏读　　iəu 丢流休友

an 搬闩碗换　　ian 棉间连演　　uan 关宽管款　　yan 权倦穿转

ən 盆根孙灯　　　in 林金英灵　　　uən 滚捆困棍　　　yn 军裙春准

aŋ 唐双旺黄　　　iaŋ 讲乡亮阳　　　uaŋ 光广筐矿

oŋ 东用农翁　　　ioŋ 胸雄熊兄　　　uoŋ 翁嗡瓮

n̩ 你嗯　　　　　ɣ̩ 乌五雾屋

说明：

1.y（包括韵头）的唇形不圆，介于 i、y 之间。

2.a、ia、ua、au、iau、aŋ、iaŋ、uaŋ 中的 a 实际音值为 ɑ。

3.ai 的主元音与韵尾之间的复合动程长。

4.ei、au 的主元音和韵尾之间的复合动程短。

5.ən、uən 中的 ə 的舌位较为靠前，接近 e。

6.yn 的实际音值为 yən。

7.ioŋ 中的 o 比较模糊。

（三）声调系统（4 个单字调）

调类	调值	例字
阴平	43	初昏高天德出末阔
阳平	45	时题人田毒石直席
上声	35（或 24）	老好比很九体晚梦
去声	411	弟舅盖注见到近棒

五　光山县北向店乡

（一）声母系统（23 个）

p 八不本邦　　　p' 皮普品胖　　　m 米民慢门　　　f 飞欢挥风

t 多读袋定　　　t' 拖叹同听　　　　　　　　　　　l 临辣怒南

ts 糟字追争　　　ts' 仓产巢初　　　　　　　　s 散森山床

tʂ 招蒸句决　　　tʂ' 昌潮拳纯　　　　　　　　ʂ 书扇勋悬　　　ʐ 认肉用荣

tɕ 几基近间　　　tɕ' 求去勤墙　　　n̠ 年泥娘验　　ɕ 希续信想

k 盖古甘岗　　　k' 库开看扛　　　　ŋ 袄偶岸硬　　x 河海痕杭

Ø 瓦押月鱼

说明：

n̠ 的发音部位稍后些，接近舌面中音 ɲ。

（二）韵母系统（41 个）

ɿ 资词思师　　　i 第几比衣　　　u 古苦夫胡　　　y 鱼虚区吕

ʅ 直示耻施

a 马爬发话　ia 家掐架牙　ua 夸跨刮瓜　ɥa ⌈□呕吐□⌋ 喊叫　①

e 扯百哲车　ie 姐切铁雪　　　　　　ɥe 热决说月

ɚ 而二日耳

o 波罗河桌　io 岳略脚药　uo 我饿卧沃

ai 败栽卖柴　iai 界戒街械　uai 怪乖筷快　ɥai 甩揣

ei 笔推吹岁　　　　　　　uei 归亏柜国

au 桃招高跑　iau 表妙辽巧

əu 周后土粗　iəu 丢九友秀

an 竿单端算　ian 边泉宣言　uan 关管宽款　ɥan 转船玄软

en 本魂吞整　in 宾音零顶　uen 滚棍捆困　ɥen 春顺晕永

aŋ 忙让装闯　iaŋ 江娘象央　uaŋ 光广逛筐

oŋ 董功朋翁　ioŋ 胸雄熊兄

ṇ 你嗯　　　ɣ 乌五雾屋

说明：

1.a、ia、ua、au、iau、aŋ、iaŋ、uaŋ 中的 a 实际音值为 ɑ。

2.ɚ 是 e 的卷舌。

3.o、oŋ 中的 o 舌位略向前移，开口度较小，唇形不很圆，稍有些展，尤其在和 k 组声母相拼时前移更明显，音色接近 ə。

（三）声调系统（4 个单字调）

调类	调值	例 字
阴平	54	初昏高天惜笛药国
阳平	45	时题肥田白截活昨
上声	324	女老好比九体晚委
去声	311	弟是士注见到近厚

六　光山县白雀园镇

（一）声母系统（20 个）

p 八不本邦　p' 皮普品胖　m 米民慢门　f 飞欢挥风

t 多读袋定　t' 拖叹同听　　　　　　　l 临辣怒南

ts 糟蒸句决　ts' 仓潮拳纯　　s 散扇勋悬　z 认肉用荣

tɕ 几基近间　tɕ' 求去勤墙　ȵ 年泥娘验　ɕ 希续信想

---

① "□"指有音无字，下同。

k 盖古甘岗　　k' 库开看扛　　ŋ 袄偶岸硬　　x 河海含痕

Ø 问万押云

说明：

ŋ 的发音部位稍后些，接近舌面中音 ɲ。

（二）韵母系统（40 个）

ɿ 资词思师　　i 第几比衣　　u 古苦夫胡　　　y 鱼虚区吕

a 马爬发话　　ia 家掐架牙　　ua 夸跨刮瓜　　ya ⁻□呕吐□⁻ 喊叫

e 扯百哲车　　ie 姐切铁雪　　　　　　　　　ye 热决说月

ɚ 而二日耳

o 波罗河桌　　io 岳略脚药　　uo 我窝饿俄

ai 败栽卖柴　　iai 界戒街械　　uai 怪乖筷准　　yai 甩□~文

ei 笔推吹岁　　　　　　　　　uei 归亏柜国

au 桃招高跑　　iau 表妙辽巧

əu 周后土突　　iəu 丢九友秀

an 竿单端算　　ian 边泉宣言　　uan 关管宽款　　yan 转船玄软

en 本魂更整　　in 宾音星顶　　uen 滚棍捆困　　yen 春顺晕永

aŋ 忙让装床　　iaŋ 江娘象央　　uaŋ 光广逛筐

oŋ 董功朋翁　　ioŋ 胸雄熊兄

n̩ 你嗯　　　　ɣ 乌五雾屋

说明：

1. a、ia、ua、au、iau、aŋ、iaŋ、uaŋ 中的 a 实际音值为 ɑ。

2. ɚ 是 e 的卷舌。

3. o、oŋ 中的 o 舌位略向前移，开口度较小，唇形不很圆，稍有些展，尤其在和 k 组声母相拼时前移更明显，音色接近 ə。

（三）声调系统（4 个单字调）

调　类	调　值	例　字
阴平	55	初昏高天惜笛药国
阳平	35	时题肥田白截活昨
上声	324	女老好比九体晚委
去声	31	弟是士注见到近厚

说明：

白雀园镇的声调系统可以明显分为老年与中青年两个，老年系统是阴平 54，阳平 45，上声 324，去声 311，跟光山县北向店乡一样。这里列的是中青年系统，这个系统的调值非常接近普通话，与普通话的影响有关。

七　新县沙窝镇

（一）声母系统（23 个）

p 北不笔别	pʻ 爬怕品盆	m 米梅门梦	f 飞服互风
t 督带担灯	tʻ 体抬推厅		l 李难怒路
ts 糟增窄争	tsʻ 从仓巢初		s 散森数苏
tʂ 招昌举据	tʂʻ 昌潮渠区		ʂ 扇书虚诗　ʐ 人容用拥
tɕ 交基尖经	tɕʻ 欺邱谦江	ȵ 泥娘谊严	ɕ 修续限向
k 歌桂跟感	kʻ 科亏垦扛	ŋ 硬袄鹅安	x 河话很红
∅ 伟言咬元			

说明：

1. ȵ 的发音部位稍后些，接近舌面中音 ɲ。

2. 发 l 时有部分气流从鼻腔溢出，音色接近 n。

（二）韵母系统（42 个）

ɿ 资思刺师	i 第地踢衣	u 母木故胡	y 鱼虚书欲
ʅ 制治齿施			
a 马巴打怕	ia 家亚掐峡	ua 夸挂画瓜	ya ˹□呕吐□˺ 喊叫
e 百车黑刻	ie 接雪憋碟	ue 国	ye 靴穴说阅
ɚ 而二儿耳			
o 波火哥桌	io 岳钥雀药	uo 卧恶	
ai 盖该开帅	iai 介界街械	uai 怪乖块筷	yai 甩揣
ei 妹堆退最		uei 归亏贵桂	
au 保劳招潮	iau 掉料效摇		
əu 丑土路醋	iəu 丢流休旧		
an 看坛蓝扇	ian 连钳全宣	uan 关宽管款	yan 倦权然缘
en 很蹲坑冷	in 进林京醒	uen 滚棍捆昆	yen 军群勋云
aŋ 党桑爽床	iaŋ 江枪良央	uaŋ 光广矿狂	
oŋ 动农松孔	ioŋ 胸雄熊兄		
n̩ 你嗯	ʮ 乌五务屋		

说明：

1.a、ia、ua、au、iau、aŋ、iaŋ、uaŋ 中的 a 实际音值为 ɑ。

2.ɚ 是 e 的卷舌，但 e 的舌位略靠后。

（三）声调系统（4个单字调）

调类	调值	例字
阴平	44	初昏高天惜笛药国
阳平	35	时题肥田白截活昨
上声	314	女老好比九体晚委
去声	53	弟是士注见到近厚

八　新县卡房乡

（一）声母系统（23个）

p 八不步别	pʻ 盘怕皮旁	m 门面毛埋	f 飞服互怀
t 夺到道担	tʻ 同太土叹	n 兰难怒路	
ts 糟增窄争	tsʻ 从仓巢初		s 散森数苏
tʂ 招昌举据	tʂʻ 昌潮渠区		ʂ 扇书虚诗　　ʐ 人容用拥
tɕ 交基尖经	tɕʻ 欺邱谦江	ȵ 泥娘谊严	ɕ 修续限向
k 甘古干贵	kʻ 开葵哭扛	ŋ 硬袄恩岸	x 河黑汉风
∅ 位牙延雨			

说明：

1.ȵ 的发音部位稍后些，接近舌面中音 ɲ。

2.古来母与泥母相混为 n 声母，但来母的部分阴声韵字，如"刘李"等，鼻音色彩不浓，音色接近 l。

（二）韵母系统（40个）

ɿ 资四词师	i 第地踢衣	u 母木故胡	ɥ 鱼虚出欲
ʅ 示治齿施			
a 马打爬花	ia 家下架夹	ua 夸化花挖	
e 蛇车或色	ie 姐写憋切	ue 国	ɥe 靴缺说阅
ɭ 而二贰耳			
o 波合割桌	io 岳脚确药	uo 卧沃鄂	
ai 帅盖来矮	iai 界介街械	uai 怪乖块筷	
ei 妹堆退最		uei 归亏贵桂	

au 桃饱保烧　iau 挑票交腰

əu 丑读鹿醋　iəu 丢球刘流

an 竿含三胆　ian 全选宣连　uan 关宽管款　yan 权拳然远

en 根庚孙硬　in 林心星灵　uen 滚棍捆昆　yen 军群勋云

aŋ 党桑爽床　iaŋ 江枪良央　uaŋ 光广矿狂

oŋ 东农聋共　ioŋ 胸雄熊兄

n̩ 你嗯　　　ɣ 乌舞务物

说明：

1.a、ia、ua、au、iau、aŋ、iaŋ、uaŋ 中的 a 实际音值为 ɑ。

2.ai 的动程较长。

（三）声调系统（6 个单字调）

调类	调值	例　字
阴平	31	初昏高天杯均帮东
阳平	45	时题田梅林陈形蒙
阴上	35	女老晚委好比九体
阴去	312	去据注劝救到汉四
阳上去	422	替舅市稻汗柱岸雁
入声	313	立发落掘族夺达及

说明：

卡房乡有六个单字调，保留有入声。全浊上声与阳去合为一调，入声自成一类。由于入声调值与阴去调值比较接近，所以二者在单念时虽区分明显，但在语流中却有混并迹象。

九　潢川县白店乡

（一）声母系统（18 个）

p 八步办崩　p‘ 普皮品旁　m 米麻木忙

t 弟督队订　t‘ 体态探唐　　　　　　　　　　l 里路南宁

ts 糟庄站招　ts‘ 草产抄唱　　s 洒少刷胜　z 日认然荣

tɕ 记九金讲　tɕ‘ 其求勤强　　ɕ 喜休现星

k 古桂感更　k‘ 开亏肯康　　　x 河很服丰　ɣ 袄偶恩硬

ø 文袜压云

说明：

k、k‘、x 在与细音韵母相拼时，实际音值是 c、c‘、ç。

（二）韵母系统（38个）

ʅ 资吃知世　　i 李地记衣　　u 扶布路读　　y 鱼虚句取

a 麻大八啊　　ia 家夏掐牙　　ua 夸挂花袜

ɛ 车买色带　　iɛ 姐黑街介　　uɛ 国或拐快　　yɛ 瘸缺雪月

ɚ 而二贰耳

o 波婆破磨　　　　　　　　uo 多桌哥火　　yo 岳约确学

ei 类碎醉水　　　　　　　　uei 归亏非归

au 毛跑饶早　　iau 表小交腰

ou 丑走头购　　iou 丢揪修又

an 竿砍产占　　ian 牵减县颜　　uan 酸短关饭　　yan 卷拳宣元

ən 痕孙藤蒸　　in 近信兵因　　uən 滚捆昏魂　　yn 军云群旬

aŋ 忙杭商浪　　iaŋ 腔乡江羊　　uaŋ 光矿晃房

əŋ 朋冬农木　　　　　　　　uəŋ 翁嗡瓮

　　　　　　　　　　　　　　uŋ 红中虫空　　yŋ 凶琼兄雄

n̩ 你嗯　　　　ɣ 乌舞务物

说明：

1. a、ia、ua、au、iau、aŋ、iaŋ、uaŋ 中的 a 实际音值为 ɑ。

2. ᵘo 的 u 介音不是非常清晰，在和声母 k、k'、x 相拼时，实际音值为 ᵘo，个别字简直就是 o，如"个"。

3. yn 的实际音值为 yin。

（三）声调系统（4个单字调）

调类	调值	例字
阴平	213	初昏高天宿摘黑律
阳平	34	时题人田罚夺结辖
上声	24	女老好比九体晚委
去声	53	弟舅盖件见到市厚

说明：

阳平的落点介于 3 与 4 之间，也可记为 33。

十　固始县郭陆滩镇

（一）声母系统（19个）

p 八不步别　　p' 盘怕皮旁　　m 门面毛埋　　f 冯符分风

t 夺到道担　　t' 同太土叹　　　　　　　　　　　　l 兰难怒路

ts 糟招祖主　　ts' 昌仓从处　　　　　　　s 散扇苏书　　z 软用拥永

tɕ 尖巨精经　　tɕ' 全权去钱　　　　　　　ɕ 修休续向

k 甘古干贵　　k' 开葵哭扛　　　　　　　　x 胡灰户红　　ɣ 硬袄耳岸

ø 危延约鱼

说明：

k、k'、x 在与细音韵母相拼时，舌位前移，实际音值为 c、c'、ç。

（二）韵母系统（38 个）

ɿ 资吃支师　　i 第地踢衣　　　u 出故胡赌　　　y 雨虚去鱼

a 马打爬啊　　ia 家下架夹　　ua 夸化花挖

　　　　　　　iɛ 姐隔黑克　　　　　　　　　　yɛ 决缺雪月

ɣ 河割合鹅

o 波剥破摸　　　　　　　　　uo 过落郭窝　　yo 岳乐确药

ai 色呆舌社　　　　　　　　uai 帅怪国外

ei 妹堆退最　　　　　　　　uei 归亏贵桂

au 桃饱保烧　　iau 挑票交腰

ou 丑绿鲁鹿　　iou 丢球刘流

an 竿含三胆　　ian 间减检连　　uan 酸短船弯　　yan 权拳鲜远

ən 根庚孙思　　in 林心星灵　　uən 滚捆温魂　　yn 军群勋云

aŋ 党桑行常　　iaŋ 江枪良央　　uaŋ 光床晃王

əŋ 东木农聋　　　　　　　　uəŋ 翁嗡瓮

　　　　　　　　　　　　　　uŋ 共红中松　　yŋ 胸穷兄雄

n̩ 你嗯　　　　ɣ̩ 乌舞务物

说明：

1.u 和 ts、ts' 相拼时，有时读成与这些声母同时发音的 v（或 ʋ），如"组"读 ᴄtsv，"除"读 ᴄts'v，

2.a、ia、ua、au、iau、aŋ、iaŋ、uaŋ 中的 a 实际音值为 æ。

3.iɛ、yɛ 中的 ɛ 的舌位介于 e 与 ɛ 之间。

4.o 的舌位介于 o、u 之间，实际音值为 ɷ。

5.ei、uei 中的 e 的舌位比较偏后，实际音值接近 ə。

6.yn 的实际音值为 yin。

7.韵尾 -n 没有舌尖接触齿龈的动程，有鼻化韵色彩。

8. 韵尾 –ŋ 没有舌根接触软腭的动程，有鼻化韵色彩，有些人则直接发成 –ɣ 韵尾。

（三）声调系统（4 个单字调）

调类	调值	例　字
阴平	213	初昏高天百麦药热
阳平	33	时题逆田质石物默
上声	34	女老好比九体晚委
去声	53	弟是士注见到近厚

说明：

上声的落点介于 4 与 5 之间，也可记为 35。

十一　商城县城关

（一）声母系统（19 个）

p 八背补本	p‘ 皮铺盆旁	m 米卖猫梦	f 冯费粉风
t 夺督对担	t‘ 图特态停		l 兰连南怒
ts 糟招蒸主	ts‘ 查产唱处	s 散扇身书	z 软用拥容
tɕ 加金几精	tɕ‘ 齐去亲墙	ɕ 喜休信向	
k 甘桂干瓜	k‘ 克开哭扛	x 胡淮会红	ɣ 硬袄耳岸
Ø 旺音语云			

说明：

k、k‘、x 在与细音韵母相拼时，其实际音值为 c、c‘、ç。

（二）韵母系统（39 个）

ɿ 资吃直师	i 第几比衣	u 湖故库布	y 句虚去玉
a 麻辣爬啊	ia 家下夹架	ua 挂化花抓	
ɛ 色车呆舌	iɛ 姐隔黑克	uɛ 帅快国坏	yɛ 决缺说月
ɚ 而二贰耳			
ɣ 河割合鹅			
o 波泼破磨		uo 火落脱多	yo 岳削确约
ei 梅堆睡最		uei 归亏贵桂	
au 桃好扫烧	iau 挑消交咬		
ou 丑读祝族	iou 究球修流		
an 竿胆三难	ian 间边检年	uan 酸欢关宽	yan 捐全宣远

ən 根庚孙藤　　in 民心灵景　　uən 滚捆棍魂　　yn 菌群迅运
aŋ 邦张杭忙　　iaŋ 香枪姜央　　uaŋ 光床黄筐

əŋ 洞木农笼　　　　　　　uəŋ 翁嗡瓮
　　　　　　　　　　　　　uŋ 孔红虫松　　　yŋ 穷琼兄雄

n̩ 你嗯　　　　　ɣ̩ 乌舞务物

说明：

1. yn 的实际音值为 yin。

2. 韵尾 –n 的舌尖没有完全接触到齿龈，因此像 an、ən 的实际音值为 aⁿ、əⁿ。

（三）声调系统（4 个单字调）

调　类	调　值	例　字
阴平	213	初昏高天德出末阔
阳平	33	时题人田毒石直席
上声	34	女老好比九体晚委
去声	53	弟舅盖件见到市厚

说明：

上声的落点介于 4 与 5 之间，也可记为 35。

十二　商城县吴河乡

（一）声母系统（19 个）

p 八背补本　　p‘ 皮铺盆旁　　m 米卖猫梦　　f 冯费粉风
t 夺督对担　　t‘ 图特态停　　　　　　　　　　　　　l 兰连南怒
ts 糟招蒸主　　ts‘ 查产唱处　　　　　　s 散扇身书　　z 软用拥容
tɕ 加金君绝　　tɕ‘ 齐墙去群　　　　　　ɕ 喜休虚讯
k 甘桂干瓜　　k‘ 克开哭扛　　　　　　x 胡淮会红　　ɣ 硬袄耳岸
ø 位文衣语

说明：

k、k‘、x 在与细音韵母相拼时，实际音值为 c、c‘、ç。

（二）韵母系统（44 个）

ɿ 资吃直师　　i 第几比衣　　u 湖故普苦　　y 句虚去玉
a 麻辣爬阿　　ia 家下夹架　　ua 挂化花抓　　ya 刷
　　　　　　　ie 姐色车泽　　uɛ 国　　　　　yɛ 决缺说月

ɚ 而二贰耳

ɤ 割歌可鹅

o 波河火多　　　　　　　　　　　　　　yo 岳削确约

ei 来带海再　iɛi 解届介阶　　uɛi 帅怪或外　yɛi 帅摔率蜂

ei 梅堆睡最　　　　　　　　uei 归亏贵桂　yei 追赘吹垂

au 桃好扫烧　iau 挑消交咬

əu 丑读祝族　iəu 究球修流

an 竿胆三难　ian 间边检年　　uan 酸欢关宽　yan 捐全远拴

ən 根庚孙藤　in 民心灵景　　uən 滚捆棍魂　yn 菌群迅运

aŋ 邦张杭忙　iaŋ 香枪姜央　　uaŋ 光晃黄筐　yaŋ 床窗双壮

əŋ 洞木松洞　　　　　　　　uəŋ 翁嗡瓮

　　　　　　　　　　　　　　uŋ 共孔红公　yŋ 胸穷兄雄

n̩ 你嗯　　　　ɹ̩ 乌舞务物

说明：

1. yn 的实际音值为 yin。

2. əŋ、uəŋ 中的 ə 舌位较后，唇形稍圆，音色接近 o。

3. 韵尾 –n 的舌尖没有完全接触到齿龈，因此像 an、in 的实际音值为 aⁿ、iⁿ。

（三）声调系统（4 个单字调）

调类	调值	例字
阴平	213	初昏高天湿黑末阔
阳平	34	时题人田百麦直席
上声	24	女老好比九体晚委
去声	53	弟舅盖件见到市厚

说明：

阳平的落点介于 3 与 4 之间，也可记为 33。

十三　息县孙庙乡

（一）声母系统（23 个）

p 八不步别　p' 盘怕皮旁　m 门面毛埋　f 冯胡换红

t 夺到道担　t' 同太土叹　n 泥那南能　　　　　l 里兰鹿路

ts 糟增窄争　ts' 从仓巢初　　　　　　s 散森师诗

tʂ 招张蒸收　　tʂʻ 昌潮陈唱　　　　　　ʂ 扇商是搜　　　ʐ 日忍荣拥

tɕ 焦积间江　　tɕʻ 七取亲枪　　　　　　ɕ 喜向信星

k 甘高更干　　kʻ 可开看坑　　　　　　　x 河很含喊　　　ɣ 硬袄欧岸

Ø 文王烟约

说明：

k、kʻ、x 在与细音韵母相拼时，实际音值为 c、cʻ、ç。

（二）韵母系统（41 个）

ɿ 资刺诗师　　　i 李地几衣　　　u 母古鲁布　　　y 鱼去句许

ʅ 示知齿施

a 马踏辣啊　　　ia 家掐架霞　　　ua 夸跨挂刮

ɛ 车蛇盖带　　　iɛ 姐黑铁街　　　uɛ 国快拐怪　　　yɛ 靴绝说月

ɚ 而二贰耳

ɣ 合可渴割

o 波坡博摸　　　　　　　　　　　uo 脱罗果桌　　　yo 岳脚嚼药

ei 妹类背费　　　　　　　　　　　uei 葵亏柜桂

au 桃劳少保　　　iau 掉交消腰

ou 丑楼豆沟　　　iou 丢修刘油

an 办含懒饭　　　ian 店线检年　　　uan 酸短转关　　　yan 捐栓转全

ən 很庚魂尊　　　in 林宾金品　　　uən 滚捆棍困　　　yn 俊群寻云

aŋ 党桑邦当　　　iaŋ 江香娘央　　　uaŋ 光广床双

əŋ 等更冷红　　　iŋ 京青星平　　　uəŋ 翁嗡瓮

　　　　　　　　　　　　　　　　　uŋ 共宗送东　　　yŋ 胸穷琼熊

 n̩ 你嗯　　　　　v̩ 乌舞务物

说明：

yn 的实际音值为 yin。

（三）声调系统（4 个单字调）

调类	调值	例　字
阴平	213	初昏高天德出末阔
阳平	34	时题人田毒石直席
上声	24	女老好比九体晚委
去声	53	弟舅盖件见到市厚

十四　息县小茴店镇

（一）声母系统（18个）

p 八步办崩　　p‘ 普皮品旁　　m 米麻木忙

t 弟督队订　　t‘ 体态探唐　　　　　　　　　　l 里路南宁

ts 糟庄站招　　ts‘ 草产抄唱　　　　s 洒少刷胜　　z 日认然荣

tɕ 记九金讲　　tɕ‘ 其求勤强　　　　ɕ 喜休现星

k 古桂感更　　k‘ 开亏肯康　　　　　x 河很服丰　　ɣ 袄偶恩硬

ø 压音鱼云

说明：

1. 在老年人的口中，古非敷奉母字跟古晓匣组合口一、二等字混为 x 声母，因而没有 f 声母。f 声母只在中青年人及受教育的老年人口中才有。

2. k、k‘、x 在与细音韵母相拼时，实际音值为 c、c‘、ç。

（二）韵母系统（39个）

ɿ 资吃知世　　i 李地记衣　　u 扶布路读　　y 鱼虚句取

a 麻大八啊　　ia 家夏掐牙　　ua 夸挂花袜

　　　　　　　iɛ 姐黑街介　　　　　　　　　yɛ 瘸缺雪月

ɚ 而二贰耳

ɤ 合摄车舌

o 波博婆摸　　　　　　　　　uo 多罗桌拖　　yo 岳约确学

ai 来色策窄　　　　　　　　uai 怪快或国

ei 类碎醉水　　　　　　　　uei 归亏非归

au 毛跑饶早　　iau 表小交腰

ou 斗走搜漏　　iou 丢揪修又

an 竿砍产占　　ian 牵减县颜　　uan 酸短关饭　　yan 卷拳宣元

ən 痕孙藤蒸　　in 近信兵因　　uən 滚捆昏魂　　yn 军云群旬

aŋ 忙杭商浪　　iaŋ 腔乡江羊　　uaŋ 光矿晃房

əŋ 梦蹦朋棚　　　　　　　　　uəŋ 翁嗡瓮

　　　　　　　　　　　　　　　uŋ 红中虫空　　yŋ 凶琼兄雄

ŋ̩ 你嗯　　　　ɣ̩ 乌舞务物

说明：

1. ai、uai 中的 a 舌位略微偏上，音色接近 æ。

2. yn 的实际音值为 yin。

3. 德陌麦韵（见系字除外）及职韵庄组字读 ai 韵母，山开三薛韵知系字、咸开三叶韵章组字、假开三麻韵章组字读 ɤ 韵母。

（三）声调系统（4 个单字调）

调类	调值	例　字
阴平	213	初昏高天宿摘黑律
阳平	34	时题人田罚夺结辖
上声	24	女老好比九体晚委
去声	53	弟舅盖件见到市厚

说明：

阳平的落点介于 3 与 4 之间，也可记为 33。

十五　淮滨县张庄乡

（一）声母系统（18 个）

p 八不步别　p' 盘朋怕皮　　m 门面毛埋

t 夺到道担　t' 同太土叹　　　　　　　　　　l 里泥南路

ts 糟争蒸收　ts' 从初产冲　　　　s 散师扇商　z 日忍荣拥

tɕ 焦积间江　tɕ' 七取亲枪　　　　ɕ 喜向信星

k 甘高更干　k' 可开看坑　　　　　x 河很胡红　ɣ 硬袄欧岸

ø 文王亚约

说明：

1. 泥、来母在绝大多数人的口中没有区别。一般的情形是泥、来母在与鼻音韵母相拼时为 n 声母，与非鼻音韵母相拼时为 l 声母。也有部分人将泥、来母全读为 n 或 l。由于 n、l 没有音位区别，这里都记为 l。

2. 在老年人的口音中，古非敷奉母字跟古晓匣组合口一、二等字混为 x 声母，因而没有 f 声母。f 声母只在中青年及受教育的老年人口中才有。

（二）韵母系统（36 个）

ɿ 资刺诗师　i 李地几衣　　u 母古鲁布　y 鱼去句许

a 马踏辣啊　ia 家揪架霞　　ua 夸跨挂刮

ɛ 车蛇盖带　iɛ 姐黑铁街　　uɛ 国快拐怪　yɛ 靴绝说月

ɚ 而二贰耳

ɤ 合可哥割

o 波坡博摸　　　　　　　　uo 脱罗果桌　yo 岳脚嚼药

ei 妹类背累　　　　　　　uei 葵亏柜桂

au 桃劳少保　　iau 掉交消腰

ou 丑楼豆沟　　iou 丢修刘油

an 办含懒慢　　ian 店线检年　　uan 酸短转关　　yan 捐栓转全

aŋ 党桑邦当　　iaŋ 江香娘央　　uaŋ 光广床双

əŋ 等更本根　　iŋ 京青金品　　uəŋ 翁瓮棍困

　　　　　　　　　　　　　　uŋ 共宗送东　　yŋ 胸琼群云

n̩ 你嗯　　　　ɤ̩ 乌舞务物

说明：

1.yn 的实际音值为 yin。

2.深臻摄与曾梗摄不分，都读为 əŋ 韵母。但个别梗开二字"烹彭膨"却可读为 ən。由于 əŋ、ən 没有音位区别，故这里都记为 əŋ。

（三）声调系统（4 个单字调）

调类	调值	例字
阴平	213	初昏高天德出末阔
阳平	34	时题人田毒石直席
上声	24	女老好比九体晚委
去声	53	弟舅盖件见到市厚

第三章

信阳地区方言的声母

第一节　晓、非组

一　晓、非组的今读情形

信阳地区晓组合口一二等字（也有少量三等字）与非、敷、奉母字的分混情形十分严重，主要涉及下列这些字：

果：禾祸货和~气火和~面

假：花华化桦划~船

遇：呼胡湖乎户互瓠狐虎浒戽壶护扶甫孚肤敷腑俯斧夫符扶府赋腐辅付俘芙傅赴父附

蟹：灰贿悔怀会绘晦坏溃惠话回茴汇淮槐画彗肺吠废

止：毁挥讳辉徽麾妃费肥非飞匪痱翡

流：浮妇复~兴副否浮负阜

咸：凡法方~乏犯范帆泛

山：欢桓焕换幻滑缓唤活猾还豁环患宦伐烦繁饭筏罚樊反贩婉藩翻番发

臻：昏婚魂浑混忽核寒~分纷粉焚芬粪奋坟愤份拂佛弗

宕：慌荒谎霍藿黄簧皇蝗晃芳妨放纺肪访房防仿方

曾：弘惑或

梗：轰划横宏获

通：烘红洪鸿虹哄斛枫丰疯讽幅蝠冯风锋封覆服腹蜂缝峰福凤伏复俸奉逢

以上除流摄外，其他都是古合口字。这些字的分混情况大致可分为六类：

1. 晓组字与非组字相混为 f 声母。如老城区、平桥区、息县孙庙乡。

2. 晓组字在今 o 韵母前读 x 声母，与非组字不混，其他韵母前读 f 声母，与非组字混。如浉河区、罗山。

3. 晓组字在今 o、oŋ 韵母前读 x 声母，与非组字不混，其他韵母前读 f 声母，与非组字混。如光山_{北向店}、新县_{城关}①、卡房。

4. 晓组字在今 u 韵母前读 f 声母，与非组字混，如遇摄的"呼虎浒唬胡湖狐壶乎户互瓠护"等，其他韵母前读 x 声母，与非组字不混。这种情况主要表现在新县_{沙窝}与光山_{白雀园}。

5. 非组字与晓组字相混为 x 声母。如潢川、息县_{小茴店}与淮滨②，此外靠近潢川的固始胡族镇以及商城的鄢岗、南司③等乡镇也是。

6. 晓组与非组不混，晓组字读 x 声母，非敷奉母字读 f 声母。如固始、商城（这两县的胡族、鄢岗、南司等乡镇除外）。

第1—4类的共同点都是晓组变向非组，只是程度不同。第1类的程度最重，晓组与非组完全混并（只有老城区的"禾和₋ᵧ"读［ₑxuo］，与非组不混，例外）。第2、3类其次，只在今 o 或 oŋ 韵母前不与非组相混，其中 o 韵母来自果摄和一部分古入声字，oŋ 韵母来自通摄阳声韵字。第4类的程度最轻，只涉及今读 u 韵母字。

第3、4类的方言点还有非组字读为晓组字的现象。如卡房非组字在今 oŋ 韵母前读 x 声母。光山_{北向店}较为特别，oŋ 韵母中只有"冯"字读 x 声母，其他仍读 f 声母。光山_{白雀园}非组字在今 uei、ua 韵母前读 x 声母，如蟹摄"废肺吠非飞匪痱妃费肥翡"，乏、月韵"乏伐筏罚"等。新县_{沙窝}非组字在今 ua 韵母前读 x 声母，如乏、月韵"乏伐筏罚"等。根据这种情形，我们猜测光山_{白雀园}和新县_{沙窝}以前的晓、非组混读情形可能跟卡房一样，后来受潢川的影响才变成这种情形。因为这两地都靠近潢川，而潢川过去一直都是这一带的政治和经济中心。

表 3 - 1 晓组合口一、二等与非组的部分字读音对照表

	火_{果晓}	胡_{遇匣}	废_{蟹非}	饭_{山非}	罚_{山非}	婚_{臻晓}	房_{宕非}	红_{通晓}	风_{通非}
老城区	ᶜfo	₌fu	fei⁼	fan⁼	₌fa	₌fən	₌faŋ	₌foŋ	₌foŋ
浉河区	ᶜxo	₌fu	fei⁼	fan⁼	₌fa	₌fən	₌faŋ	₌foŋ	₌foŋ

① 龚佩琏（1982）将匣母字"或获"记为 ₌xuɛ，但据我们的调查，"或获"读 ₌fei，是 f 声母，这种情况或许跟被调查人有关。另外文中将戈、末、铎韵晓组字"火祸货豁活霍"等记为 x 声母 uo 韵，但据我们调查，这些字为 x 声母 o 韵。

② 但息县_{小茴店}与淮滨的年轻人基本不混。

③ 杨永龙：《河南商城（南司）方言音系》，《方言》2008 年第 2 期。

续表

	火果晓	胡遇匣	废蟹非	饭山非	罚山非	婚臻晓	房宕非	红通晓	风通非
平桥区	꜂fo	꜀fu	fei⁻	fan⁻	꜀fa	꜀neŋ	꜀faŋ	꜀fəŋ	꜀fəŋ
罗 山	꜂xo	꜀fu	fei⁻	fan⁻	꜀fa	꜀nəŋ	꜀faŋ	꜀foŋ	꜀foŋ
光山北	꜂xo	꜀fu	fei⁻	fan⁻	꜀fa	꜀nəŋ	꜀faŋ	꜀xoŋ	꜀foŋ
光山白	꜂xo	꜀fu	xuei⁻	fan⁻	꜀xua	neŋ⁻	꜀faŋ	꜀xoŋ	꜀foŋ
新 县	꜂xo	꜀fu	fei⁻	fan⁻	꜀xua	nəŋ⁻	꜀faŋ	꜀foŋ	꜀foŋ
卡 房	꜂xo	꜀fu	fei⁻	fan⁻	꜀fa	꜀nəŋ	꜀faŋ	꜀xoŋ	꜀xoŋ
潢 川	꜂xuo	꜀xu	xuei⁻	xuan⁻	꜀xua	꜀xuən	꜀xuaŋ	꜀xuŋ	꜀xuŋ
固 始	꜂xuo	꜀xu	fei⁻	fan⁻	꜀fa	nəŋ⁻	꜀faŋ	꜀fəŋ	꜀fəŋ
商城城	꜂xuo	꜀xu	fei⁻	fan⁻	꜀fa	nən⁻	꜀faŋ	꜀xuŋ	꜀fəŋ
商城吴	꜂xuo	꜀xu	fei⁻	fan⁻	꜀fa	꜀nəŋ	꜀faŋ	꜀xuŋ	꜀fəŋ
息县孙	꜂fo	꜀fu	fei⁻	fan⁻	꜀fa	꜀fəŋ	꜀faŋ	꜀fəŋ	꜀fəŋ
息县小	꜂xuo	꜀xu	xuei⁻	xuan⁻	꜀xua	nuən⁻	꜀xuaŋ	꜀xuŋ	꜀xuŋ
淮 滨	꜂xuo	꜀xu	xuei⁻	xuan⁻	꜀xua	꜀xuəŋ	꜀xuaŋ	꜀xuŋ	꜀xuŋ

二 晓、非组的演变类型

晓、非组相混的现象在其他方言也有，如赣语、晋语、西南官话及江淮官话都普遍存在这种情形。何大安曾对我国西南部方言的晓、非组相混情况作了详细考察，并把这种相混情况分为四种类型[①]：

I. X   ⟨   f/___u
         x

II. X   ⟨   x/___o , oŋ
         f

III. F > xu

IV. X > f

符号"＞/＜"的左边代表变化项，右边代表生成项和条件项，X代表古晓组合口一、二等字，F代表古非组字，"/"后面是条件项。生成项和条件项指代现代方言的音类：x代表舌根擦音，包括x、h两个音位，f代表唇齿擦音，包括f、ɸ、v几个音位。

---

① 何大安：《规律与方向：变迁中的音韵结构》，北京大学出版社2004年版，第122页。

　　类型Ⅰ的晓组字在今 u 韵母前都读 f，其他韵母前读 x。新县_{沙窝}与光山_{白雀园}属于这一类型。

　　类型Ⅱ的晓组字在今韵母 o 或 oŋ 前读 x，其他韵母前读 f。浉河区、罗山、光山_{北向店}与卡房属于这一类型。

　　类型Ⅲ是比较简单化的一种混读现象，其所有的非组字都读 x 声母，与晓组字相混。潢川、淮滨与息县_{小茴店}属于这一类型。

　　类型Ⅳ是所有的晓组字声母都读 f 声母，与非组字相混。老城区、平桥区、息县_{孙庙}属于这一类型。

　　除了这四种类型以外，还有两种常见类型：

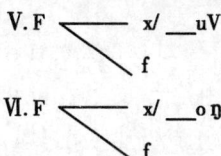

Ⅴ. F ——— x/ __uV
　　　　　　 f

Ⅵ. F ——— x/ __oŋ
　　　　　　 f

　　类型Ⅴ的非组字在今合口呼韵母前读 x 声母，其他韵母前读 f 声母。光山_{白雀园}属于这一类型，不过光山_{白雀园}只在 uei、ua 韵母前读 x 声母，其他合口呼韵母前仍读 f 声母。类型Ⅵ的非组字在今韵母 oŋ 前读 x 声母，其他韵母前读 f 声母。卡房属于这一类型。类型Ⅴ、类型Ⅵ分别是类型Ⅰ、类型Ⅱ的次规律。

　　这六种类型可分为 X>F 和 F>X 这两种演变方向，其中类型Ⅰ、类型Ⅱ、类型Ⅳ属于 X>F，其共同点都是晓组向非组演变，只是程度不同。类型Ⅲ、类型Ⅴ、类型Ⅵ属于 F>X，其共同点都是非组向晓组演变，也只是程度不同。即如图 3-1 所示①：

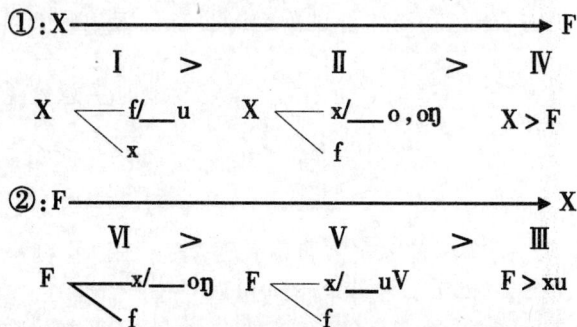

图 3-1　汉语方言晓、非组的两种演变方向简图

①　何大安：《规律与方向：变迁中的音韵结构》，北京大学出版社 2004 年版，第 149 页。

三 晓、非组的演变过程

X>F 可以从音理上进行说明，它涉及唇化这种语音变化。唇化是指晓组合口字因合口介音 u（或元音 u。下同）向非组字转化。因为 u 是双唇元音，双唇作用会使得晓匣母发生唇化而与非组声母合流。万波①在我国南部方言的基础上拟测了晓匣母如何与非敷奉母相混的演变公式，如图 3-2 所示：

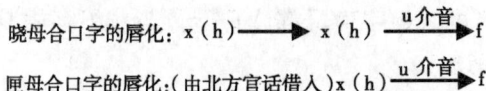

$$晓母合口字的唇化：x(h) \longrightarrow x(h) \xrightarrow{\text{u 介音}} f$$

$$匣母合口字的唇化：（由北方官话借入）x(h) \xrightarrow{\text{u 介音}} f$$

图 3-2 我国南部方言晓匣母与非敷奉母相混示意图

F>X 的演变稍微复杂一些。有些学者认为这也与合口介音 u 有关。理由是 u 既是双唇音又是后高元音，因此 u 也能使非组声母发生舌根化而与晓匣母的今读合流，但如果这样那就意味着非组在向晓组演变前其合口成分没有丢失。如乔全生在讨论晋方言非组字读 x 声母的历史来源时说：

> ……波书用带有喉部擦音的 hv 对译汉语非奉二母，应该是非奉读 [xu] 的最早源头。一般认为非组从帮组分化出来，但如何分化，其演变过程和演变时间尚无确论。可否认为：非组从帮组分化，不同地区有不同的演变过程，一支先由 [p]、[b]（上古）演变为 [pf]（中古《切韵》时代），再演变为 [f]（唐宋以后），如通语和晋方言中除并州、吕梁片以外的方言片；另一支由 [fu] 再继续演变为 [hu]（宋代），包括今吴方言读音、闽方言文读以及晋方言并州、吕梁片非组读音。②

而何大安在考察四川的仪陇、蓬安两地时注意到蓬安的非组今读都是 hu-，仪陇除了 ən 韵外也全读 h③：

	仪陇	蓬安
分粉奋	fən	huən
昏魂横混	huən	huən

---

① 万波：《赣语声母的历史层次研究》，博士学位论文，香港中文大学，1998 年。

② 乔全生：《晋方言轻唇音声母的演变》，《语文研究》2005 年第 1 期。

③ 何大安：《规律与方向：变迁中的音韵结构》，北京大学出版社 2004 年版，第 139 页。

　　（亨恒杏　　　　　　　hən　　　　　　　　hən）

　　据此何大安认为"（F）f 在变入 hu- 之前，本身并不接合口韵。这也就是说，中古时期产生轻唇音的合口成分，至少在轻唇音舌根化之前，已经不复存在。"①因此 F>X 的演变跟介音 u 有无关系就显得难以回答。

　　若单从信阳地区来看，我们同意何大安的看法，即非组在混入晓组之前已经没有合口介音。因为严格来说，f 与 xu- 在信阳地区（固始、商城除外）只算一个音位（其实全国其他 f、xu- 相混的地方也大多如此），两者不仅出现位置互补，而且音值极为相近。两者音值相近的原因跟信阳地区 u 的音值也有紧密关系。u 的触唇动作十分明显，尤其在和舌根音拼合时更是如此。比如"古"在信阳地区的实际音值为 ᵏkv，"苦"的实际音值为 ᵏkʰv。因此 xu- 的音值跟 f 的音值十分相近，许多人口中发的明明是 f，却坚持说自己发的是 xu-。X>F 与 F>X 完全是相逆的两种演变，两种演变的概率是一样的。X 向 F 演变会丢失 u，那么 F 向 X 演变也会滋生出 u。

　　信阳地区晓、非组的相混情形既有 X>F 这种演变方向，又有 F>X 这种演变方向。X>F 以老城区为代表，F>X 以潢川县为代表。F>X 的演变是晚期音变，它是在重唇分化出轻唇以后才出现的，但信阳地区 F>X 与 X>F 孰先孰后却难以判断。按照常理可以有以下四种可能：

　　1. 二者同时出现，不存在前后演变关系。

　　2. F>X 先出现，然后 X 又变向 F，两者存在前后演变关系：F>X→X>F。

　　3. X>F 先出现，然后 F 又变向 X，两者存在前后演变关系：X>F→F>X。

　　4. 某一类先出现，另一类后出现，两类之间不存在前后演变关系。

　　我们不知道信阳地区属于哪种情形，因为从今读来看，哪种情况都有可能。不过若联系江淮官话黄孝片的麻城、大悟、红安等地，则第三种可能性似乎更大一些。麻城、大悟、红安这几地晓、非组相混的基本情形都是 X>F②，考虑到信阳地区一方面跟这些地方直接相连，另一方面跟这些地方的历史关系也非常密切，因而我们猜测信阳地区（息县、淮滨除外）以前可能都属于 X>F 的情形，后来由于潢川等地又发生了 F>X 的演变，这才

---

①　何大安：《规律与方向：变迁中的音韵结构》，北京大学出版社 2004 年版，第 139—140 页。

②　吴波：《江淮官话语音研究》，博士学位论文，复旦大学，2007 年。

造成信阳地区既有 X>F 又有 F>X 的情形。

信阳地区晓、非组相混的时间很早，至迟在清朝中期就已经出现了。因为乾隆五十年(1785)重修本《光山县志》中就有"飞本甫微切而读如辉……胡洪姑切而读如扶"①的记载。

固始与商城的绝大多数乡镇都是晓、非组不混，其晓组读 x 声母，非组读 f 声母。但过去这两县晓、非组相混的区域要比现在大，因为据老年人回忆，固始的草庙、汪棚以及商城的武桥、李集等乡镇在以前都是晓、非组相混为 x 声母，并且现在这些地方的很多人还时常会把非组字习惯性地读成 x 声母，如"废"读 xuei²，"饭"读成 xuan²，"房"读成 ₌xuaŋ，"浮漂浮萍"中的"浮"读成 ₌xu。又承蒙浙江大学的黄笑山教授见告，20 世纪80 年代他到固始的城关调查方言，那时城关就是非组与晓组相混为 x 声母。这些情况表明以前固始与商城晓、非组相混的区域比较广，只是近来因为普通话的影响，晓、非组相混的区域才渐趋缩小。

目前随着普通话影响的加深，息县与淮滨的晓、非组也有区分的趋势。这两地的年轻人对晓、非组区分得比较清楚，一些受教育的中老年人也时常会把非组字读为 f 声母，与晓组字不同。相信不久，这两地也将是晓、非组不混。

第二节　泥、来母

泥母与来母都是次浊声母，由于二者发音部位相同，且音感比较接近，因此在许多方言里常常相混。信阳地区有分有混，分混情况可分为四类：

1.泥、来母洪混细分，泥母洪音读 l，与来母相混，细音读 n，与来母分。如老城区、浉河区、平桥区、罗山、光山、新县。

浉河区有个别例外，其遇合三、臻合三来母字"屡吕虑律率"读 n 声母。如"屡吕"读 ⁼nʮ，"虑"读 nʮ²，"律率"读 ₌nʮ。这些字读 n 声母，可能是受了遇合三泥母字"女 ⁼ɳʮ"的"感染"而出现的一种例外。因为一方面这几个字都是古合口三等字；另一方面来母细音的其他字，像"里林良"等依然读 l 声母。

2.泥、来母洪混细分，来母读 n，跟泥母洪音 n 相混，与泥母细音 n 不混。这种情况只有卡房。

① 转引自郭熙《苏南地区河南话的归属问题》，《东南大学学报》2000 年第 4 期。

3. 泥、来母相混为l。如潢川、固始、商城、淮滨。

4. 泥、来母不混，泥母读n，来母读l。这种情况只有息县。

表 3 - 2　　　　　　　　古泥、来母部分字读音对照表

	泥母洪音		泥母细音		来　母			
	奶蟹泥	农通泥	女遇泥	泥蟹泥	来蟹来	老效来	虑遇来	良宕来
老城区	ˉlai	loŋ	ˉn̩y	₌n̩i	₌lai	ˉlau	li²	₌liaŋ
浉河区	ˉlai	₌loŋ	ˉn̩ʮ	₌n̩i	₌lai	ˉlau	n̩ʮ	₌liaŋ
平桥区	ˉlai	₌ləŋ①	ˉn̩y	₌n̩i	₌lai	ˉlau	li²	₌liaŋ
罗　山	ˉlai	₌loŋ	ˉn̩y	₌n̩i	₌lai	ˉlau	li²	₌liaŋ
光山北	ˉlai	₌loŋ	ˉn̩ʮ	₌n̩i	₌lai	ˉlau	li²	₌liaŋ
光山白	ˉlai	₌loŋ	ˉn̩ʮ	₌n̩i	₌lai	ˉlau	li²	₌liaŋ
新　县	ˉlai	₌loŋ	ˉn̩y	₌n̩i	₌lai	ˉlau	li²	₌liaŋ
卡　房	ˉnai	noŋ	ˉn̩ʮ	₌n̩i	₌nai	ˉnau	ni²	₌niaŋ
潢　川	ˉlai	₌ləŋ	ˉly	₌li	₌lai	ˉlau	li²	liaŋ
固　始	ˉlai	₌ləŋ	ˉly	₌li	₌lai	ˉlau	li²	₌liaŋ
商城城	ˉlai	₌ləŋ	ˉly	₌li	₌lai	ˉlau	li²	₌liaŋ
商城吴	ˉlai	₌ləŋ	ˉly	₌li	₌lai	ˉlau	li²	₌liaŋ
息县孙	ˉnai	₌nu	ˉny	₌ni	₌lai	ˉlau	li²	₌liaŋ
息县小	ˉnai	₌nu	ˉny	₌ni	₌lai	ˉlau	li²	₌liaŋ
淮　滨	ˉlai	₌luŋ	ˉly	₌li	₌lai	ˉlau	li²	₌liaŋ

在汉语方言中，泥、来母相混是一个很普遍的现象。大体来说，吴方言、客家方言与粤方言不混，湘方言与赣方言相混。北方方言稍微复杂些，西南官话与江淮官话大多相混，其他官话基本不混。

田恒金②发现汉语方言泥、来母相混现象大体可以分为三个类型：（1）以韵母洪细为条件相混，多数方言的表现都是洪混细分；（2）以韵母阴阳为条件相混；（3）无条件相混。信阳地区的第1、2两类属于以韵母洪细为条件相混的类型，且都是洪混细分。第3类属于无条件相混的类型。

田恒金认为泥、来母洪混细分这一类中，泥、来母拼洪音类韵母时显得活跃，相混的概率比拼细音韵母大，相混的总体表现是泥母鼻音特征消

---

① 也可读为 ₌luŋ。

② 田恒金：《汉语方言"泥""来"二母相混类型研究》，《河北师范大学学报》2009 年第 1 期。

失向来母合并。拼细音韵母时显得比较稳定，其相混概率比拼洪音韵母小。从信阳地区来看确实如此，老城区、浉河区、平桥区、罗山、光山与新县都是泥母向来母相混，只有卡房是来母向泥母相混。

这种现象的出现跟韵母元音舌位的高低前后、开口度的大小有关。洪音类韵母的元音舌位相对较低、偏后，发音时开口度较大。这样口腔的空间会较大，气流容易通过，受到的阻力也小。鼻音的发音主要是通过软腭下垂，堵住气流的口腔通道，使之从鼻腔流出。当鼻音和开口度较大的元音组合时，由于元音的开口度大，有时会导致鼻音发音时软腭下垂度不够或不下垂，使原本从鼻腔流出的气流从口腔部分流失或全部流失，导致鼻音特征减弱、模糊或者丢失，从而造成泥、来母相混时泥母总是向来母合并。

泥母洪音读 n，细音读 ȵ，这与腭化有关。根据信阳地区泥、来母的读音情况，我们猜测二者相混的过程大致是：泥母先因细音影响腭化为 ȵ，与泥母洪音 n 形成音位变体；接着泥母洪音 n 开始与来母 l 相混；最后发生泥、来母全混。如图 3-3 所示：

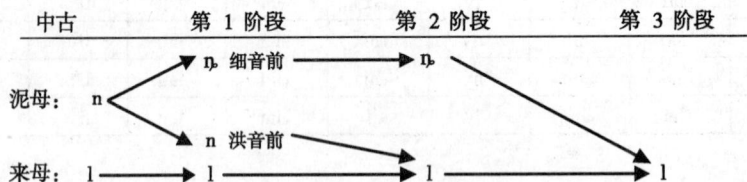

图 3-3　信阳地区泥、来母分混过程简图

注：第 2 阶段中 l 也可以是 n，如卡房。但 n、l 为音位变体，可以不管。

老城区、浉河区、平桥区、罗山、光山、新县、卡房属于第 2 阶段，潢川、固始、商城属于第 3 阶段。

潢川、固始、商城等地的方言会不会不经过第 1 与第 2 阶段，而直接演化至第 3 阶段？即在泥母 n 腭化为 ȵ 之前就已经泥、来合流了呢？联系信阳地区的行政沿革，我们认为这种可能性不大。也即潢川、固始与商城泥、来母的前身同光山等地一样也是洪混细分，后来由于这些地方的泥、来母演化速度稍快，致使泥、来母完全相混，这才跟老城区等地不同。

息县泥、来母不混是其方言固有现象。因为历史上息县长时间跟河南中东部的驻马店、周口等地同属于一个行政区划，与郑州、开封等地联系十分密切，因此息县方言应该同郑州等地一样，中间没有发生泥、来母相混的演变。

第三节　精、知、庄、章组

一　精、知、庄、章组的分合情形

精知庄章组①在信阳地区的分合情况可分为三类：

1. 精、知、庄、章组不分，均读为 ts 组。这类情况在信阳地区十分普遍，如老城区、平桥区、罗山、光山_{白雀园}、潢川、固始、商城、息县_{小茴店}与淮滨都属于这一类。

2. 精知₂庄合流为 ts 组，知₃章合流为 tʂ 组。这一类存在的区域相对较小，只见于浉河区、光山_{北向店}、新县与卡房。

但这几地的蟹、止摄合口三等知、章组字却读为 ts 组，如"缀赘税追槌锤锥水谁"等。另外，浉河区止_{开三}章组部分字与知组个别字也读 ts 组，如"支枝至旨脂视诗时_{止开三章组}/筑逐_{知组}"等。

3. 蟹、止、通摄合口知₃章及止_{开三}章与精知₂庄合流为 ts 组，其他知₃章组字基本读 tʂ 组，只有少许例外，如"纯申_章/场_知"等。这种情况只有息县_{孙庙}。精、知、庄、章在信阳地区的分合规律见表 3-3。

表 3 - 3　　　　　精、知、庄、章在信阳地区的分合规律表

古声组　方言点	精组	庄组	知组				章组			
			二等	三等			蟹合、止合	通合	止开三	其他
				蟹合、止合	通合	其他				
浉河区、新县、卡房、光山北向店	ts					*tʂ	ts		*tʂ	
息县孙庙				ts	*tʂ		ts		*tʂ	
其他方言点	ts									

注："*"指有例外。

其部分字音对照见表 3-4。

---

① 遇合三、山合三、山合四、臻合三的知章组不包括在内。这些韵摄的知章组读音跟韵母也有关系，它们将在第四章第五节中讨论。

表3-4　　　　　　　　　　　古精、知、庄、章部分字读音对照表

	酸精	山庄	桌知二	税蟹合三章	水止合三章	旨止开三章	哲知三	整梗开三章
老城区	꜀san	꜀san	꜀tsuo	sei⁻	꜀sei	꜀tsʅ	꜀tse	꜀tsən
浉河区	꜀san	꜀san	꜀tso	sei⁻	꜀sei	꜀tsʅ	꜀tsɛ	꜀tʂen
平桥区	꜀suan	꜀san	꜀tso	suei⁻	꜀sei①	꜀tsʅ	꜀tse	꜀tsən
罗山	꜀san	꜀san	꜀tso	sei⁻	꜀sei	꜀tsʅ	꜀tse	꜀tsən
光山北	꜀san	꜀san	꜀tso	sei⁻	꜀sei	꜀tʂʅ	꜀tʂe	꜀tʂen
光山白	꜀san	꜀san	꜀tso	sei⁻	꜀sei	꜀tsʅ	꜀tse	꜀tsen
新县	꜀san	꜀san	꜀tso	sei⁻	꜀sei	꜀tsʅ	꜀tʂe	꜀tʂen
卡房	꜀san	꜀san	tso⁻	sei⁻	꜀sei	꜀tʂʅ	tʂe⁻	꜀tʂen
潢川	꜀suan	꜀san	꜀tsuo	suei⁻	꜀sei	꜀tsʅ	꜁tsɛ	꜀tsən
固始	꜀suan	꜀san	꜀tsuo	sei⁻②	꜀sei	꜀tsʅ	꜁tsai	꜀tsən
商城城	꜀suan	꜀san	꜀tso	suei⁻	꜀sei	꜀tsʅ	꜁tsɛ	꜀tsən
商城吴	꜀san	꜀san	꜁tso	ɕyei⁻	꜀sei	꜀tsʅ	꜁tsie	꜀tsən
息县孙	꜀suan	꜀san	꜀tsuo	suei⁻	꜀sei	꜀tsʅ	꜁tʂɛ	꜀tʂəŋ
息县小	꜀suan	꜀san	꜀tsuo	suei⁻	꜀sei	꜀tsʅ	tsɤ	꜀tʂəŋ
淮滨	꜀suan	꜀san	꜀tsuo	suei⁻	꜀sei	꜀tsʅ	꜀tsɛ	꜀tʂəŋ

二　精、知、庄、章组的历史演变

粗略来看，信阳地区的第2和第3类都是知二庄一类、知三章一类。这种情形在汉语方言中的分布极广，如冀鲁官话、胶辽官话、江淮官话以及客赣方言的有些地方都是如此。

之所以会出现知二庄一类、知三章一类的现象，这与知、庄、章的历史演变有关。庄、章在《切韵》系韵书里二分，庄组拼二、三等，章组拼三等。对于知组，学者们的观点不太一致。陈澧认为知组已经从端组独立出来，因而知、庄、章是三分的。目前很多学者也持这一观点。王力③却不这么认为，原因是《切韵》与《广韵》里有端、知混切现象，加之王先生又认为《切韵》是一个综合音系，并不代表一时一地之音，因此他抛开《切韵》，而以陆德明《经典释文》和玄应《一切经音义》的反切为依据来考证隋唐音系。通过考证，王力认为唐代中期知组才开始从端组独立出来。

中古后期，知、庄、章便开始合流。根据古代韵书及韵图可以推测出

① 也可读为 ꜀suei。

② 也可读为 suei⁻。

③ 王力：《汉语语音史》，中国社会科学出版社 1985 年版，第 164—166 页。

其大致的演变情形是：庄二在唐末宋初已经丢失了 j 介音，庄二与庄三也就彻底合流（本书为了较清晰地显示出知、庄、章的演变规律和演变条件，特将知三、庄三、章三后附加上 j 介音，知二与知三、庄二与庄三只是同一声母的音位变体）。由于庄组没了 j 介音，因而只出现在 j 介音前的章三才有可能成为它的音位变体而合并。唐末宋初的三十六字母与《皇极经世声音唱和图》都把庄、章合为照组。但需强调，庄与章在字音上应该还未完全合流，因为如果完全合流，就无法解释为何二者后来的发展又有所不同。由于章组有 j 介音，庄组没有，这就为它们后来的再分化提供了条件。知组接着发生摩擦化，由塞音变为塞擦音。没有 j 介音的知二并入庄组，有 j 介音的知三并入章组，形成知二庄与知三章分立的局面。不过这种合并趋势，可能会因地域、方言的不同而导致其过程不完全相同。

《中原音韵》基本上也是知二庄一组，知三章一组，只是蟹止摄合口的知三章组字及止开章组字跟知二庄一组，同时庄组部分字也与精组字合流，如"馊溲淄厕涘诅谡谬缩"等。但对于知二庄与知三章的关系是什么，音韵学界的观点很不统一。大致可分为两派：一派认为两者已经合一，如罗常培①、李新魁②、杨耐思③。其中李新魁认为："在《蒙古字韵》和《中原音韵》分列的小韵中，知二庄与知三章是列为不同的小韵的，也就是说有对立的，这些字之所以对立，主要表现于韵母的不同。"杨耐思则从音位角度认为它们是互补的，应该合并。"也就是说，这两组声母字在同一韵部里出现时，其韵母不同。同时，在支思韵部和东钟韵部里，这两组声母字在同一个小韵出现，更说明这两组声母同一音位，无疑是合并了的。"一派认为二者声母不同，如陆志韦④、王力⑤。陆志韦认为："除了这支思韵跟齐微韵的分别之外，中古的'知彻澄'三等，不论开合，在《中原》好像都跟'照穿禅（床）'三等混合了，都作 tɕ。'知彻澄'二等混入'照穿床'二等，ʈ 跟 tʃ 都变为 tʂ。"王力说："在《中原音韵》里，只有'支思'韵里的知照系字和日母字才变成了卷舌音〔tʂ〕〔tʂ'〕〔ʂ〕〔ʐ〕，其余各韵的知照系

① 罗常培：《〈中原音韵〉声类考》，《语言学论文选集》，商务印书馆 2004 年版。

② 李新魁：《〈中原音韵〉音系研究》，中州书画社 1983 年版。

③ 杨耐思：《中原音韵音系》，中国社会科学出版社 1981 年版。

④ 陆志韦：《释〈中原音韵〉》，《陆志韦集》，中国社会科学出版社 2003 年版。

⑤ 王力：《汉语史稿》（上），中华书局 1980 年版，第 109—110 页。

字和日母字还是念［ tʃ ］［ tʃ ］［ ʃ ］［ ʒ ］。"

到了现代汉语方言，知、庄、章之间的关系依然十分复杂。熊正辉根据知、庄、章读 ts 组还是 tʂ 组分为济南、昌徐、南京三种类型（"*"表示例外）①：

	济南型		昌徐型开口呼		南京型	
	二等韵	三等韵	二等韵	三等韵	二等韵	三等韵
知组	tʂ	tʂ	ts	tʂ	tʂ*	tʂ*
庄组	tʂ	tʂ	ts	ts	tʂ*	tʂ*
章组		tʂ		tʂ		tʂ

从表面上看，浉河区、光山北向店、新县、卡房与息县孙庙好像都属于昌徐型。但若仔细分析则会发现只有息县孙庙属于昌徐型，而浉河区、光山北向店、新县和卡房都属于南京型。这从止开三知、庄、章组字的读音看得最清楚。张光宇②把汉语方言止开三舌齿音的读音归纳为北京型、南京型、昌黎型、武汉型、晋城型、即墨型、厦门型 7 种类型。其中南京型是精庄组读 ts 组，知章组读 tʂ 组；昌黎型是精庄章组读 ts 组，知组读 tʂ 组。浉河区、光山北向店、新县、卡房的止开三精庄组读 ts 组，知章组读 tʂ 组；息县孙庙是精庄章组读 ts 组，知组读 tʂ 组（见表 3-3）。显然浉河区、新县、光山北向店与卡房属于南京型，息县孙庙属于昌黎型③。

为何浉河区、光山北向店、新县和卡房看起来更接近昌徐型呢？这里面可能有两个原因：其一，受昌徐型方言影响的结果；其二，跟知、庄、章的卷舌化运动有关（详下）。

从今读来看，浉河区、光山北向店、新县、卡房与息县孙庙的庄组都读平舌，跟精组合流，知章组大多为卷舌，跟精庄组不同。其实不光是信阳的浉河区等地如此，汉语的其他很多方言也是如此。为何一般情况下总是庄组平舌，知章组卷舌呢？张光宇④从汉语方言的地理类型出发，认为汉语方言的卷舌化运动由庄组领头，然后由章组接棒，后来又由知组上阵。即如图 3-4

① 熊正辉：《官话方言分 ts tʂ 的类型》，《方言》1990 年第 1 期。

② 张光宇：《汉语方言的鲁奇规律：古代篇》，《中国语文》2008 年第 4 期。

③ 我们认为熊正辉所分的南京型、昌徐型与张光宇所分的南京型、昌黎型只是从不同角度划分出来的，它们实质上应该是一致的。

④ 张光宇：《汉语方言的鲁奇规律：古代篇》，《中国语文》2008 年第 4 期。

所示：

卷舌化	庄 tʃ	章 tɕ	知 ʈ
第一阶段	tʂ	tɕ	ʈ
第二阶段	tʂ	tʂ	tɕ
第三阶段	tʂ	tʂ	tʂ

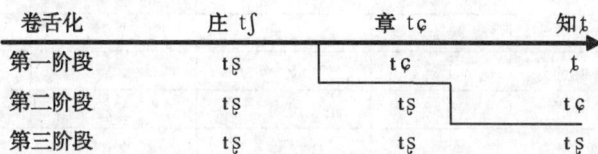

图 3 - 4　汉语方言卷舌化运动简图

注：此图取自张光宇（2008），略有改动。

需要说明的是，知组的知二与知三的卷舌化运动并不一致。它们因为音韵条件分别并入庄、章，故而形成近代汉语很多韵书中的知二庄与知三章对立的局面。目前很多方言仍属于这种类型。

由于庄组比知章组先发生卷舌化，因而也就最先完成平舌化。所以一般情况下总是庄组读平舌，知章组读卷舌。

桑宇红[①]发现近代汉语文献中的止开三知、庄、章组字存在三类读音表现形式：（1）知组与章组合流，庄组与它们对立；（2）庄组与章组合流，知组与它们对立；（3）知、庄、章三组声韵均合流。具体情形见表3-5。

桑宇红认为第（1）类属于南音音系韵书，第（2）类属于北音音系韵书。这种对立在现代汉语方言的分布也十分广泛，但却有一定的地域界限。大致来说，第（2）类主要分布在长江以北，如中原官话、兰银官话、冀鲁官话、胶辽官话。第（1）类主要分布在长江以南，如西南官话区、江淮官话区，另外客家话、赣语、徽语、吴语、湘语的很多地方也是如此。

表 3 - 5　　近代汉语文献中止开三知、庄、章组字读音类型

		精（资）	庄（师）	章（之）	知三（知）
	古今韵会举要	赀韵	赀韵	羁韵	羁韵
（1）	蒙古字韵	hi	hi	i	i
	八思巴	hi	hi	i	i
	西儒耳目资	u次	u次	i	i

① 桑宇红：《止开三知庄章组字在近代汉语的两种演变类型》，《语文研究》2007 年第 1 期。

续表

		精（资）	庄（师）	章（之）	知三（知）
（2）	中原音韵	支思	支思	支思	齐微
	韵略汇通	支辞	支辞	支辞	居鱼
	韵略易通	支辞	支辞	支辞	西微
	交泰韵	支韵	支韵	支韵	齐韵
（3）	音韵集成	支齐	支齐	支齐	支齐
	等韵图经	韵资子次慈	韵资子次慈	韵资子次慈	韵资子次慈

注：此表取自桑宇红（2007）。

浉河区、光山北向店、新县与卡房是止开三知章组合流，与庄组对立；息县孙庙则庄章组合流，跟知组对立。很显然，浉河区、光山北向店、新县、卡房与南音音系韵书一致，息县孙庙与北音音系韵书一致（见表3-6）。

表3－6　　汉语方言区止开三知、庄、章组字读音类型

方言区	知三			庄			章		
	知	耻	智	淄	师	事	支	翅	市
胶辽官话（烟台）	tɕi	tɕʻi	tɕi	tsʅ	sʅ	sʅ	tsʅ	tsʻʅ	sʅ
冀鲁官话（昌黎）	tʂʅ	tʂʻʅ	tʂʅ	tsʅ	sʅ	sʅ	tsʅ	tsʻʅ	sʅ
兰银官话（西宁）	tʂʅ	tʂʻʅ	tʂʅ	tsʅ	sʅ	sʅ	tsʅ	tsʻʅ	sʅ
中原官话（洛阳）	tʂʅ	tʂʻʅ	tʂʅ	tsʅ	sʅ	sʅ	tsʅ	tsʻʅ	sʅ
息县孙庙	tʂʅ	tʂʻʅ	tʂʅ	tʂʅ	sʅ	sʅ	tʂʅ	tʂʻʅ	tsʅ
客家话（井冈山）	tʃʅ	tʃʻʅ	tʃʅ	tsʅ	sʅ	sʅ	tʃʅ	tʃʻʅ	tʃʅ
吴语（无锡）	tʂʮ	tʂʻʮ	tʂʮ	tsʮ	sʮ	sʮ	tʂʮ	tʂʻʮ	tʂʮ
湘语（湘潭）	tʂʅ	tʂʻʅ	tʂʅ	tsʅ	sʅ	sʅ	tʂʅ	tʂʻʅ	tʂʅ
赣语（安徽宿松）	tʃʅ	tʃʻʅ	tʃʅ	tsʅ	sʅ	sʅ	tʃʅ	tʃʻʅ	tʃʅ
徽语（休宁）	tɕi	tɕʻi	tɕi	tsʅ	sʅ	sʅ	tɕi	tɕʻi	tɕi
江淮官话（南京）	tʂʅ	tʂʻʅ	tʂʅ	tsʅ	sʅ	sʅ	tʂʅ	tʂʻʅ	tʂʅ
西南官话（昆明）	tsʅ	tsʻʅ	tsʅ	tsʅ	sʅ	sʅ	tsʅ	tsʻʅ	tsʅ
浉河区	tʂʅ	tʂʻʅ	tʂʅ	tsʅ	sʅ	sʅ	tʂʅ	tʂʻʅ	tʂʅ
光山北向店	tʂʅ	tʂʻʅ	tʂʅ	tsʅ	sʅ	sʅ	tʂʅ	tʂʻʅ	tʂʅ
新县	tʂʅ	tʂʻʅ	tʂʅ	tʂʅ	sʅ	sʅ	tʂʅ	tʂʻʅ	tʂʅ
卡房	tʂʅ	tʂʻʅ	tʂʅ	tʂʅ	sʅ	sʅ	tʂʅ	tʂʻʅ	tʂʅ

注：表中灰色以外的内容均取自桑宇红（2007）。另外，原表将冀鲁官话中的"知"字记为tsʅ，疑有误。

从今读来看，老城区、平桥区、罗山、光山白雀园、潢川、固始、商城

与息县_{小茴店}等地都是 ts、tʂ 不分，但其前身应该是 ts、tʂ 二分。这可从三个方面来证明。

1. 浉河区南部 ts、tʂ 二分，北部却 ts、tʂ 不分；光山_{北向店}ts、tʂ 二分，光山_{白雀园}却 ts、tʂ 不分。浉河区北部紧挨老城区，光山_{白雀园}靠近潢川县。因而最合理解释就是这两地以前都是 ts、tʂ 二分，后来因受了老城区与潢川的影响才 ts、tʂ 不分的。

2. 联系信阳地区的行政沿革，不难推测出老城区、潢川在以前与浉河区、光山_{北向店}、新县、卡房等地的语音极为接近，前身也是 ts、tʂ 二分。由于这两地在古代分别是信阳州与光州的政治、经济中心，其方言的演化速度会相对较快，因而率先发生 ts、tʂ 合流。受此影响，平桥区、罗山、固始与商城等地也随之发生了 ts、tʂ 合流。

3. 信阳地区的 ts、tʂ 合流还在继续。比如浉河区的部分止_{开三}章组字和某些知组字已经开始读为 ts 组。息县_{孙庙}不仅止_{开三}章组字读 ts 组，就是其他章组字也有很多已经读为 ts 组了。息县_{城关}则更为突出，那里只有部分知章组入声字读 tʂ 组，其他字都已读为了 ts 组，且 ts、tʂ 没有音位区别。按照这种趋势，若干年以后，浉河区、息县_{孙庙}及息县_{城关}也将是 ts、tʂ 不分。

现结合前人的研究成果，我们把信阳地区（不包括息县、淮滨）精知庄章的演变过程粗略总结为图 3–5。

"信阳地区 I"表示信阳地区 ts、tʂ 二分的阶段，包括现在的浉河区、光山_{北向店}、新县、卡房。"信阳地区 II"表示信阳地区 ts、tʂ 不分的阶段，包括现在的老城区、平桥区、罗山、光山_{白雀园}、潢川、固始、商城。

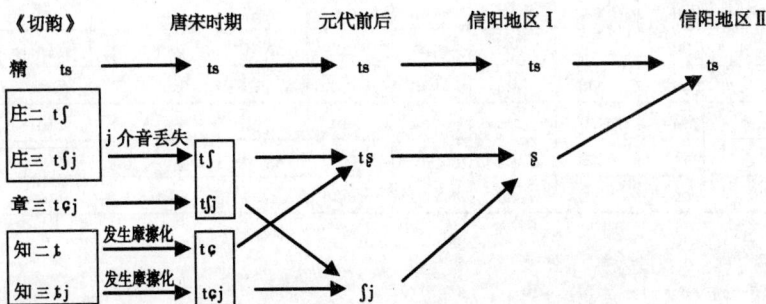

图 3 – 5　信阳地区精知庄章的演变过程简图

第四节　影、疑母

一　影、疑母的今读情形

影、疑母在中古是两个不同的声母，影母拟音为 ʔ，疑母拟音为 ŋ。但在信阳地区中，二者却有很大的一致性，其齐齿呼、合口呼、撮口呼前都读零声母[1]，只是开口呼前略有差异：老城区、浉河区、罗山、光山、新县与卡房读 ŋ 声母；平桥区、潢川、固始、商城、息县与淮滨读 ɣ 声母。

信阳地区影、疑母今读开口呼字主要来自古开口一等字，个别来自古开口二等字，如"矮、挨"，开口三、四等字及绝大多数开口二等字都读为齐齿呼（见表3-7）。

表 3 – 7　　　　　　　　信阳地区影、疑母部分字读音对照表

	开口呼		非开口呼			开口呼		非开口呼	
	按 山开一影	矮 蟹开二影	蛙 假合二影	冤 山合三影	烟 山开四影	熬 效开一疑	岸 山开一疑	岩 咸开二疑	鱼 遇合三疑
老城区	ŋan²	⁻ŋai	⁻ua	⁻yan	⁻ian	⁻ŋau	ŋan²	⁻ian	⁻y
浉河区	ŋan²	⁻ŋai	⁻ua	⁻yan	⁻ian	⁻ŋau	ŋan²	⁻iai	⁻ʮ
平桥区	ɣan²	⁻ɣai	⁻ua	⁻yan	⁻ian	⁻ɣau	ɣan²	⁻ian	⁻y
罗山	ŋan²	⁻ŋai	⁻ua	⁻yan	⁻ian	⁻ŋau	ŋan²	⁻iai	⁻y
光山北	ŋan²	⁻ŋai	⁻ua	⁻yan	⁻ian	⁻ŋau	ŋan²	⁻iai	⁻ʮ
光山白	ŋan²	⁻ŋai	⁻ua	⁻ɥan	⁻ian	⁻ŋau	ŋan²	⁻iai	⁻ʮ
新县	ŋan²	⁻ŋai	⁻ua	⁻ɥan	⁻ian	⁻ŋau	ŋan²	⁻ian	⁻ʮ
卡房	ŋan²	⁻ŋai	⁻ua	⁻ɥan	⁻ian	⁻ŋau	ŋan²	⁻ȵian	⁻ʮ
潢川	ɣan²	⁻ɣɛ	⁻ua	⁻yan	⁻ian	⁻ɣau	ɣan²	⁻ian	⁻y
固始	ɣan²	⁻ɣai	⁻ua	⁻yan	⁻ian	⁻ɣau	ɣan²	⁻ian	⁻y
商城城	ɣan²	⁻ɣɛ	⁻ua	⁻yan	⁻ian	⁻ɣau	ɣan²	⁻ian	⁻y
商城吴	ɣan²	⁻ɣɛ	⁻ua	⁻yan	⁻ian	⁻ɣau	ɣan²	⁻ian	⁻y
息县孙	ɣan²	⁻ɣɛ	⁻ua	⁻yan	⁻ian	⁻ɣau	ɣan²	⁻ian	⁻y
息县小	ɣan²	⁻ɣai	⁻ua	⁻yan	⁻ian	⁻ɣau	ɣan²	⁻ian	⁻y
淮滨	ɣan²	⁻ɣɛ	⁻ua	⁻yan	⁻ian	⁻ɣau	ɣan²	⁻ian	⁻y

---

① 有个别例外。梗、通摄合口影母字不读零声母，而读 z（ʐ）声母，发生"日化"现象，后文对此有讨论。另外，罗山、光山、新县和卡房的疑母开口三、四等字在老年人口中读齐齿呼 ȵ 声母，与泥母细音合流。如"宜"读 ⁻ȵi，"严"读 ⁻ȵian，"研"读 ⁻ȵian。

二　影、疑母的历史演变

根据近代文献资料的反映，北方方言区的影、疑母自中古以后就开始合流了。比如《中原音韵》中，疑母大部分字已经与影、喻母字合流，只有小部分自成小韵，跟影、喻母字对立（见表 3-8）。

从表 3-8 中可以看出，疑母的开口字多读 ŋ 声母，跟影母还有区别，但合口字大多读零声母而与影母合流。不过关于这些字的性质，学者们的观点还不统一，如罗常培[①]、陆志韦[②]、王力[③]等先生均认为《中原音韵》没有独立的疑母。

表 3 - 8　　《中原音韵》的疑、影、喻对立及与古八思巴字对照表

		疑		影　云　以	
		中原音韵	八思巴字对音	中原音韵	八思巴字对音
江阳	平阳	昂卬	ŋ	养痒鞅	○
	上	仰	ŋ		
	去	仰	ŋ		
鱼模	平阳	吾蜈吴鋘梧娛㤉	○		
皆来	平阳	騃皑	ŋ○		
	去	外	○		
寒山	平阳	颜	○		
	上	眼	○		
桓欢	平阳	丸纨完蚖刓	○		
萧豪	平阳	鳌嗷遨璈廒骜聱敖獒鳌	○		
	上	咬	○		
	去	傲奡赣	ŋ	奥澳懊	○
	入去	虐疟	ŋ	药岳约跃乐钥	○
歌戈	平阳	鹅哦娥峨蛾俄	ŋ		
	上	我	ŋ		
	入去	疟虐	ŋ	药岳约跃乐钥	○
家麻	上	瓦	○		
车遮	入去	额业	ŋ	拽叶谒噎	○
监咸	平阳	岩	○		

注：此表取自杨耐思[④]。表中个别生僻字没列。

但不可否认，到了明清时期，北方方言区的影、疑母合流已是大势所趋。

①　罗常培：《〈中原音韵〉声类考》，《语言学论文选集》，商务印书馆 2004 年版，第 85—154 页。

②　陆志韦：《释〈中原音韵〉》，《陆志韦集》，中国社会科学出版社 2003 年版。

③　王力：《汉语语音史》，中国社会科学出版社 1985 年版。

④　杨耐思：《中原音韵音系》，中国社会科学出版社 1981 年版。

详见表 3-9。

表 3-9　　明清时期北方方言区的韵书或韵图中影、疑母的读音对照表

韵书/韵图	所记方言点	作者	成书年代	影、疑母开口字声母
《书文音义便考私编》	江苏江宁	李登	1587	影母 [Ø]、疑母 [ŋ]
《元韵谱》	河北内丘	乔中和	1611	影母 [Ø]、疑母 [ŋ]
《司马温公等韵图经》	顺天	徐孝	1602	[Ø]
《交泰韵》	河南宁陵	吕坤	1613	[Ø]
《泰律篇》	云南河西	葛中选	1618	[Ø]
《韵略汇通》	山东莱州	毕拱辰	1642	[Ø]
《五方元音》	河北尧山	樊腾凤	1654—1664	[Ø]
《拙庵韵悟》	河北易县	赵绍箕	1674	[Ø]
《五声反切正韵》	安徽全椒	吴烺	1763	[Ø]
《等韵简明指掌图》	山东桓台	张象津	1815	[Ø]
《黄钟通韵》	吉林长白	都四德	19世纪	[Ø]

注：表 3-9 及表 3-10 均据《明清等韵学通论》①而作。

从表 3-9 中可以看出，17 世纪以后的北方方言区的影、疑母合流的范围很广，影、疑母开口字分立的韵书很少，且成书年代都较早。少数韵书中影、疑母开口字的分立可能反映了北方方言区影、疑母发展的复杂多样性。

不过明清时期南方方言区的韵书或韵图中，影、疑母并没有合流。详见表 3-10。

表 3-10　　明清时期南方方言区的韵书或韵图中影、疑母的读音对照表

韵书/韵图	所记方言	作者	成书年代	影、疑母声母
《声韵会通》	吴方言	王应电	1540	影 [Ø]、疑 [ŋ]
《并音连声字学集要》	吴方言	毛曾等	1561	影 [Ø]、疑 [ŋ] / [ȵ]
《音声纪元》	吴方言	吴继仕	1611	影 [Ø]、疑 [ŋ]
《荆音韵汇》	吴方言	周仁	约1790	影 [Ø]、疑 [ŋ]②

---

① 耿振生：《20 世纪汉语音韵学方法论》，北京大学出版社 2004 年版。

② 书中将牙喉音分成三组，并都采用"声介合母"方式区分开。比如疑母分为 [ŋ]、[ŋʷ]，影母分为 [Ø]、[Øʷ]，这表明牙喉音有分化。本表从音位角度不将其分开，而将疑母拟为 [ŋ]，影母拟为 [Ø]。

续表

韵书/韵图	所记方言	作者	成书年代	影、疑母声母
《戚参军八音字义便览》	闽方言	?	?	影［∅］、疑［ŋ］
《珠玉同声》	闽方言	林碧山	?	影［∅］、疑［ŋ］
《拍掌知声切音调平仄图》	闽方言	廖纶玑	18世纪	影［∅］、疑［ŋ］
《雅俗通十五音》	闽方言	谢秀岚	1818	影［∅］、疑［g］

因而大体来说，明清时期的影、疑母在北方方言区相混为零声母，南方方言区则不混。

发展到现在，北方方言区的影、疑母依然相混，其齐齿呼、合口呼、撮口呼前大多读为零声母，只在开口呼前略有差异，而南方方言区基本不混。赵学玲①根据北方方言影、疑母在开口呼前的读音情况分为北京型、济南型、天津型、洛阳型和合肥型。其中济南型读 ŋ 声母，包括冀鲁官话、中原官话、兰银官话、西南官话及晋语的大部分地区；洛阳型读 ɣ 声母，包括中原官话、兰银官话和晋语南部地区。同时将南方方言分为湘赣型、吴闽客型、粤语型三种，其中湘赣型特点是开口呼和合口呼里，影、疑二母合并，开口呼多读 ŋ 声母，合口呼多读零声母，在齐齿呼和撮口呼里，二者大多不混，影母读零声母，疑母读 ȵ 声母。

综上所述可以看出，北方方言的影、疑母在开口呼前的一致是二母合流以后又共同演变的结果；南方方言的影、疑母则基本不混，疑母多读 ŋ 声母，影母多读零声母。信阳方言属北方方言，从表面上看，老城区与光山等地的影、疑母读音情形跟济南型相近，潢川与固始等地跟洛阳型相近，好像可以认定信阳地区影、疑母的演变跟北方方言一样。但从深层次观察，我们认为信阳地区（不包括息县及淮滨北部）疑母开口字以前一直都读 ŋ 声母，而影母则读零声母，两者并没有合流。现在信阳地区影、疑读音的一致性是近来演变的结果，因而其演变类型更接近于南方方言。理由如下。

1. 先看疑母开口字。疑母开口一等字多读 ŋ 或 ɣ 声母，而 ɣ 的前身就是 ŋ（详下）。疑母开口二、三、四等字现在虽多读零声母，但浉河区、罗山、光山、新县、卡房等地的二等字中却有部分字读 ŋ 声母，老年人更普遍一些。如"伢"读 ₌ŋa，"咬"读 ꜛŋau，"硬"读 ŋen²（卡房读阳去）。而三、四等字在罗山、光山、新县、卡房等地的老年人口中多读 ȵ 声母，如"宜仪

---

① 赵学玲：《汉语方言影疑母字声母的分合类型》，《语言研究》2007 年第 4 期。

议疑验业研谊蚁砚"等字。ȵ 的前身应该是 ŋ，后来由于腭化才读成 ȵ。这表明疑母开口二、三、四等字以前（由于缺少文献材料，具体时间难以确定，不过可以肯定时间不会太长，因为如果时间太长，"宜仪议疑验业研谊蚁砚"等字就会是零声母而非 ȵ 声母）也读 ŋ 声母。故而我们认为信阳地区疑母开口字以前一直都读 ŋ 声母，只是近来才发生开口二、三、四等字读零声母的演变。

2. 再看影母开口字。罗山、光山、新县、卡房等地的影母开口三、四等字基本都读零声母，跟疑母开口三、四等字不同。如：燕影 ian² ≠ 砚疑 ȵian²，椅影 ⁿi ≠ 蚁疑 ⁿȵi。这表明影、疑二母并没有完全合流，若是完全合流就不好解释为何影、疑母开口三、四等字不同。不过影母开口一、二等字在以前应该读 ŋ 声母。一则因为光山、新县、卡房等地的影母有个别常见字读 ŋ 声母。如"哑"读 ⁿŋa，"淹"读 ₌ŋian。二则因为乾隆五十年（1785）的重修本《光山县志》中有"晏於谏切而读如案"的现象。"晏"影母开口二等，"案"影母开口一等，从光山影母的今读来分析，"晏案"当时都应是 ŋ 声母。不过考虑到影母三、四等的情况，我们认为影母开口一、二等读 ŋ 声母是后期演变，它是在影母演变为零声母以后，其开口一、二等字又受疑母的影响而由零声母增生的。说影母由零声母增生出 ŋ 声母有两个证据：（1）临川方言。罗常培的《临川音系》出版于 20 世纪 30 年代，书中所有的影母字都读零声母。但在 2000 年，北京大学的方言调查队在调查临川方言时，发现那里的多数影母开口呼字已经读为了 ŋ 声母。影母开口呼字读为 ŋ 声母显然是近几十年才发生的变化①。（2）北京方言。北京话影母开口一、二等字读零声母，但北京的郊县区的房山、门头沟、密云、怀柔、平谷却读 ŋ 声母或 n 声母。北方方言的影母很早就已演变为零声母，读 ŋ 声母显然属于后期音变②。

也许有人会说影、疑母开口一、二等字读 ŋ 声母都是后期音变。理由是现代汉语方言中的零声母往往都带有一些摩擦的成分，具有半元音性质，跟纯粹的辅音声母不同。所以，语音系统在"自组织"过程中，往往会要求这些语音单位发生变异，以调整整个音系结构，提高音系的"协合度"③，

---

① 赵学玲：《汉语方言影疑母字声母的分合类型》，《语言研究》2007 年第 4 期。

② 张世方：《北京话古微疑母字声母的逆向音变》，《语文研究》2008 年第 2 期。

③ "自组织"、"协和度"的具体含义请参见《20 世纪中国语言学方法论》（陈保亚，1999：459—497）。

这就容易导致这些半元音性质的零声母变异为 ŋ 声母。但我们觉得这种可能性不大，因为它不好解释罗山、光山、新县、卡房等地的疑母开口三、四等读 ṇ 声母现象。

顺便提一下影、疑母合口字。影母合口字应该跟开口字一样都演变为零声母。但疑母合口字不好判断，仅从今读来看，疑母合口字可能很早就与影母字合流了，跟开口字的演变过程不一样。但合流的具体时间难以确定。

平桥区、潢川、固始、商城等地的影、疑母在开口呼前读 ɣ 声母。我们认为 ɣ 的前身应该是 ŋ，因为 ŋ 与 ɣ 都是浊音，发音部位也相同，当 ŋ 的鼻音色彩消失而向零声母演变时，ɣ 是一个很正常的过渡声母。再联系信阳地区的行政沿革，则不难判断平桥区、潢川、固始、商城等地的影、疑母前身同浉河区、罗山、光山等地一样。由此看出，平桥区、潢川、固始、商城等地的疑母开口字在较早时期也没有同影母合流。这样信阳地区（息县与淮滨除外）影、疑母的演变就跟南方方言比较接近，从类型上讲更接近于赵学玲所说的湘赣型。

信阳地处北方方言区，影、疑母演变却与南方的湘赣型接近，这可能跟明初洪武期间的大移民有关。洪武年间，朱元璋从江西迁移来了大批移民，这些移民有相当一部分被安置在信阳地区（详见第一章第二节和第六章第三节）。可能正是这个原因才使得信阳地区影、疑母的演变跟江西等地比较接近。

结合他人研究成果，现将信阳地区（不包括息县与淮滨）影、疑母（开口字）的演变过程粗略描述如图3-6所示：

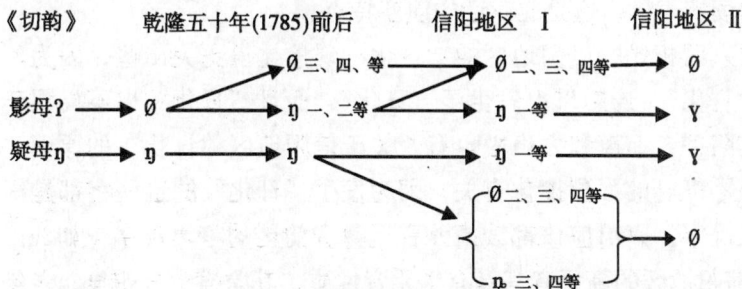

图 3 - 6　信阳地区影、疑母（开口字）演变过程简图

注：信阳地区Ⅰ包括老城区、浉河区、罗山、光山、新县、卡房等地，其中疑母 ṇ 声母存在于罗山、光山、新县和卡房的老年人中；信阳地区Ⅱ包括平桥区、潢川、固始、商城。

第五节　影、喻母的"日化"

"日化"一词取自朱晓农①，指本应读零声母的字结果读成了日母字②。如北京话的以母字"容"按规律应该读为 ₌iuŋ，结果却读为 ₌ʐuŋ，跟日母发生合流。

信阳地区的"日化"主要表现在梗、通摄影、喻母字中。如通摄喻四字"融容镕庸勇甬用蓉"、影母字"雍拥痈"、梗摄喻三字"荣"等都读 ʐ/z，跟日母合流。

梗摄喻三字"永泳咏"不太一致。老城区、浉河区、平桥区、潢川、固始、淮滨都读 ʐ/z 声母，发生"日化"；而罗山、光山、新县、卡房、商城、息县都读零声母，没有发生"日化"。

"日化"现象在其他方言也普遍存在，如北京、天津、河南以及冀鲁的边界处一带就是。像北京的"容溶蓉融荣"，郑州的"容荣蓉"，安阳的"镕容蓉荣"，冀鲁地区的"拥永咏用"等都发生了"日化"。

影、喻母发生"日化"的原因比较复杂，且不同的方言其原因也可能不同。比如北京话，发生"日化"的字主要集中梗、通摄喻母的阳平字中，且从今读来看，北京的 iuŋ 音有阴平、上声和去声，唯独没有阳平，显得比较特殊。李荣③根据《词林韵释》与《中原音韵》中的日母字"戎绒茸"与喻母字"容溶蓉融荣"被列为不同的小韵，由此判断北京话"戎绒茸"的前身读 ₌ʐuŋ，"容溶蓉融荣"读 ₌iuŋ（李荣先生记为 ₌yuŋ）。由于后来 ₌iuŋ 音都读成了 ₌ʐuŋ音，所以北京话里便没有 ₌iuŋ 音。iuŋ 音的阳平调字读如日母，其他调类的字依然读零声母，这是北京话的演变特点。

跟北京话相比，信阳地区的"日化"现象显得更突出些，因为不但喻母发生"日化"，连影母也发生了"日化"，而且"日化"也不局限于阳平字中，其阴平、上声和去声中也有。关于信阳地区"日化"的原因，我们则觉得跟零声母的强烈擦化有关。因为发生"日化"的这些字都是影、喻母合口三等字，以前应该都读高元音后鼻音韵尾的零声母字（如 iuŋ、yuŋ等）。而信阳地区的高元音都具有半元音性质，其摩擦十分明显，老年人尤

---

①　朱晓农：《腭近音的日化》，《音韵研究》，商务印书馆 2006 年版。

②　信阳地区的古日母有ø、ʅ、z 和 ʐ 等多种读音，此处仅限指浊擦音 z/ʐ。

③　李荣：《论北京话"荣"字的音》，《方言》1982 年第 3 期。

为突出，所以这些零声母字会很容易变异为日母字。这里梗摄喻三字"永泳咏"最有说服力。这三字在老城区、浉河区、平桥区、潢川、固始、淮滨读 [˻zuŋ/ ˻zoŋ]，韵尾为 -ŋ，发生了"日化"，罗山、光山、新县、卡房、商城、息县读 [˻ɥen/ ˻yn]，韵尾为 -n，没发生"日化"。从表面上看这好像跟鼻音韵尾有关系，但实质上还是跟零声母擦化的强弱有关。因为发 -ŋ 时，舌面后部需要后缩上抬。舌部的后缩，容易造成舌头和硬腭发生摩擦，而这一摩擦部位正好和浊擦音日母的发音部位十分接近，这样会很容易使高元音变异为日母。信阳地区没有 iuŋ、yuŋ 等零声母字，其原因就在于这些零声母字都因强烈擦化而发生了"日化"。

信阳地区影、喻母发生"日化"的部分字音详见表 3–11。

表 3 – 11　　信阳地区影、喻母发生"日化"的部分字读音对照表

	通合三					梗合三		
	容喻	勇喻	用喻	拥影	雍影	荣喻	永喻	泳喻
老城区	˻zoŋ	ˉzoŋ	zoŋ˼	˻zoŋ	˻zoŋ	˻zoŋ	ˉzoŋ	˻zoŋ
浉河区	˻zoŋ	ˉzoŋ	zoŋ˼	˻zoŋ	˻zoŋ	˻zoŋ	ˉzoŋ	˻zoŋ
平桥区	˻zuŋ	ˉzuŋ	zuŋ˼	˻zuŋ	˻zuŋ	˻zuŋ	ˉzuŋ	˻zuŋ
罗　山	˻zoŋ	ˉzoŋ	zoŋ˼	˻zoŋ	˻zoŋ	˻zoŋ	ˉyn	yn˼
光山北	˻zoŋ	ˉzoŋ	zoŋ˼	˻zoŋ	˻zoŋ	˻zoŋ	ˉɥen	ˉɥen
光山白	˻zoŋ	ˉzoŋ	zoŋ˼	˻zoŋ	˻zoŋ	˻zoŋ	ˉɥen	ˉɥen
新　县	˻zoŋ	ˉzoŋ	zoŋ˼	˻zoŋ	˻zoŋ	˻zoŋ	ˉɥen	ˉɥen
卡　房	˻zoŋ	ˉzoŋ	zoŋ˼	˻zoŋ	˻zoŋ	˻zoŋ	ˉɥen	ˉɥen
潢　川	˻zuŋ	ˉzuŋ	zuŋ˼	˻zuŋ	˻zuŋ	˻zuŋ	ˉzuŋ	˻zuŋ
固　始	˻zuŋ	ˉzuŋ	zuŋ˼	˻zuŋ	˻zuŋ	˻zuŋ	ˉzuŋ	˻zuŋ
商城城	˻zuŋ	ˉzuŋ	zuŋ˼	˻zuŋ	˻zuŋ	˻zuŋ	ˉyn	ˉyn
商城吴	˻zuŋ	ˉzuŋ	zuŋ˼	˻zuŋ	˻zuŋ	˻zuŋ	ˉyn	ˉyn
息县孙	˻zuŋ	ˉzuŋ	zuŋ˼	˻zuŋ	˻zuŋ	˻zuŋ	ˉyn	ˉyn
息县小	˻zuŋ	ˉzuŋ	zuŋ˼	˻zuŋ	˻zuŋ	˻zuŋ	ˉyn	ˉyn
淮　滨	˻zuŋ	ˉzuŋ	zuŋ˼	˻zuŋ	˻zuŋ	˻zuŋ	ˉzuŋ	˻zuŋ

第四章

信阳地区方言的韵母

第一节　果摄

果摄字在《切韵》里分一等和三等，兼赅开合，三等字少，开口常用字只有"茄"，合口常用字只有"瘸靴"。到了《中原音韵》，除了喉牙音小韵还保持原来的开合对立外，其他小韵都合并了。演变至现在，很多方言的歌、戈都已经相混，信阳地区也是如此。不过信阳地区果摄字的今读情况较为复杂，除"他那哪大"读a韵母还比较统一外，其他字则不太一致。若不考虑一等字"他那哪大"和三等字"茄瘸靴"，基本上可将果摄字分为两个类型：

类型1：都读o韵。浉河区、平桥区、罗山、光山、新县、卡房和商城_{吴河}都属于这个类型（商城_{吴河}的"饿禾"读ɤ韵，例外）。

类型2：帮组读o韵，端系读uo韵，见_{开一}读ɤ韵，见_{合一}读uo韵。固始、商城_{城关}、息县、淮滨属于这个类型。

老城区与潢川稍显特别。老城区疑母字"俄鹅蛾饿讹"等读o韵，同类型1，但其他字读［uo ɤ］韵，又同类型2。不过总体来看，老城区更接近类型2。潢川果摄字韵母多读uo韵，但uo的实际音值为ʷo，因此可将其归入类型1。

开口三等字"茄"在老城区、浉河区、固始、商城为iɛ韵，罗山、光山、新县、卡房为ie韵，平桥区、潢川、息县为yɛ韵。合口三等字"瘸靴"在光山_{北向店}、新县、卡房为ɥɛ韵，光山_{白雀园}为ɥe韵，罗山为ye韵，其他各地为yɛ韵。

一等字"他那哪大"读a韵母应该是中古音的保留。学者们一般都认为中古果摄的主元音为ɑ，而光山、新县、潢川等地a的实际音值就是ɑ。o、uo、ɤ、ie、iɛ、ɥe、ɥɛ、ye、yɛ则都是后期的演变。所以综合来看，信阳地区果摄字的读音可分为两个历史层次。

第一个历史层次：a。

第二个历史层次：o、uo、ɣ｜ie、iɛ、ʮe、ʮe、ye、yɛ。

第一个层次代表了果摄中古时的读音，第二个层次反映了果摄字后来的演变情形，"｜"左边是果摄一等字的演变情形，其中 o 的时间更古老一些。"｜"右边是果摄三等字的演变情形，ie、ʮe 的时间更古老一些。

ɑ 韵向 o 韵演化是一种后高化，这种演变在汉语方言中比较普遍。比如山西方言[1]、陕西关中方言[2]等都有这种现象。这种演变大约开始于宋代。因为罗常培《唐五代西北方音》一书中所列的 33 个歌韵字，有 31 个读 ɑ 韵，读 o 韵的仅 2 个，而宋代的西夏文典籍《掌中珠》中却有 18 个[3]。浉河区、平桥区、罗山、光山、新县和卡房的果摄字目前都读 o；固始、商城、息县、淮滨等地的端系及见合－都读 uo。uo 是 o 的进一步演变，因为 o 的圆唇性可以很容易使声韵之间产生一个 u 介音，因此类型 1 要比类型 2 早。

o 韵演变为 uo 韵的速度不太平衡，有的地区快，有的地区慢；有的韵系快，有的韵系慢。比如浉河区、平桥区、罗山、光山、新县、卡房和商城吴河果摄字现在还读 o 韵；潢川的实际音值为 ᵘo 韵，即将演变为 uo 韵；固始、商城的端系、见合－已经演变为 uo 韵。再如固始、商城城关等地戈韵见组字演变的速度比歌韵见组字快，因为戈韵见组字"科棵颗课"读 uo 韵[4]，而歌韵见组字"歌哥可个"读 ɣ 韵。ɣ 的前身应该是 o 而不是 uo，它是受普通话的影响而直接从 o 韵变来的，这表明歌韵见系字还没有演变为 uo 韵。图 4-1 是信阳地区果摄一等字（"他那哪大"除外）演变的大致情形。

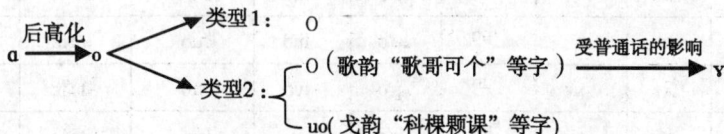

图 4-1　信阳地区果摄一等字演变示意图

ie 韵是果摄开口三等的前高化，目前罗山、光山、新县、卡房等地的"茄"

---

[1]　孙小花：《山西方言果摄字读音历史层次之推测》，《语文研究》2006 年第 2 期。

[2]　张维佳：《关中方言果摄读音的分化及历史层次》，《方言》2002 年第 3 期。

[3]　李范文：《宋代西北方音》，中国社会科学出版社 1994 年版。

[4]　现在受普通话的影响，有些年轻人已经逐渐读为 ɣ 韵。

字都读 ie 韵。iɛ 韵则是 ie 韵的进一步变化，这种变化跟普通话的影响有关，目前老城区、浉河区、固始、商城等地都读 iɛ。平桥区、潢川、息县_{孙庙}的"茄"读 yɛ，跟合口三等字"瘸靴"一样，这可能受"瘸靴"的类化所致。

　　ɥe 韵是果摄合口三等的前高化，是韵母高顶出位的结果（详见第四章第五节），如光山_{北向店}、新县和卡房。当这些字的声母由 tʂ 组变为 ts 组时，则 ɥe 韵也相应地读为 ɣe 韵，如光山_{白雀园}。当 ɥe 韵受到普通话的影响时便读为了 ye 韵，如罗山。随着影响的加深，ye 韵进一步读为 yɛ 韵，如老城区、平桥区、潢川、固始和商城。演变顺序是 ɥe → ɣe → ye → yɛ。

　　表 4-1 为信阳地区果摄部分字读音对照表。

表 4 - 1　　　　　　　　信阳地区果摄部分字读音对照表

	歌果开 一歌见	河果开 一歌匣	我果开 一歌疑	婆果合 一戈並	骡果合 一戈来	课果合 一戈溪	茄果开 三戈群	靴果合 三戈晓
老城区	₌kɣ	₌xɣ	ꜛuo	₌p'o	₌luo	k'uo꜒	₌ʨie	₌ɕye
浉河区	₌ko	₌xo	ꜛuo	₌p'o	₌lo	k'o꜒	₌ʨie	₌ɕye
平桥区	₌ko	₌xo	ꜛuo	₌p'o	₌lo	k'o꜒	₌ʨ'ye	₌ɕye
罗　山	₌ko	₌xo	ꜛuo	₌p'o	₌lo	k'o꜒	₌ʨ'ie	₌ɕye
光山北	₌ko	₌xo	ꜛuo	₌p'o	₌lɛ	k'o꜒	₌ʨ'ie	₌ʂɥe
光山白	₌ko	₌xo	ꜛuo	₌p'o	₌lo	k'o꜒	₌ʨ'ie	₌ʂɥe
新　县	₌ko	₌xo	ꜛŋo	₌p'o	₌lo	k'o꜒	₌ʨ'ie	₌ʂɥe
卡　房	₌ko	₌xo	ꜛŋo	₌p'o	₌no	k'o꜒	₌ʨ'ie	₌ʂɥe
潢　川	₌ko	₌xo	ꜛuo	₌p'o	₌luo	k'o꜒	₌ʨ'ye	₌ɕye
固　始	₌kɣ	₌xɣ	ꜛuo	₌p'o	₌luo	k'uo꜒	₌ʨie	₌ɕye
商城城	₌kɣ	₌xɣ	ꜛuo	₌p'o	₌luo	k'uo꜒	₌ʨie	₌ɕye
商城吴	₌kɣ	₌xɣ	ꜛuo	₌p'o	₌lo	k'o꜒	₌ʨie	₌ɕye
息县孙	₌kɣ	₌xɣ	ꜛuo	₌p'o	₌luo	k'ɣ꜒	₌ʨie①	₌ɕye
息县小	₌kɣ	₌xɣ	ꜛuo	₌p'o	₌luo	k'ɣ꜒	₌ʨie	₌ɕye
淮　滨	₌kɣ	₌xɣ	ꜛuo	₌p'o	₌luo	k'ɣ꜒	₌ʨie	₌ɕye

---

① 中青年人多读 ₌ʨie。

第二节　深、臻摄与曾、梗摄

一　深、臻摄与曾、梗摄的今读情形

根据信阳地区曾、梗摄舒声与深、臻摄舒声的今读情况，大致可分为不混型与相混型两种情况。

1. 不混型。曾、梗摄舒声读后鼻音 –ŋ，深、臻摄舒声读前鼻音 –n。主要分布在息县（淮滨北部也是）。

2. 相混型。又可分为两类。a 类：曾、梗摄舒声读前鼻音 –n 尾，与深、臻摄舒声相混。这种类型的分部范围很广，信阳地区的绝大多数地方都属于这种类型，如老城区、浉河区、平桥区、罗山、光山、新县、卡房、潢川（上油岗除外）、固始和商城等地。b 类：深、臻摄舒声读后鼻音 –ŋ，与曾、梗摄舒声相混。这种类型的分布范围很窄，只见于淮滨的张庄、王店及潢川的上油岗等乡镇。

先讨论相混型的 a 类。

a 类的曾、梗摄开口字中，一、二等帮系字读 –ŋ 尾，与深、臻摄不混，其他开口字基本上都读 ən①、in 韵，与深、臻摄混。ən 韵主要来自曾_{开一}端系、见系，曾_{开三}知系，梗_{开二}端系、知系、见组和梗_{开三}知系。in 韵主要来自曾_{开三}帮组、端系、见系，梗_{开二}晓母和梗_{开三}帮组、端系、见组。

只有个别字较为特殊。如"杏"字，老城区、平桥区、浉河区、罗山、光山、新县、卡房、潢川、固始、商城读 –n 尾，息县与淮滨读 –ŋ 尾。"崩~塌"白读为 –n 尾，文读为 –ŋ 尾。"烹彭膨"三字，潢川、固始读 –ŋ 尾，老城区、平桥区、浉河区、罗山、光山、新县、卡房、商城读 –n 尾。"扔"字，平桥区、罗山、卡房读 –ŋ 尾，老城区、浉河区、光山、新县、潢川、固始、商城、息县、淮滨读 –n 尾。

曾、梗摄合口字大都读 –ŋ 尾，跟深、臻摄不混，如"弘轰宏矿琼兄荣"等字，少量字读 in、ɥen、yn 韵，跟深、臻摄混。in 韵主要来自梗摄的"营萤顷"；ɥen、yn 韵来自梗摄的"永泳咏"，其中浉河区、光山、新县和卡房读 ɥen 韵，老城区和罗山读 yn 韵。

---

① 浉河区、光山、新县和卡房为 en 韵。en、ən 只是记音的宽严问题，因此本书在不方便区别的地方将 en、ən 都记作 ən。下面的 uen、uən 也是。

但"横"字较为复杂。老城区、平桥区、浉河区、罗山、光山、新县和卡房读 –n 尾，跟深、臻摄混；潢川、固始、商城读 –ŋ 尾，与深、臻摄不混。

因此总体来看，曾、梗摄开口一、二等帮组字与曾、梗摄合口字多读后鼻音韵母，跟深、臻摄有别。其他字读前鼻音韵母，跟深、臻摄合流。曾、梗摄与深、臻摄主要合流为 ən、in 韵母，少量为 ʮen、yn 韵母。信阳地区曾、梗摄与深、臻相混的 a 类情形详见表 4–2。

从今读来看，a 类的曾、梗摄读 –ŋ 尾主要受两个因素制约。

1. 跟今读主元音有关。一般来说，今读以前元音、央元音为主元音的读 –n 尾，以后元音为主元音的读 –ŋ 尾。比如"永泳咏"字，罗山、光山、新县、卡房、商城、息县、淮滨的主元音为 ə，都读 –n 尾；老城区、浉河区的主元音为 o，平桥区、潢川、固始的主元音为 u，则都读 –ŋ 尾（当然跟声母也有很大关系）。再如老城区、浉河区、罗山、光山、新县、卡房等地的开口帮组字，当主元音是 o 时就读 –ŋ 尾，如"朋棚猛孟萌"等；当主元音是 ə、i 时就读 –n 尾（m 声母有例外），如"烹彭膨主元音为ə/ 兵平评明命病主元音为i"等。此外，宕、江、通摄也可作为旁证，这三摄的今读主元音多为 a、o，都读 –ŋ 尾。

表 4 – 2　　　　　　　　曾、梗摄与深、臻摄相混的 a 类情形表

今读韵母	音韵条件	分布县市	说明
ən	曾开一端系、见系；曾开三知系；梗开二端系、知系、见组；梗开三知系∣深开三、臻开三知组；臻开一；臻合一帮组、端系；臻合三帮组、泥组	全部	梗合三主要指"颍营颖"；梗合四主要指"萤"；梗合三喻三指"永泳咏"；商城的臻合三见系字读 yn，也与梗合三喻三字混
in	曾开三帮组、端系、见系；梗开二晓母；梗开三帮组、端系、见组；梗合三；梗合四∣深开三、臻开三帮组、端系、见系	全部	
ʮen	梗合三喻三∣臻合三知、见系	浉河区、光山、新县、卡房	
yn	梗合三喻三∣臻合三知、见系	老城区、罗山	

潢川、商城、固始等地需要特别指出。这几地的曾、梗摄帮组开口字的主元音是 ə，但却读 –ŋ 尾。其实若联系信阳地区的行政沿革，则不难推

断这些地方的帮组字主元音以前是 o，跟老城区、光山等地一样，只是近来因受普通话的影响才变为 ə，–ŋ 尾还没来得及被 ə 同化为 –n 尾（光山 oŋ 韵的音值现在就已经非常接近 əŋ）。

2.跟声母也有一定的关系。一般来说，唇音声母后容易保留 –ŋ 尾。像曾、梗摄开口字只有唇音后面读 –ŋ 尾，如"朋棚猛孟"等字在老城区、浉河区、罗山、光山、新县、卡房等地读 oŋ 韵母，潢川、固始、商城、淮滨读 əŋ 韵母。唇音声母中 m 声母相对来说更容易保留 –ŋ 尾，这是因为 m 声母带有鼻音色彩，对 –ŋ 尾具有一定的保护作用。这从梗开二帮组字"烹彭膨盲猛孟"中可以看得很清楚：pʻ声母字"烹彭膨"在老城区、浉河区、罗山、光山、新县、卡房读 –n 韵尾，而 m 声母字"盲猛孟"却读 –ŋ 韵尾。

相混型 b 类只分布于淮滨的张庄、王店及潢川的上油岗等乡镇。张庄与王店位于淮滨的南部，上油岗位于潢川的最北部。这些乡镇都分布于淮河沿岸，在地理上也连成一片。

二　深、臻摄与曾、梗摄在历史文献中的混读情形

曾、梗摄与深、臻摄的混读现象在历史文献中也有表现，如唐五代时期的有些词人就已经出现了深、臻、曾、梗四摄混押现象。像和凝《江城子·斗转星移玉漏频》"频更莺声迎"押韵；吕岩《西江月·著意黄庭岁久》"深侵论吟金性"押韵；孙光宪《浣溪纱·静想离愁暗泪流》"零成人明生"押韵。宋朝时这种混押现象更为普遍。如苏轼《浪淘沙·昨日出东城》"城情倾春辛"押韵；欧阳修《渔家傲·九月霜秋秋已尽》"尽映盛粉近定嫩劲凝信"押韵；晏几道《小山词·清平乐》"尽信鬓醒"押韵；王安石《临川先生歌曲·菩萨蛮》"近应"押韵；《小山词·玉楼春》第一首"镜鬓信尽问恨"押韵；张养浩《朝天曲·咏四景·春》"村尽韵径春新兴"押韵。宋代陆容的《菽园杂记·卷四》也说："翁睦婺三郡人以兰为郎，以心为星，无寒侵二字韵。"

星汉[1]通过对唐宋时期词人作品的研究，发现曾、梗摄与深、臻摄相混的词人中，有生长在南方的人，如欧阳修、孙光宪、秦观、苏轼、王沂孙、刘过；有生长在北方的人，如和凝、杜牧、吕岩、李清照、晏几道、辛弃疾、史达祖；有能自度曲的音乐大家，如周邦彦、姜夔；有研究词学、精审音律的专家，如张炎。因此曾、梗摄与深、臻摄相混在唐宋时期是很普遍的现象。

曾、梗摄与深、臻摄混押主要集中在词与曲中，在诗中却极为少见。

---

[1]　星汉：《前后鼻韵母押韵平议》，《殷都学刊》1999 年第 1 期。

星汉发现那些词曲中有曾、梗、深、臻混押的作者中，诗中也有混押的只有两人。一个是吕岩，一个是刘过，并且混押的诗也很少。这种现象很好解释，就如星汉所说：

> 填词制曲和作诗不同，作诗曾是读书人进身的阶梯，是科举的科目，是文人必修的功课，有必须恪守的官定韵书。而填词制曲则始终是文人们的"雅事"，可为可不为。直到词、曲走向自己的顶峰，都没出现一部官定的韵书。词、曲作者只好参照诗韵，根据本人的实际语音和乐曲的允许范围加以变通，力求易唱美听。由于词、曲作者的声律水平不同，时代和籍贯不同，其用韵也就宽严不一，有时难免带点儿方言土腔。

"方言土腔"一语中的，我们觉得这种混押现象若不从方言方面就不好解释。因为从流传的韵书中，我们很难找到曾、梗摄与深、臻摄相混的现象。比如《广韵》中，深、臻、曾、梗四摄区分清楚。深摄收 –m 尾，臻摄收 –n 尾，对于曾、梗摄，中国学者一般认为两者都收 –ŋ 尾，日本一些学者则认为曾摄收 –ŋ 尾，梗摄收 –ɲ 尾[①]。到了《中原音韵》，曾、梗摄相混归入庚、青韵，收 –ŋ 尾，深摄收 –m 尾，归侵、寻韵，臻摄收 –n 尾，归真文韵，它们依然不混。元代以后，北方方言深摄的 –m 尾逐渐消变为 –n 尾，开始与臻摄合流。比如明清时期的许多官话韵书中，深摄与臻摄都已经合并为 –n 尾，但与曾、梗摄 –ŋ 尾的界限依然分明。南方的一些方言则深摄收 –m 尾，臻摄收 –n 尾，曾、梗摄收 –ŋ 尾，区分十分明确。如反映吴语的《字学集要》、《音声纪元》，反映闽语的《拍掌知音》、《雅俗通十五音》等都是如此。

曾、梗摄与深、臻摄相混在信阳地区的文献中也有反映。如信阳地区传统灶书《柳迎春》：[②]

> 青州府地柳阳城，剪子巷口一门庭，当家他是柳员外，员外妻子兰美英。兰氏没生多男女，生下小姐独千金，娘亲唤她柳老姐，爹给取名柳迎春……三尺白绫拿在手，柳树枝上把绫扔，翻手挽个绳结子，一边阳来一边阴。头伸进去容易死，头缩回来难做人，将心一横罢罢罢，迎春愿死不愿生……

---

① 桥本万太郎：《中古汉语的卷舌韵尾（续一）》，《语文研究》1986 年第 1 期。

② 河南信阳地区文联：《信阳地区民间文学选》（油印本），1986 年版。

信阳地区传统民歌《山歌打动姐的心》①：

乖姐锄草闷沉沉，郎唱山歌姐来听，山歌不是值钱宝，能解忧愁能解闷，山歌打动姐的心。

《情姐不嫌贫穷人》②：

情姐穿金又戴银，小郎汗褂打补丁，只望小郎人才好，哪怕穿的烂衣襟，情姐不嫌贫穷人。

《两眼赛如过天星》③：

眼看乖姐站门庭，手纳鞋底笑盈盈，樱桃小口糯米牙，两眼赛如过天星，胜似南海观世音。

《扁担靠墙也牵藤》④：

吃了午饭就要行，莫到姐房说私情，此时正是忙时候，扫帚落地也生根，扁担靠墙也牵藤。

商城民歌《四宝上工》⑤：

三月里是清明，四宝上山挖树根，手掂锄头把山进，十指抓得血淋淋。

新县民歌《五次探妹》⑥：

五次探妹喜在心，分了土地又领土地证，恶霸都斗倒，永远享太平，幸福万年春。

---

① 河南信阳地区文联：《信阳地区民间文学选》（油印本），1986年版。

② 同上。

③ 同上。

④ 同上。

⑤ 信阳地革委文化局：《大别山民间歌曲选》，河南人民出版社1979年版。

⑥ 同上。

新县民歌《佃农歌》①：

佃农笑盈盈，主人你是听：吃鸡吃肉我应承，主人呀！望你放宽心。

三　深、臻摄与曾、梗摄的历史演变

曾、梗摄与深、臻摄相混跟鼻音韵尾的演变有关。陈源泉认为是 –m、–n、–ŋ 先变为 –m、–ŋ 或 –n，最后合并为 –ŋ。Exic Zee 提出相反观点，认为鼻尾韵的演化是 –m ＞ –n 和 –ŋ ＞ –n②。我们认为不同的方言其情况也往往不同，可能有的方言是这种情况，有的方言是那种情况。从现代方言来看，曾、梗摄与深、臻摄混为 –n 尾主要见于江淮官话与西南官话；混为 –ŋ 尾主要见于关中西部和北部的晋语陕北话，中原官话部分方言，甘肃灵台、泾川、华亭、平凉、庆阳、崇信、环县、合水、正宁、岷县、华池、镇原、礼县、西和、武山、甘谷、漳县、陇西、成县、景泰及敦煌等地③。李如龙曾从地理方言学的角度对曾、梗摄与深、臻摄混为 –n 尾的现象作过如下阐释：

> 长江流域有不少城市，都有后鼻音韵尾 ŋ 受 i、ə 韵腹同化而前移混入前鼻音 n 的现象……论方言区，其中有官话，也有湘、赣、吴等方言，论地域，横贯六个省，这显然是相互影响而趋同的结果。其渗透源可能是来自江淮官话和西南官话，因为在远离长江的湘、赣、吴诸方言并没有多少点表现这个特征。④

信阳地区的不混型与相混型的 a 类都跟历史上的行政区划有关。历史上，不混型的息县曾跟河南中北部的很多县市同属于一个行政区，受郑州、开封等方言的影响很大，而这些地方都是 –n、–ŋ 不混。相混型 a 类的这些县市曾跟黄冈、孝感、六安同属于一个行政区，而这些地方都是 –n、–ŋ 相混⑤、⑥。只是 b 类显得较为特殊，不像是信阳方言自身发展的结果，倒像

① 信阳地革委文化局：《大别山民间歌曲选》，河南人民出版社 1979 年版。

③ 张维佳：《演化与竞争：关中方言音韵结构的变迁》，陕西人民出版社 2005 年版。

④ 李如龙：《汉语方言学》，高等教育出版社 2007 年版。

⑤ 赵元任：《湖北方言调查报告》，商务印书馆 1948 年版，第 1069 页。

⑥ 何自胜：《六安话语音研究》，硕士学位论文，福建师范大学，2005 年。

是外来原因造成的。一是其分布范围过窄，且目前还有向 a 类靠拢的趋势。二是与其类型相同的方言大都分布在我国西北部，两者的距离很远。我们猜测这种外来原因很可能是明朝洪武年间的山西移民。这些移民不知其祖籍来自何处，故都自称来自"山西大槐树下"，当时主要被安置在淮河以北。也许正是这些外来移民才使得信阳地区出现曾、梗摄与深、臻摄相混为后鼻音这种很特殊的语音现象。当时这种语音现象的分布区域可能比现在大，后来由于北面受到息县等地影响，南面受到潢川等地影响，才导致 b 类目前只局限在淮河沿岸的少数乡镇中。

　　信阳地区深、臻摄与曾、梗摄部分字的读音情形详见表 4-3。

表 4 - 3　　　　　　信阳地区深、臻摄与曾、梗摄部分字读音对照表

	针深 开章	准臻 合章	宾臻 开帮	朋曾 开并	冰曾 开帮	蒸曾 开章	成梗 开禅	兄梗 合晓
老城区	₌tsən	ᶜtɕyn	₌pin	₌p'oŋ	₌pin	₌tsən	₌tsˀən	₌ɕyoŋ
浉河区	₌tʂen	ᶜtʂʅen	₌pin	₌p'oŋ	₌pin	₌tʂen	₌tʂˀen	₌ɕioŋ
平桥区	₌tsən	ᶜtsuən	₌pin	₌p'əŋ	₌pin	₌tsən	₌tsˀəŋ	₌ɕyŋ
罗　山	₌tsən	ᶜtɕyn	₌pin	₌p'oŋ	₌pin	₌tsən	₌tsˀən	₌ɕioŋ
光山北	₌tsen	ᶜtʂʅen	₌pin	₌p'oŋ	₌pin	₌tsen	₌tsˀən	₌ɕioŋ
光山白	₌tsen	ᶜtʂʅen	₌pin	₌p'oŋ	₌pin	₌tsen	₌tsˀen	₌ɕioŋ
新　县	₌tsen	ᶜtʂʅen	₌pin	₌p'oŋ	₌pin	₌tsen	₌tsˀen	₌ɕioŋ
卡　房	₌tsen	ᶜtʂʅen	₌pin	₌p'oŋ	₌pin	₌tsen	₌tsˀen	₌ɕioŋ
潢　川	₌tsən	ᶜtsuən	₌pin	₌p'əŋ	₌pin	₌tsən	₌tsˀən	₌ɕyŋ
固　始	₌tsən	ᶜtsuən	₌pin	₌p'əŋ	₌pin	₌tsən	₌tsˀən	₌ɕyŋ
商城城	₌tsən	ᶜtsuən	₌pin	₌p'əŋ	₌pin	₌tsən	₌tsˀən	₌ɕyŋ
商城吴	₌tsən	ᶜtsuən	₌pin	₌p'əŋ	₌pin	₌tsən	₌tsˀən	₌ɕyŋ
息县孙	₌tʂəŋ	ᶜtʂuŋ	₌pin	₌p'əŋ	₌pin	₌tʂəŋ	₌tʂˀəŋ	₌ɕyŋ
息县小	₌tsən	ᶜtsuən	₌pin	₌p'əŋ	₌pin	₌tsən	₌tsˀəŋ	₌ɕyŋ
淮　滨	₌tsəŋ	ᶜtsuəŋ	₌piŋ	₌p'əŋ	₌piŋ	₌tsəŋ	₌tsˀəŋ	₌ɕyŋ

第三节　宕、江摄知系阳声韵

一　宕、江摄知系阳声韵字的今读类型

宕摄知系阳声韵字主要集中在宕开三上，江摄阳声韵字只有知系字"桩

撞"与庄组字"窗双"这几个常用字。这些阳声韵字在信阳地区的今读情形大致可分为两种类型。

1.宕摄与江摄合流。这种类型的声母都为 ts 组，韵母为 aŋ。如老城区、罗山和光山_{白雀园}。

2.宕摄庄组字与江摄知系字合流，跟宕摄知章组字不同。可分为三种情况：

(1)声母不同，韵母相同。这种情况的韵母都读 aŋ，声母是宕摄知章组读 tʂ 组，宕摄庄组与江摄知系读 ts 组。如浉河区、光山_{北向店}、新县、卡房。

(2)声母相同，韵母不同。这种情况的声母都读 ts 组，韵母是宕摄知章组读 aŋ，宕摄庄组与江摄知系读 uaŋ。如平桥区、潢川、固始、商城_{城关}、息县_{小茴店}和淮滨。

(3)声母不同，韵母也不同。又可分为两种情形：

①宕摄知章组声母为 ts 组，韵母为 aŋ，宕摄庄组与江摄知系的声母为 tɕ 组，韵母为 yaŋ。如商城_{吴河}。

②宕摄知章组声母为 tʂ 组，韵母为 aŋ，宕摄庄组与江摄知系的声母为 ts 组，韵母为 uaŋ。如息县_{孙庙}。具体情形见表 4-4。

表 4 - 4　　　　　信阳地区宕、江摄知系阳声韵字今读情况对照表

类型		声母		韵母		方言点	例字
		宕知章组	宕庄组江知系	宕知章组	宕庄组江知系		
1		ts	ts	aŋ	aŋ	老城区、罗山、光山_白	张 ₌tsaŋ章 ₌tsaŋ装 ₌tsaŋ 撞tsaŋ˧ 双 ₌saŋ
2	(1)	tʂ	ts	aŋ	aŋ	浉河区、光山北、新县、卡房	张 ₌tʂaŋ章 ₌tʂaŋ装 ₌tsaŋ 撞tsaŋ˧ 双 ₌saŋ
	(2)	ts	ts	aŋ	uaŋ	平桥区、潢川、固始、商城_城、息县_小、淮滨	张 ₌tsaŋ章 ₌tsaŋ装 ₌tsuaŋ^① 撞tsuaŋ˧ 双 ₌suaŋ
	(3) ①	ts	tɕ	aŋ	yaŋ	商城_吴	张 ₌tsaŋ章 ₌tsaŋ装 ₌tɕyaŋ 撞tɕyaŋ˧ 双 ₌ɕyaŋ
	②	tʂ	ts	aŋ	uaŋ	息县_孙	张 ₌tʂaŋ章 ₌tʂaŋ装 ₌tsuaŋ 撞tsuaŋ˧ 双 ₌suaŋ

注：卡房的"撞"读阳去。

———————

① "装"在潢川、固始、商城_{城关}的老年人口中读开口呼 ₌tsaŋ。

二　宕、江摄知系阳声韵的演变过程

不仅信阳地区宕、江摄阳声韵字的发展比较复杂，其他官话方言也是如此。高晓虹①在考察官话方言宕、江摄阳声韵字的读音类型及演变关系时，以"张、章、装"代表宕摄，"撞、双"代表江摄。通过考察，她发现官话方言大体可以分为一组型、二组型、三组型、四组型四大类。如表 4-5 所示：

表 4 - 5　　官话方言宕、江摄知系阳声韵字读音类型表

组型	代表字	韵基情况	四呼情况	声母情况	代表点
一组型	张章装撞双	韵基相同	开口	声母相同	包头
二组型	张章≠装撞双	韵基相同	开口：合口	声母相同	北京
				声母不同	青岛
			齐齿：合口	声母不同	东明
			开口：开口	声母不同	西安
			齐齿：撮口	声母相同	靖州
			开口：撮口	声母不同	东台
		韵基不同	开口：合口	声母相同	句容
			开口：开口	声母相同	大方
				声母不同	宝应
	张章撞≠装双	韵基相同	开口：合口	声母相同	红安
三组型	张章≠装撞≠双	韵基相同	开口：合口：合口	声母不同	泰兴
			开口：合口：撮口	声母不同	桃源
			开口：合口：开口	声母不同	乐都
		韵基不同			黄龙
	张章≠装≠撞双	韵基不同			霍州
	张章≠装双≠撞				合肥
	张≠章≠装撞双				临猗
四组型	张≠章≠装双≠撞	韵基不同			万荣
	张≠章≠装≠撞双	韵基不同			清涧

注：此表取自高晓虹（2009），略有改动。

其中四组型最少，都是文白混杂造成的。高晓虹认为这四种类型之间

---

① 高晓虹：《官话方言宕江摄阳声韵知系字读音分合类型及其演变关系》，《中国语文》2009 年第 2 期。

并不是由四组型到一组型的连续发展，排除文白混杂的情况之后，官话方言以二组型为主，一组型和三组型则是二组型的进一步发展。

从信阳地区的今读来看，老城区、罗山、光山_{白雀园}是一组型，其他都是韵基相同的二组型。其中平桥区、潢川、固始、商城_{城关}、息县、淮滨属于"开口：合口"类型；浉河区、光山_{北向店}、新县、卡房属于"开口：开口"类型；商城_{吴河}属于"开口：撮口"类型。由此看来平桥区、潢川、固始、商城_{城关}（商城_{吴河}、息县、淮滨暂不讨论）的二组型跟浉河区、光山_{北向店}、新县、卡房的二组型不同。

若联系信阳地区的行政沿革，我们不难判断平桥区、潢川、固始、商城_{城关}的前身就是老城区、罗山、光山_{白雀园}的一组型。这从平桥区、潢川、固始、商城_{城关}的个别宕摄庄组字与江摄知系字的读音中也能看得出来，如"装~东西"在老年人口中多读 ₌tsaŋ，"爽干~"在老年人口中多读 ˪saŋ。这表明平桥区等地的宕摄庄组字与江摄知系字以前读开口，后来由于权威方言的影响（如郑州话和普通话），这些字才由开口变为合口，与宕摄知章组保持对立，从而成为二组型。而老城区、罗山与光山_{白雀园}的一组型的前身则又是浉河区、光山_{北向店}、新县与卡房的二组型，后来由于 tʂ、ts 合流（详见第三章第三节），才由二组型变为一组型。即演变过程如图 4-2 所示（不包括商城_{吴河}、息县、淮滨）：

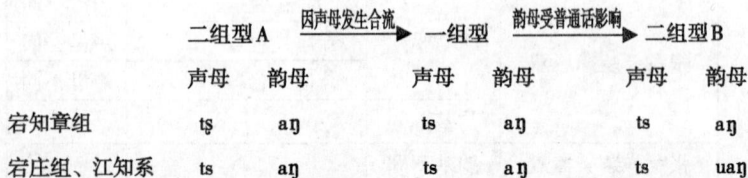

	二组型A		因声母发生合流 →	一组型		韵母受普通话影响 →	二组型B	
	声母	韵母		声母	韵母		声母	韵母
宕知章组	tʂ	aŋ		ts	aŋ		ts	aŋ
宕庄组、江知系	ts	aŋ		ts	aŋ		ts	uaŋ

图 4-2　信阳地区宕江摄知系阳声韵的一组型与二组型的演变关系图

浉河区、光山_{北向店}、新县与卡房属于"二组型 A"。老城区、罗山与光山_{白雀园}属于"一组型"。平桥区、潢川、固始、商城_{城关}属于"二组型 B"。

至于商城_{吴河}，我们觉得其以前宕、江摄知系字声母都为 tʂ 组，而宕摄知章组字韵母为 aŋ，宕摄庄组与江摄知系字韵母为 ɣaŋ。后来受权威方言的影响，ɣ 类韵读为 y 类韵，宕摄庄组与江摄知系声母也因此读为 tɕ 组（详见本章第五节）。

宕、江摄在中古为开口，但通过表4-5，我们不难看出大部分官话方言的宕、江摄阳声韵知系字都处于或曾处于二组型"张章≠装撞双（开口：合口）"这一阶段上。这表明宕摄庄组与江摄知庄组字由开口变为合口是官话方言普遍发生的一个变化[1]。这种变化的出现跟宕、江摄知系字的演变有关。[2]

《切韵》时期，宕、江摄知系字有五组读音，其中宕摄三组，江摄两组。《切韵》以后，宕摄庄组字便开始跟江摄知系字逐渐密切起来，在很多方言里同读为合口呼，而跟宕摄知章组读开口呼不同。如据王洪君[3]研究，在宋西北方音里，江摄舒、入声字与效摄及宕摄的庄组及明母字同注一韵，这说明那时的宋西北方言里宕摄庄组字已经与江摄知系字合流了。

但在《古今韵会举要》与《蒙古字韵》中，江摄知系字与宕摄庄组字还有区别。比如《古今韵会举要》中宕、江摄分为五个字韵："江"字韵、"冈"字韵、"黄"字韵、"光"字韵、"庄"字韵，其中江摄知庄组与来母字归"光"字韵。这说明《古今韵会举要》中的江摄知系已经与宕合–合流。但"庄"字韵为何与"光"字韵分立？董同龢[4]认为是"庄"字韵与"光"字韵的主要元音不同。高晓虹认为"庄"字韵的介音可能是一个圆唇舌尖元音 ʮ，"光"字韵的介音是 u。理由是根据《古今韵会举要》的情况来观察，当时江摄字已经并入宕摄，江摄知庄组字已经读为合口，由于宕摄庄组字是三等字，存在三等介音，所以跟江摄知系字不能直接合并，后来受声母与韵母协同发音的影响，逐渐演变出圆唇舌尖元音 ʮ 介音。在《蒙古字韵》里，江摄知系字对译为 uaŋ，宕摄庄组字译为 haŋ，二者也有对立。对此李新魁[5]认为 h 是一个流音，它是在 tʂ 组声母与 iaŋ 韵相拼时产生的，起初大概相当于 ʮ，后来这个 ʮ 又受到元音 a 的影响变为 ɤ（或 ə），《蒙古字韵》反映的正是这种情形。《古今韵会举要》与《蒙古字韵》反映的情况与宋西北方音不同，这说明在不同的方言里，宕摄庄组与江摄知系合流的速度不同。

到了《中原音韵》，宕、江摄合并为江阳韵。宁继福[6]认为宕摄知章组为

① 高晓虹：《官话方言宕江摄阳声韵知系字读音分合类型及其演变关系》，《中国语文》2009 年第 2 期。

② 下面有些材料转引自高晓虹（2009）。

③ 王洪君：《中原音韵》，《知庄章声母的分合及其在山西方言中的演变》，《语文研究》2007年第 1 期。

④ 董同龢：《汉语音韵学》，中华书局 2001 年版。

⑤ 李新魁：《〈中原音韵〉音系研究》，中州书画社 1983 年版。

⑥ 宁继福：《中原音韵表稿》，吉林文史出版社 1985 年版。

iaŋ，宕摄庄组与江摄知系为开口呼 aŋ，还没有变为合口呼。杨耐思①与李新魁②都认为宕摄庄组与江摄知系读为合口呼 uaŋ。不过李新魁虽认为二者已经合并，实际读音还是有些差别：江摄字的［u］介音比较明显，宕摄字的介音则较［u］开些，近于［ʊ］，但二者没有音位差别。

从今天的方言来推测，那时的宕摄庄组与江摄知系字读开口与合口都有可能。不过可以肯定的是，明清时期的宕摄庄组与江摄知系字是读为合口呼的。因为据叶宝奎③研究，兰茂《韵略易通》、徐孝《合并字学集韵》、《西儒耳目资》、《韵略汇通》与李登《书文音义便考私编》都是如此。

宕摄庄组为何能与江摄知系合并呢？高晓虹认为方言不同其合并原因也不同。原因一：宕摄庄组字受声母的影响，失去了三等介音，进而与江摄知系字合流。由于宕、江摄韵母的主要元音是一个后低圆唇元音，而庄组和知₂声母可能是圆唇色彩的舌叶音，所以韵母很容易滋生出一个合口介音。这是宋西北方音一类的情况。原因二：知₂庄声母合并，宕、江摄韵母合并，但由于宕摄庄组有三等介音，故与江摄知系仍保持分立，随后江摄知系先发展出合口介音，宕摄庄组后发展出合口介音，两者随之发生合流。这是《蒙古字韵》与《古今韵会举要》一类的情况。

信阳地区属于哪种情形呢？我们觉得原因二的可能性大些。即其演变过程大致如图4-3所示：

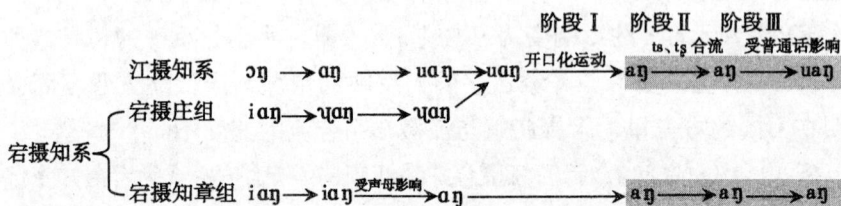

图4-3 信阳地区宕、江摄知系阳声韵演变过程简图

阴影部分是宕、江摄知系阳声韵字在信阳地区目前的演变情形。其中阶段Ⅰ指的是信阳地区的"二组型A"，包括浉河区、光山北向店、新县与卡房；阶段Ⅱ指的是信阳地区的"一组型"，包括老城区、罗山与光

① 杨耐思：《中原音韵音系》，中国社会科学出版社1981年版。

② 李新魁：《〈中原音韵〉音系研究》，中州书画社1983年版。

③ 叶宝奎：《明清官话音系》，厦门大学出版社2001年版。

山_{白雀园}；阶段Ⅲ指的是信阳地区的"二组型B"，包括平桥区、潢川、固始和商城_{城关}。

第四节　德、陌、麦韵

一　德、陌、麦韵的今读情形

这里所讨论的德、陌、麦韵主要涉及下列这些字：

德：北墨默_{帮组}/得德特_{端组}/肋勒_{泥组}/则贼塞_{精组}/刻克黑国或惑_{见系}。
陌：百柏伯迫拍魄白陌_{帮组}/拆泽择宅窄_{知系}/格客额_{见系}。
麦：麦脉_{帮组}/摘责策册_{知系}/革隔核获_{见系}。

其中"国或惑获"是合口字，其余都是开口字。这里先讨论开口字。

这些开口字除了"贼特额"外，其今读情况基本可分为四类：

1.全读开口呼。这种情况见于老城区、浉河区、平桥区、罗山、光山、新县和卡房。其中老城区、浉河区与平桥区读 ε 韵母（平桥区的"北"读 ei 韵母），罗山、光山、新县、卡房读 e 韵母。

2.见系字读齐齿呼，其余声组字读开口呼。这种情况见于潢川、息县与淮滨。其中潢川、息县_{孙庙}、淮滨的开口呼字读 ε 韵母，息县_{小茴店}的开口呼读 ai 韵母（但"北"读 ei 韵母，例外。息县_{孙庙}也是）。潢川有例外，其泥组字还有齐齿呼 iε 韵母一读，但多见于中青年人，老年人不常见。

3.知系、精组字读开口呼，见系与泥组字读齐齿呼，帮、端组字老派口语音读开口呼，新派口语音读齐齿呼，但齐齿呼读法更为常见。这种情况见于固始与商城_{城关}。其中固始的开口呼字读 ai 韵母①，商城_{城关}读 ε 韵母。

4.全读齐齿呼。这种情况见于商城_{吴河}。

下面说一下"贼特额"。"贼"只在罗山读 e 韵母，其他各地都读为 ei 韵母。"特"在卡房读 e 韵母；浉河区、平桥区、潢川、息县、淮滨读 ε 韵母；光山、新县读 ie 韵母；商城_{吴河}读 iε 韵母；老城区、罗山、固始、商城_{城关}则有开、

---

① 固始方言德、陌、麦开口呼字在有些人口中的实际音值是 ε，但 ε、ai 没有音位对立。

齐两读①，其中老城区、罗山的齐齿呼读法只见于少数老年人口中，开口呼读法十分常见，多见于中青年人口中，固始、商城城关正好相反，开口呼少见，多出现于少数老年人，而齐齿呼却十分常见，多见于中青年人口中。"额"在老城区、浉河区、平桥区、潢川、息县读 ε 韵母；罗山、光山、新县、卡房读 e 韵母；商城吴河、淮滨读 iε 韵母；固始与商城城关则有开、齐两读，情形跟帮、端组字一样。

再看看合口字"国或惑获"。这四字的读音在信阳地区的差异很大。"或惑获"在老城区、浉河区、平桥区、罗山、光山北向店、卡房、息县读开口呼；光山白雀园、新县、潢川、固始、商城、息县、淮滨读合口呼。"国"在任何地方都读合口呼。

德、陌、麦韵的今读韵母情况详见表 4-6。

表 4 - 6　　　　　　　　信阳地区德、陌、麦韵的韵母读音对照表

		信阳老	浉河区	罗山	光山北	光山白	新县	卡房	潢川	固始	商城城	商城吴	息县孙	息县小	淮滨
帮组		ε	ε	e	e	e	e	e	ε	ie/ai	iε/ε	iε	ε	ai	ε
端组	特	ε/iε	ε	e/ie	ie	ie	ie	ie	ε	ie/ai	iε/ε	iε	ε	ai	ε
	其他	ε	ε	e	e	e	e	e	ε	ie/ai	iε/ε	iε	ε	ai	ε
泥组		ε	ε	e	e	e	e	e	ε	ε/iε	iε/ε	iε	ε	ai	ε
精组	贼	ei	ei	e	ei	ei	ei	ei	ei	ei	ei	ei	ei	ei	ei
	其他	ε	ε	e	e	e	e	e	ε	ai	ε	iε	ε	ai	ε
知系		ε	ε	e	e	e	e	e	ε	ai	ε	iε	ε	ai	ε
见系	额	ε	ε	e	e	e	e	e	ε	ie/ai	iε/ε	iε	ε	ai	iε
	或惑获	ε	ε	e	e	ue	ue	ε	ue	uai	ue	ue	ε	uai	ue
	国	ue	ue	ue	ue	ue	ue	ue	ue	uai	ue	ue	ue	uai	ue
	其他	ε	ε	e	e	e	e	e	ε	iε	iε	iε	ε	iε	iε

注：浉河区和平桥区的情况一样，故表中省去平桥区。"/"前的读音比后面的读音常见，固始与商城还表示新老差异。另外，平桥区与息县的帮组字"北"读 ei 韵母。

① 《河南方言研究》（张启焕、陈天福、程仪，河南大学出版社 1993 年版）将信阳市的"特"记为 ε 韵母（见第 256 页）。我们怀疑书中记的是读书音，因为它将"你"记为读书音 ˥li（见第 260 页），而不是口语音 ˥n。

二　德、陌、麦韵的发展演变

信阳地区的德、陌、麦韵字普遍跟下列字发生了合流：

假_{开三}章组及日母字：遮车蛇赊者扯舍社射_{章组}/惹_{日母}

咸_{开三}叶韵泥组、知系字：聂镊猎_{泥组}/摄涉_{知系}

山_{开三}薛韵泥组、知系字：列烈裂_{泥组}/哲彻撤辙浙折设热_{知系}

山_{合三}薛韵来母字：劣

曾_{开三}职韵庄组字：侧测色啬

相混情形见表4-7。

表 4 – 7　　　　　　　德、陌、麦韵与假_{开三}等字相混情形对照表

地区	假开三章组及日母字	咸开三叶韵		山开三薛韵		山合三薛韵泥组字	曾开三职韵庄组字	德、陌、麦韵	与德、陌、麦韵是否合流
		知系	泥组	知系	泥组				
罗山、光山、新县、卡房	e	e	e	e	e	e	e	e	合流
平桥区、浉河区、老城区、	ɛ	ɛ	ɛ	ɛ	ɛ	ɛ	ɛ	ɛ	合流
商城吴河	iɛ	iɛ	iɛ	iɛ	iɛ	iɛ	iɛ	iɛ	合流
潢川、商城城关、息县孙庙、淮滨	ɛ	ɛ	iɛ	ɛ	ɛ	iɛ	ɛ	ɛ、iɛ	合流
固始	ai	ai	iɛ	ai	ai	iɛ	ai	ai、iɛ	合流
息县小茴店	ɣ	ɣ	iɛ	ai	ɣ	iɛ	ai	ai、iɛ	部分合流

　　此外，潢川、固始、商城_{城关}、息县、淮滨等地的德、陌、麦韵还跟蟹_{开一}、蟹_二（包括蟹_{开二}和蟹_{合二}。下同）发生了合流。这些地方的蟹_{开二}见晓组字"皆阶秸介界疥芥械街解鞋"等读 iɛ 韵母，其他字读 ɛ、uɛ 韵母（如潢川、商城_{城关}、息县_{孙庙}、淮滨）或 ai、uai 韵母（如固始、息县_{小茴店}），跟德、陌、麦韵合流。老城区、浉河区、平桥区、罗山、光山、新县、卡房、商城_{吴河}①的德、

---

① 商城吴河蟹开二见晓组字韵母的实际音值为 iɛi，其他字为 ɛi。

陌、麦韵与蟹开一、蟹二却区分清楚。这些地方的蟹开二见晓组字读 iai 韵母（光山、新县的老年人及卡房则读 ai 韵母），其他字读 ai、uai 韵母，没跟德、陌、麦韵发生合流。分混情形见表 4-8。

表 4 - 8　　信阳地区德陌麦韵与蟹摄分混情形对照表（息县与淮滨暂不列）

			开口呼	齐齿呼	合口呼	是否相混
（1）	光山老、新县老、卡房	德、陌、麦韵	e	ie	ue	不混
		蟹摄	ai		uai	
（2）	光山新、新县新、罗山	德、陌、麦韵	e	ie	ue	不混
		蟹摄	ai	iai	uai	
（3）	老城区、浉河区、平桥区	德、陌、麦韵	ɛ	iɛ	uɛ	不混
		蟹摄	ai	iai	uai	
（4）	商城吴河	德、陌、麦韵		iɛ	uɛ	不混
		蟹摄	ɛi	iɛi	uɛi	
（5）	潢川、商城城关	德、陌、麦韵	ɛ	iɛ	uɛ	相混
		蟹摄	ɛ	iɛ	uɛ	
（6）	固始	德、陌、麦韵	ai	iɛ	uɛ	相混
		蟹摄	ai	iɛ	uai	

注：上面列的只是一般情形。如德、陌、麦韵中，老城区、光山、新县的齐齿呼韵母只见于"特"字，其中老城区为 iɛ 韵母，光山、新县为 ie 韵母，而浉河区与平桥区没有齐齿呼韵母。罗山、光山、新县、卡房的合口呼韵母只见于"国"字。蟹摄中，其齐齿呼来自蟹开二见晓组字，合口呼来自蟹合二，开口呼来自蟹开一和蟹开二部分字。下标字"老"指老式口语音，"新"指新式口语音。

（1）—（4）属于不混阶段，（5）—（6）属于相混阶段。从德、陌、麦韵与蟹开一、蟹二的分混情况来看，不混应是早期阶段，相混是后期阶段，是由不混阶段发展而来的。在不混阶段的这些县市中，卡房的历史层次最早，光山、新县、罗山其次，商城吴河最晚。在相混的这些地方中，潢川、商城城关与淮滨的历史层次最早，固始最晚。

从表 4-8 可以看出，首先是德陌麦韵的主元音经历了 e→ɛ 的低化过程，然后蟹开一、蟹二发生了 a→ɛ 的高化过程，从而造成二者发生相混。不过蟹开一、蟹二的 a→ɛ 的高化过程跟 iai 韵母的演变有根本原因。

iai 韵母字都来自于蟹开二见晓组字"皆阶秸介界疥芥械街解鞋"等。这些字在中古属蟹摄皆、佳韵，到了《中原音韵》属于皆、来韵，韵母为 ai。后来受牙喉音的影响，这些字的声韵之间逐渐增生出了 i 介音，读为了 iai

韵母。比如成书于 1743 年的《圆音正考》中"皆"与"结"不同音，那时的"皆"就读 iai 韵母。韵头 i 的出现，不仅排斥了韵尾 i，同时又使主元音高化，从而发展为 iɛ 韵母。表面上看，信阳地区的蟹开二见晓组字好像也经历了 ai→iai→iɛ 这样的演变过程，如从卡房等地的 ai 到老城区等地的 iai 再到潢川等地的 iɛ。不过我们认为信阳地区的 iai 韵母并不是本身自然发展的结果，它是受普通话的影响而出现的。这能从光山、新县两地看得很清楚。这两地的老年人读 ai 韵母，声母为 k 组，年轻人读 iai 韵母，声母为 tɕ 组，这显然是普通话影响的结果。因为若是自身的演变发展，声母 k→tɕ，韵母 ai→iai 之间会有较明显的过渡阶段。

由于 iai 韵母是受普通话的影响而出现的，因而随着影响的进一步加深，iai 就会变为 iɛ。受此影响，与 iai 韵相对应的蟹摄开口呼 ai 及合口呼 uai 也会因此被类化为 ɛ、uɛ，从而造成德、陌、麦韵与蟹开一、蟹二混并，所以 iai 韵母消变为 iɛ 韵母对德、陌、麦韵与蟹开一、蟹二的混并起了至关重要的作用。比如老城区、浉河区、平桥区、商城吴河的 iai 韵母没有变为 iɛ 韵母，故德、陌、麦韵与蟹开一、蟹二区分清楚，潢川、固始、商城城关的 iai 韵母消变为 iɛ 韵母①，故德、陌、麦韵与蟹开一、蟹二发生混并。这里卡房也有一定的说服力。卡房现在的蟹开二见晓组字依然读开口呼 ai 韵母，iai 韵母还没有出现，因此也就不会发生 iai 消变为 iɛ 这一音变现象，所以德、陌、麦韵与蟹开一、蟹二区分清楚。

从今读来看，固始的德、陌、麦韵与蟹开一、蟹二相混为 ai、iɛ、uai，跟潢川、商城城关等地的 ɛ、iɛ、uɛ 不同。但固始的前身也是 ɛ、iɛ、uɛ，后来因蟹开一、蟹二的影响才读为 ai、iɛ、uai②。因为蟹开一、蟹二在普通话里读为 ai、iɛ、uai，受此影响，固始的蟹开一、蟹二字便由 ɛ、iɛ、uɛ 读为 ai、iɛ、uai，由此引发德、陌、麦韵字也这样读。现在固始方言中，蟹开一、蟹二只读 ai、iɛ、uai 韵母，而德、陌、麦韵部分字，如"麦则拆窄"等，在有些老年人口中还习惯性地读为 ɛ 韵母，其原因就在于此。

粗略来看，信阳地区（不包括息县、淮滨）的德、陌、麦与蟹开一、蟹二的演变情形如图 4-4 所示。

---

① 尽管我们没有文献材料来直接证明潢川、固始、商城城关等地以前的蟹开二见晓组字读 iai 韵母，但若联系信阳地区的行政沿革，则不难推断潢川、固始、商城城关以前也有 iai 韵，且德、陌、麦韵与蟹开一、蟹开二的对应关系跟老城区、浉河区、平桥区、商城吴河一样。

② 比如固始北部的很多乡镇，如桥沟、往流、蒋集、洪埠等现在依然是 ɛ、iɛ、uɛ，跟潢川、商城城关一样。

蟹开二受普通话影响　　　　　受 iai 读为 iɛ 的影响　　　　　受蟹摄字的影响

第 1 阶段　────→　第 2 阶段　────→　第 3 阶段　────→　第 4 阶段

德陌麦韵：e ie ue　　　　　　　ɛ iɛ　　əu　　　　　　ɛ iɛ　əu　　　　　　ai iɛ uai

蟹摄：ai uai　　　　　　ai iai uai　　　　　　ɛ iɛ　əu　　　　　　ai iɛ uai

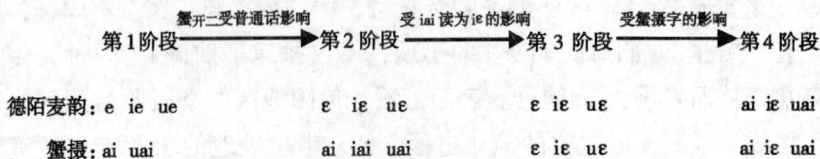

图 4－4　信阳地区德陌麦韵与蟹开一、蟹二的演变情形图

罗山老、光山老、新县老、卡房属于第 1 阶段；罗山新、光山新、新县新、老城区、浉河区、平桥区、商城吴河属于第 2 阶段；潢川、商城城关属于第 3 阶段；固始属于第 4 阶段。

三　德、陌、麦韵开口字的细音现象

除浉河区、平桥区和卡房外，信阳地区德、陌、麦韵开口字都有读细音现象（见表 4-6）。老城区、罗山、光山、新县最少，只有"特"字读细音。商城吴河最多，除"贼"字外，其余字都读细音。这些字在中古是开口一、二等字，现在读细音是一种后期音变。郑张尚芳[①]认为中古开口一等字增生 i 介音跟二等字的增生不同。二等字主要与 ɣ/ɰ 介音有关，一等字的主元音可分为两类：一类为 ə 类韵母，一类为 a 类韵母。ə 类韵母一般是由元音本身前高化来的，a 类韵母则来自真正的介音增生。郑张先生在谈到揭西客话、南城赣语的"狗 kiɛu³、口 kʰiɛu³、藕 ŋiɛu³"与惠州客话的"头 tʰiau²、狗 kiau³、口 kʰiau³、藕 ŋiau³"这类字的细音现象时认为这些韵的主元音是在客赣变为 e 后再加插 e > ie > iɛ > ia 音变链的结果，并说"（ə 类韵母产生 i 介音）在以 e、ɛ 为主元音的韵里，这是更常见的音变。不管在方言或雅言的历史音变里，e 的裂化都是值得首先注意的规律"。郑张先生虽认为二等字 i 介音的产生主要与 ɣ/ɰ 介音有关，但最后又说："要注意其中蟹摄、梗摄二等字的 ie、ia 都还存在从 e 裂化来的可能性。太原'百柏白 piɐʔ、麦脉 miɐʔ'由于跟'北 piɐʔ、墨 miɐʔ、德 tiɐʔ、勒 liɐʔ'同韵，就不能说是二等介音形成的了，这些字湖北英山都念 ɛʔ（清入）、ɛ（浊入并浊去）韵，成都都读 e 韵，而湖南双峰都读 ia 韵，只有 e > ie > ia 音变链能统一解释这类在不同区域出现的一二等同音的平行音变现象。"

根据信阳地区德、陌、麦韵的今读情况（见表 4-6），我们认为 i 介音

---

①　郑张尚芳：《方言介音异常的成因及 e>ia、o>ua 音变》，《语言学论丛》第 26 辑，商务印书馆 2002 年版，第 89—108 页。

增生是属于郑张先生所说的 ə 类韵母的裂化。这种裂化是从 ε 韵母开始的。因为浉河区、平桥区与卡房的德、陌、麦韵没有细音字;老城区、罗山、光山、新县只有"特"字;潢川、固始、商城、息县与淮滨的细音字较多,尤其是商城_{吴河}。从这里很容易看出 i 介音增生顺序是:e→ε→iε。如果我们把"特"字看做个别字的一种特殊音变而不考虑,这种增生顺序则看得更清楚。

说"特"字是一种特殊音变是有原因的。其一,"特"字在很多方言中的演变都不合规律。比如按规律它在信阳地区应该读不送气,而现在却读送气;在普通话中它应该读阳平不送气,但却读去声送气。其二,"特"字在信阳地区的读音十分歧异(详见表 4-6),根据这种歧异情况,我们猜测"特"字以前可能读开口呼。后来老城区、罗山、光山、新县发生变异读为齐齿呼,其他地方则仍读开口呼。近来由于受普通话的影响,老城区与罗山的中青年人又把"特"重新读为开口呼,固始与商城则因为自身演变出现了齐齿呼一读,因而使得各县市的"特"字读音差异很大。

从德、陌、麦韵各声组的读音情况来看,i 介音首先产生于见系字,其次是帮、端、泥组字,最后是精、知、庄、章组字。因为老城区、浉河区、平桥区、罗山、光山、新县的所有声组字虽都读洪音(老城区、罗山、光山、新县的"特"字除外),但见系字已经出现了模糊的 i 介音。潢川、固始、商城_{城关}、息县与淮滨的见系字都读细音,精、知、庄、章都读洪音,而固始、商城_{城关}的帮、端、泥组字及潢川的泥组字却有洪细两读,其中洪音是老式口语音,细音是新式口语音。商城_{吴河}则所有的声组字都读细音。由此可以清晰地看出 i 介音产生的顺序是:见系→帮、端、泥组→精、知、庄、章组。i 介音首先产生于见系字中,这从音理上也容易解释:见系字今读舌根音,发音部位比较靠后,因而跟 ε 韵母拼合时会较其他声母更容易滋生出 i 介音。

i 介音的出现,自然会对 k 组声母产生影响。老城区、浉河区、平桥区、罗山、光山、新县的德、陌、麦韵见组字的 i 介音还比较模糊,对声母未造成影响,实际音值还是 k 组,未被腭化。潢川、固始、商城、息县、淮滨的见组字声母虽记为 k 组,但实际音值却为 c 组,已经发生腭化。相信随着影响的深入,c 组声母将会进一步腭化为 tɕ 组。比如河南周口、商丘等地的一些方言就已经被腭化为 tɕ 组[①]。从这里可以看出德、陌、麦韵见组声母的腭化过程是:k 组→c 组→tɕ 组。

① 刘雪霞:《河南方言语音的演变与层次》,博士学位论文,复旦大学,2006 年。

四 德、陌、麦韵的 i 韵尾

从表 4-6 可以看出,除固始方言及"贼、北"等少数字外,信阳地区的德、陌、麦韵普遍无 -i 韵尾。侍建国[1]认为德、陌、麦字的韵尾在官话有两条演变途径:一条变 -i 韵尾,一条变零韵尾。变 -i 韵尾的演变发生在北京官话、东北官话,零韵尾的演变发生在江淮官话。侍先生认为信阳地区早期的德、陌、麦韵字应该带 -i 韵尾,只是后来消失了,其理由是信阳地区"贼"字就带 -i 韵尾。联系信阳地区的历史行政沿革,我们却认为信阳地区(息县与淮滨除外)的德陌麦韵字无 -i 韵尾,跟江淮官话一样。至于"贼"字带 -i 尾可能是郑州等北方方言影响的结果,其早期并无 -i 韵尾,比如罗山的"贼"读 e 韵母,就没有 -i 尾。固始方言德陌麦韵读 ai 韵母是后期音变,不能看做是早期 -i 韵尾的保留。固始北部许多乡镇的德、陌、麦韵现在还读 ɛ 韵母也是一个例证。至于息县与淮滨(指北部),其早期可能带 -i 韵尾,跟北京官话、东北官话一样,因为不仅"贼"字带 -i 尾,"北"字也带 -i 尾。后来可能因老城区、潢川等地方言的影响才逐渐丢失 -i 韵尾。至于平桥区的"北"字也带 i 韵尾,这可能是因为其南北朝期间曾属于北朝,与郑州、开封等方言有过紧密联系。

第五节 ʮ类韵母

ʮ类韵母是指以 ʮ 为韵头或主要元音的韵母。它只见于浉河区[2]、光山[3]、新县和卡房,且主要存在于遇合三、山合三、山合四、臻合三的知、章、日组及见系字[4],声母为 tʂ 组。因此这些地方的知、章、日组字与见系字同音,如"书 = 虚 ₌ʂʮ","篆 = 倦 tʂʮan˨"(卡房为阳去)。

---

① 侍建国:《官话德、陌、麦三韵入声字音变》,《方言》1996 年第 3 期。

② 浉河区的有些 ʮ 类韵母字还可读为 y 类韵母(y 类韵母是仿照 ʮ 类韵母说的,是指以 y 为韵头或主要元音的韵母。下文的 u 类韵母、i 类韵母也同此),如"说"既可读为 ₌ʂʮ,又可读为 ₌ɕye。为方便起见,本节中的所有图表对此暂忽略不论。

③ 光山白雀园为 ʮ 类韵母,声母为 ts 组,这是声韵互相影响的结果。为表述方便,此处将白雀园的 ʮ 类韵母也称为 ʮ 类韵。

④ 浉河区的遇合三、山合三、山合四、臻合三的部分精组字也读为 ʮ 类韵。下文对此有讨论,这里暂忽略不论。

ʮ类韵母主要包含 ʮ、ʮan、ʮen、ʮe①四个韵母。此外光山、新县还有 ʮa、ʮai 两个韵母，但由于这两个韵所包含的字不多，且大都是有音无字，故不讨论。

一　ʮ类韵母的今读情形

（一）ʮ 韵母

ʮ韵母主要来自遇合三、臻合三入知、章、日组及见系字。此外通合三入见系字也读 ʮ韵母。如表4-9所示：

表4－9　　　　　　　　　　ʮ韵母情形表

	遇合三		臻合三入	通合三入
知、章、日组	tʂʮ：猪朱住著煮株蛛驻注珠主；tʂʻʮ：厨处除；ʂʮ：书舒树鼠暑输运~竖殊；ʮ：输~赢如汝儒乳		tʂʮ：出；ʂʮ：术述秫	
见系	tʂʮ：居车~马炮举据锯巨距去~皮拘俱句具惧；tʂʻʮ：区瞿渠；ʂʮ：虚嘘许；ʮ：淤于余豫誉愚鱼语娱遇寓迂盂鱼宇羽芋愈愉榆裕喻禹		tʂʮ：橘；tʂʻʮ：屈	tʂʮ：菊局；tʂʻʮ：曲；ʮ：郁育玉狱欲浴

梗开三群母字"剧"、遇合三泥组字"女吕驴"也为 ʮ韵母。如"剧"读 tʂʮ（卡房读 tʂʮ²），"女"读 ˀnʮ。"吕"在光山、新县、卡房读 ˀlʮ，浉河区读 ˀnʮ；"驴"在光山、新县、卡房读 ₌lʮ，浉河区读 ₌nʮ。此外浉河区的"旅虑滤"也为 ʮ韵母，如"旅"读 ˀnʮ，"虑滤"读 nʮ²。

（二）ʮan 韵母

ʮan 韵母来自山合三、山合四知、章、日组及见系字。但山合三仙韵以母字"沿铅"及山合四先韵匣母字"县"不为 ʮan 韵母，其中"沿"读 ₌ian，"铅"读 ₌tɕʻian，"县"读 ɕian²（卡房读 ɕian²）。见表4-10。

此外，光山、新县、卡房的山开三日母字"然燃"读 ₌ʮan，也为 ʮan 韵母，而浉河区却读 ₌ʐan。

表4－10　　　　　　　　　　ʮan 韵母情形表

	山合三		山合四
知、章、日组	tʂʮan：传~记转篆专砖；tʂʻʮan：传~达川穿船喘串；ʮan：软		
见系	tʂʮan：卷眷绢倦捐；tʂʻʮan：券劝圈拳权；ʮan：元原源阮愿冤袁园援远怨圆员缘院		tʂʻʮan：犬；ʂʮan：玄悬；ʮan：渊

---

① 浉河区为 ʮɛ 韵母。ʮe、ʮɛ 只是记音的宽严问题，为简便起见，此处一律记为 ʮe。

（三）ʮen 韵母

ʮen 韵母来自臻合三知、章、日组及见系字。但谆韵以母字"尹"读 ⁻in，例外。如表 4-11 所示：

表 4 – 11　　　　　　　　　　ʮen 韵母情形表

	臻合三
知、章、日组	tʂʮen：准；tʂʰʮen：椿春唇蠢纯；ʂʮen：顺；ʮen：润闰
见系	tʂʮen：均钧菌君军郡；tʂʰʮen：群裙；ʂʮen：熏勋训；ʮen：匀允云韵运晕熨

此外光山、新县、卡房的梗合三云母字"永泳咏"也为 ʮen 韵母，读 ⁻ʮen，而浉河区却读 ⁻zoŋ。

（四）ʮe 韵母

ʮe 韵母来自山合三薛月韵及山合四屑韵的知、章、日组及见系字。但山合四屑韵晓母字"血"读 ie 韵母，例外。如表 4-12 所示：

表 4 – 12　　　　　　　　　　ʮe 韵母情形表

	山合三薛韵	山合三月韵	山合四屑韵
知、章、日组	tʂʮe：拙；ʂʮe：说		
见系	ʮe：悦阅	ʮe：厥蹶撅橛哕越粤曰	tʂʮe：决诀；tʂʰʮe：缺；ʂʮe：穴

另外，果合三见系字"瘸靴"、臻合三群母字"崛倔~强"也为 ʮe 韵母。

二　ʮ 类韵母的来源及其他

ʮ 类韵母在汉语方言中的分布范围很广，中原官话、江淮官话、赣语及吴语中都存在 ʮ 类韵母。如中原官话区的关中地区，其东部的渭南、洛南、高陵、澄县、华县、富平，西部的宝鸡、礼泉、彬县、千阳以及中部的户县和周至的终南镇；江淮官话的黄孝片及安徽的枞阳、铜城、芜湖、宣州、清阳、南陵（城区）、广德（城区）、池州（城区）、郎溪（城区）；安徽省西南部的赣语区岳宿片（潜山、岳西、宿松）、怀太片及江西省的萍乡市；吴语区的苏州、常州、无锡、宁波、黎里、盛泽、常熟、吴江、嘉兴、昆山、衢州等地。

关于 ʮ 音的来源，已有学者针对不同的方言进行过讨论。主要有三种观点。

1. 受声母的影响。如陈忠敏①认为吴语的 ʅ 音是受卷舌声母的影响，并指出吴语知、章组声母后面的韵母音变途径是：iu>y>ɥ（ʮ）>ʅ。

2. 来自合口呼韵母。如王军虎②、周杨③。其中王军虎的根据是凤翔型方言存在 u 与 ʅ 的对立。如书 ₋sʅ ≠ 苏 ₋su，猪 ₋tsʅ ≠ 租 ₋tsu，顺 sʅŋ⁼ ≠ 送 suŋ⁼，砖 ₋tsʅã ≠ 钻 ₋tsuã。周杨则从 ʅ、y、u 的语音特性出发，认为江淮官话黄孝片合口三等的 ʅ 类韵经过 *iu>*iu>*u。

3. 韵母高顶出位，是舌面元音继续高化的结果④。如徐通锵⑤、朱晓农⑥和郭丽⑦。其中徐通锵的结论来自湘语。

表 4 – 13　　　　　　　　　　　湘语、知、章见组的演变

	耒阳	衡阳	衡山	湘潭（石湖）
猪 遇摄知	tɕy	tɕy	tɕhy（除）	tʂʅ
诸 遇摄章	tɕy	tɕy	tɕy	tʂʅ
车 假摄章	tɕia	tɕʰie	tɕʰie	tʂʅ
居 遇摄见		tɕy	tɕy	tʂʅ
张 宕摄知	tiaŋ	tɕian		tʂaŋ

湘语的这几个方言点是沿着京广线由南向北的顺序依次排列。徐通锵认为这几个方言点反映了知、章组的演变顺序是：t>tɕ>tʂ。之所以会发生这样的变化是由于舌面元音 i 的影响，因为 i 是一个舌面高元音，它在语音系统中容易受到其他元音的推、拉而发生变化。如果它的发音点由舌面移

---

① 陈忠敏：《吴语及邻近方言鱼韵的读音层次——兼论"金陵切韵"鱼韵的音值》，《语言学论丛》第 27 辑，商务印书馆 2003 年版。

② 王军虎：《陕西关中方言的 ʅ 类韵母》，《方言》2001 年第 3 期。

③ 周杨：《黄孝片方言 ʅ 韵系的历史层次及来源》，《语言研究》2007 年第 4 期。

④ 周杨的观点也属于韵母高顶出位。

⑤ 徐通锵：《音系的结构格局和内部拟测法（上）——汉语的介音对声母系统的演变和影响》，《语文研究》1994 年第 3 期。

⑥ 朱晓农：《汉语元音的高顶出位》，《中国语文》2004 年第 5 期。

⑦ 郭丽：《也谈黄孝片方言圆唇舌尖化现象的来源》，《语言研究》2009 年第 1 期。

到舌尖，就会读为 ʅ；如果舌尖翘起，就会读为 ɻ；与此相应，圆唇元音 y 会读为 ɥ 和 ʮ。i 的这些变化也会引起声母发生相应的变化。

郭丽对此比较赞成。她认为黄孝片的 ʮ 音是 y 的高顶出位，体现了高顶出位的两种方向，一种是 y>ʮ，另一种是 y>ʮ，即 iu>y>ɥ（ʮ）>ʅ。

根据信阳地区 ʮ 类韵的表现形式，我们认为信阳地区的 ʮ 音也是 y 的高顶出位。① 理由如下。

1. 可以与 ʮ 类韵母结合的不仅有卷舌声母 tʂ、tʂ'、ʂ，还有零声母，因此很难说 ʮ 音是由于声母的影响。

2. ʮ 类韵母不可能来自合口呼韵母。因为这些有 ʮ 类韵母的地方，其 u 韵母只见于唇音与舌根音，因此不存在 u 与 ʮ 的对立。

3. 光山、新县、卡房泥组字"女驴吕"的读音也能隐约透漏出这一信息。"女"读 ᶜɳʮ，"驴"读 ˪ʮ，"吕"读 ˢʮ。同为泥组字，为何泥母字"女"为 ɳ 声母，而来母字"驴吕"为零声母？比较合理的解释就是这些字原来都读 y 韵母，只是由于来母 l 是边音，气流从舌头两边外出，而韵母 y 的气流循舌央凹槽外出，这样就很容易导致声母 l 丢失，成为零声母。而泥母 n 是舌尖音，因此它不会因韵母 y 的影响而丢失，后来随着 y 的高顶出位读为 ʮ，n 也随之同化为 ɳ。

郭丽认为黄孝片 y 的高顶出位有 y>ʮ 和 y>ʮ 两种演变方向。我们认为信阳地区 y 的高顶出位只有 y>ʮ 一种方向。光山﹍白雀园的圆唇舌尖前 ʮ 音的前身也是 ʮ 音，后来由于声母由 tʂ 组变为 ts 组，ʮ 音也随之读为 ʮ 音。

浉河区、光山等地的这些 ʮ 类韵母字在老城区、罗山与商城﹍吴河都读为 tɕ 组声母，y 类韵母，因此这几地的遇﹙合三﹚、山﹙合三﹚、山﹙合四﹚、臻﹙合三﹚知、章、日组字也与见系字同音，如"书＝虚 ˢɕy"，"篆＝倦 tɕyan ˀ"。而在平桥区、潢川、固始、商城﹍城关、息县和淮滨，则是知、章、日组字读 ts 组声母，u 类韵母（息县﹍孙庙为 tʂ 组声母）；见系字读 tɕ 组声母，y 类韵母。详见表4-14。

这里有必要解释一下老城区、罗山与商城﹍吴河的情况。这几地的遇﹙合三﹚、山﹙合三﹚、山﹙合四﹚、臻﹙合三﹚知、章、日组及见系字都读 y 类韵母。若仅从现象上看，好像这些 y 类韵还没有演变为 ʮ 类韵，其所处阶段要比光山、新县、浉河区古老。其实这是不同阶段的产物。老城区、罗山与商城﹍吴河的 y 类韵母以

---

① 浉河区遇﹙合三﹚、山合三、臻合三精组字的 ʮ 类韵除外，这些 ʮ 类韵是受权威方言的影响而出现的。下文对此有讨论。

前应该是 ʐ 类韵母，后来因受权威方言（如郑州话和普通话）的影响才读成了 y 类韵母。即现在的 y 类韵母是受权威方言的影响从 ʐ 类韵母变来的，并不是 ʐ 类韵母的早期阶段。如图 4-5 所示。

表4 - 14　　遇合三、山合三、山合四、臻合三知章日、见系字读音对照表

声组 韵摄 （县市及例字）		老城区、罗山、商城吴河	平桥区、潢川、固始、商城城关、息县、淮滨
遇合三、臻合三入	知章日	tɕy: 猪驻；tɕʰy: 厨处出；ɕy: 书殊术；y: 如汝	tsu: 猪驻；tsʰu: 厨处出；su: 书殊术；zu: 如汝 ①
山合三、山合四		tɕyan: 篆专；tɕʰyan: 穿船；yan: 软	tsuan: 篆专；tsʰuan: 穿船；zuan: 软
臻合三		tɕyn: 准；tɕʰyn: 春纯；ɕyn: 顺；yn: 润闰	tsuən: 准；tsʰuən: 春纯；suən: 顺；yn: 润闰
山合三薛月、山合四屑		tɕyɛ: 拙；ɕyɛ: 说	tsuo: 拙；ɕyɛ: 说
遇合三、臻合三入	见系	tɕy: 举句橘；tɕʰy: 区屈渠；ɕy: 虚许；y: 余语	tɕy: 举句橘；tɕʰy: 区屈渠；ɕy: 虚许；y: 余语
山合三、山合四		tɕyan: 卷倦；tɕʰyan: 劝拳犬；ɕyan: 玄悬；yan: 元渊	tɕyan: 卷倦；tɕʰyan: 劝拳犬；ɕyan: 玄悬；yan: 元渊
臻合三		tɕyn: 均军；tɕʰyn: 群裙；ɕyn: 熏勋；yn: 云运	tɕyn: 均军；tɕʰyn: 群裙；ɕyn: 熏勋；yn: 云运
山合三薛月、山合四屑		tɕyɛ: 决诀；tɕʰyɛ: 缺；ɕyɛ: 穴；yɛ: 悦掘越	tɕyɛ: 决诀；tɕʰyɛ: 缺；ɕyɛ: 穴；yɛ: 悦掘越

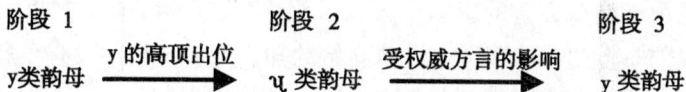

阶段 1		阶段 2		阶段 3
y类韵母	→ y 的高顶出位	ʐ 类韵母	→ 受权威方言的影响	y 类韵母

图 4 - 5　老城区等地的 y 类韵母、ʐ 类韵母演化过程简图

　　浉河区、光山、新县和卡房属于"阶段 2"，老城区、罗山与商城吴河属于"阶段 3"。因此"阶段 1"的 y 类韵母与"阶段 3"的 y 类韵母是不同阶段的产物，两者表面上一样，实质上并不一样。

　　这里浉河区的情况最具说服力。浉河区的南部有 ʐ 类韵母，中部与北部没有。南部的那些 ʐ 类韵在中部与北部都读成了 y 类韵，跟老城区、罗山一样。浉河区的中部、北部以前也应该有 ʐ 类韵，只是因为靠近老城区，

---

① 平桥区、潢川、商城城关的遇合三日母字"如汝儒乳"读 y 韵母。

语音演化速度稍快，使得 ʐ 类韵母都读成了 y 类韵母。目前浉河区南部的有些字已经只读 y 类韵母，不读 ʐ 音。如"瘸"读 ₌tɕʻyɛ，"靴"读 ₋ɕyɛ；有些字则 ʐ 类韵母、y 类韵母两读，如"说"有 ₋ʂʐɛ ~ ₋ɕyɛ 两读，"悬"有 ₌ʂʐan~₌ɕyan 两读。具体情形如下：

例字	未变	开始变	已经变
瘸靴			y 类韵母
说悬		ʐ 类韵母 ~ y 类韵母	
其他	ʐ 类韵母		

这表明浉河区的 ʐ 类韵母由于受权威方言的影响正在向 y 类韵母发生离散式音变。

随着权威方言（如普通话）影响的进一步加深，知、章、日组字会进一步读为 ts 组声母，u 类韵母；见系字读为 tɕ 组声母，y 类韵母。平桥区、潢川、固始和商城城关就是如此。也就是说平桥区、潢川、固始与商城城关以前也应该有 ʐ 类韵母，只是因权威方言的影响才使得 ʐ 类韵母消失。消失的过程是 ʐ 类韵母先变为 y 类韵母，声母也因此变为 tɕ 组，接着知、章、日组字又读为 ts 组声母，u 类韵母，与见系字发生了分化。平桥区、潢川和商城城关可以隐约透露出这一信息。这三地的个别知、章、日组字现在还读 y 类韵母，如遇合三日母字"如汝儒乳"读 y 韵母；山合三薛韵字"说"读 ₋ɕyɛ（平桥区还有 ₋ʂʐɛ 一读）；臻合三船母字"唇"读 ₌tɕyn。这表明这几地的遇合三、山合三、臻合三知、章、日组字以前跟老城区、罗山、商城吴河一样也是 tɕ 组声母，y 类韵母，后来由于权威方言的影响才读成 ts 组声母，u 类韵母，"如汝儒乳唇说"等字是以前 y 类韵母的残留。目前固始的知、章、日组字只有"唇说"还保留以前的 y 类韵母，其余都读成了 ts 组声母，u 类韵母。

综合言之，ʐ 音在信阳地区（不包括息县与淮滨）的演化过程如图 4-6 所示：

图 4-6 信阳地区 ʐ 类韵母的演化过程简图

浉河区、光山、新县、卡房属于"阶段 1"，老城区、罗山、商城吴河属于"阶段2",平桥区、潢川、固始和商城城关属于"阶段3"。

遇合三、山合三、臻合三精组字的韵母在各个县市的差异也很大。光山、新县、卡房读齐齿呼;浉河区或读齐齿呼,或读 y 类韵母,或读 ʅ 类韵母,部分字则 ʅ 类韵母、y 类韵母两读;罗山或读齐齿呼,或读撮口呼 y 类韵母,个别字则齐齿呼、撮口呼两读;老城区、平桥区、潢川、固始、商城、息县和淮滨都读 y 类韵母。详细情形如表 4-15 所示:

表 4 – 15   遇合三、山合三、臻合三精组字在信阳地区的读音对照表

	光山、新县、卡房	浉河区	罗山	老城区、平桥区、潢川、固始、商城、息县、淮滨
	i类韵母	i、y、ʅ类韵母皆有	i类和y类韵母	y类韵母
遇合三	tɕi：聚；tɕʻi：蛆趋取娶趣；ɕi：续须需徐序叙绪	ɕi~ɕy：徐；ɕy：续须需序叙绪；tʂʅ：聚；tʂʻʅ：蛆趋取娶趣	tɕi：聚；tɕʻi：蛆趋取娶趣；ɕi：须；ɕy：序叙绪续需；ɕi~ɕy：徐	tɕy：聚；tɕʻy：蛆趋取娶趣；ɕy：徐须序叙绪续需
山合三	tɕʻian：全泉；ɕian：旋选宣；tɕie：绝；ɕie：雪	tɕʻian~tʂʻuan：全泉；ɕyan~ʂuan：旋选宣；tɕyɛ~tʂʅɛ：绝；ɕyɛ~ʂuɛ：雪	tɕʻian：全泉；ɕian：旋选；ɕyan：宣；tɕie：绝；ɕie：雪	tɕʻyan：全泉；ɕyan：旋选宣；tɕyɛ：绝；ɕyɛ：雪
臻合三	tɕin：俊；ɕin：荀旬循巡迅	ɕyn~ʂuən：荀旬循巡；tʂʻuən：俊；ɕyn：迅	tɕyn：俊；ɕyn：荀旬循巡迅	tɕyn：俊；ɕyn：荀旬循巡迅

综合来看,信阳地区的遇合三、山合三、臻合三精组字主要有 i 类韵母、y 类韵母这两种读音形式。这两种读音形式中,i 类韵母是早期阶段,y 类韵母是受权威方言影响的结果。比如罗山或读 i 类韵母,或读 y 类韵母,有些字则 i 类韵母、y 类韵母两读,其中 i 类韵母多为老派口语音,y 类韵母多为新派口语音。这显然是一种由 i 类韵母到 y 类韵母的离散式音变。浉河区稍微特殊一点,它不但有 i 类韵母、y 类韵母,而且还有 ʅ 类韵母。我们觉得 ʅ 类韵母是由 i 类韵母演变过来的,y 类韵母是由 ʅ 类韵母演变来的,演变顺序是:i 类韵母→ʅ 类韵母→y 类韵母。因为这些精组字在北京、郑州、开封等地都读 y 类韵母,而浉河区的 ʅ 类韵在语音系统中的地位就相当于撮口呼(光山、新县与卡房也是),因此当这些精组字受到北京等方言影响

时就会读为 ʮ 类韵。后来随着影响的加深，这些 ʮ 类韵又随之读为 y 类韵。说 y 类韵是从 ʮ 类韵演变过来的，这从前面浉河区的"瘸靴说悬"的读音中也能看得出来。由此看来，浉河区的这些精组字读 ʮ 类韵属于晚期音变，是近来因权威方言影响而从齐齿呼韵母演变来的，因此不仅出现时间比遇_{合三}、山_{合三}、山_{合四}、臻_{合三}知、章、日组及见系字的 ʮ 类韵晚，而且来源也不一样。

江淮官话黄孝片的 ʮ 类韵是比较系统、完整的一个区域。由于信阳地区紧靠黄孝片，且历史上两者又有很深的渊源，因此讨论一下黄孝片 ʮ 音的古音来源会对认识信阳地区的 ʮ 音有帮助。黄孝片共有 18 个点存在 ʮ 类韵母①，这 18 个点按照古音来源可以分为麻城型、孝感型、英山型、安陆（黄冈）型四种。如表 4-16 所示：

表 4 – 16　　　黄孝片四种 ʮ 类韵母的古音类来源比较表

中古音韵地位	麻城型	孝感型	英山型	安陆型
果遇山臻梗曾入通入合口见系	有	有	有	有
除通摄外的知章组日母合口	有	有	有	有
假咸山深入开口日母	有	有	有	有
山开二知庄、宕开三庄组	没有	有	没有	有
止合三庄组	没有	有	有	有
遇合三泥组	有	有	有	有
山合二庄组	没有	没有	有	有

注：此表取自郭丽②。

相对于黄孝片，信阳地区 ʮ 类韵母所出现的古音类要少得多。它主要出现在遇_{合三}、山_{合三}、山_{合四}、臻_{合三}的知、章、日组及见系字，比较接近麻城型。不过联系到浉河区、光山、新县等地的果、遇、山、臻、梗摄个别字"瘸靴女吕驴然燃崛倔~强剧"也读 ʮ 类韵母，我们觉得信阳地区的 ʮ 类韵在以前所出现的古音类中也比较多。这从商城_{吴河}也能看出一点端倪。商城_{吴河}的蟹_{合三}"赘税"、止_{合三}"追锤槌揣衰摔帅吹炊垂"、山_{合二}"拴闩撰涮刷"、

① 郭丽：《也谈黄孝片方言圆唇舌尖化现象的来源》，《语言研究》2009 年第 1 期。

② 同上。

宕开三庄组"庄装床霜闯爽壮创状疮",以及江开二知系"撞窗双"这些字都读为 tɕ 组声母、y 类韵母。根据商城_{吴河}的遇_{合三}、山_{合三}、山_{合四}、臻_{合三}知、章、日组及见系字来判断,则上述这些字在以前似乎都应该是 ʮ 类韵母,后来因权威方言的影响才读为 y 类韵母。但真实情形是否如此,尚需进一步研究。

第六节　古合口韵

这里所讨论的古合口主要存在于遇、蟹、止、山、臻、通六摄中。这些古合口帮系字在信阳地区读开口呼[1]（单韵母为 u 的除外。下同）,见系字读合口呼（今读 x 声母字有少量例外）,这些都比较有规律。但是端、知系字的读音颇有差异:老城区、浉河区、罗山、光山、新县和商城_{吴河}多读开口呼,不读合口呼;固始、潢川只有部分字读合口呼;平桥区、息县多读合口呼。下面便对此类问题进行讨论。

一　古合口韵的今读情形

（一）遇摄

遇_{合一}端系字"都_{~是}赌肚土吐兔屠图度祖组做粗醋错苏_{端、精组}/炉卤路露_{泥组}"[2],老城区、浉河区、罗山、光山、新县、卡房、商城读开口呼,其中老城区、浉河区、商城读 ou 韵母,罗山、光山、新县、卡房读 əu 韵母;平桥区、潢川、息县、淮滨读合口呼 u 韵母（但"都_{~是}"读 ou 韵母,例外。固始也是）;固始的端、精组字读合口呼 u 韵母,泥组字读开口呼 ou 韵母:详细情形如表 4-17 所示:

表 4 - 17　　　　　信阳地区遇_{合一}端系字韵母情况对照表

		老城区、浉河区、商城	罗山、光山、新县、卡房	平桥区、潢川、息县、淮滨	固始
遇_{合一}	端组	ou	əu	*u	*u
	精组				
	泥组				ou

注:灰色部分指合口呼,"*"指有个别例外。下同。

遇_{合三}泥、精组字"女吕旅虑滤_{泥组}/蛆序叙_{精组}",光山、新县、卡房读 i

---

[1]　但通摄见系字在老城区、浉河区、罗山、光山、新县、卡房读开口呼。

[2]　为方便起见,这里只列举一些常见字。下同。

韵（"女"例外，读 ʅ 韵）；老城区、平桥区、罗山、潢川、固始、商城、息县、淮滨读 y 韵；浉河区泥组字读 ʅ 韵，精组字读 y 韵（少量字读 i 韵）。知、章、日组字"猪除煮书舒处暑鼠如"，老城区、罗山、商城_{吴河}读 y 韵母；浉河区、光山、新县、卡房读 ʅ 韵母（光山_{白雀园}为 ɿ 韵母），这些地方的知、章、日组字均与见系字合流；平桥区、潢川、固始、商城_{城关}、息县、淮滨读合口呼 u 韵母，但平桥区与潢川的日组字读 y 韵母，例外。庄组字"初阻锄楚助梳"，老城区、浉河区读 ou 韵；罗山、卡房读 əu 韵；潢川、固始、商城_{城关}、息县、淮滨读 uo 韵；商城_{吴河}读 o 韵；平桥区读 u 韵；光山、新县部分字读 o 韵，如"初锄梳"，部分字读 əu 韵，如"楚助阻"。如表 4-18 所示：

表 4 – 18　　　　　　　信阳地区遇_{合三}端、知系字韵母情况对照表

		老城区	浉河区	平桥区	罗山	光山、新县	卡房	潢川	固始、商城城关、息县、淮滨	商城吴河
遇合三	泥组	y	ʅ	y	y	i	i	y	y	y
	精组		*y							
	知章组	y	ʅ	u	y	ʅ	ʅ	u	u	y
	日组			y				y		
	庄组	ou	ou	u	əu	o、əu	əu	uo	uo	o

（二）蟹摄

蟹_{合一}端、泥组字"堆对推腿退队雷内累"，信阳地区都读开口呼 ei 韵，只是光山、新县、卡房的老年人有部分字读为 i 韵母，如"腿推累雷"等。精组字"催崔罪碎最"，平桥区、息县读合口呼 uei 韵，其他县市都读开口呼 ei 韵，其中固始的个别字是开、合两读，如"崔催"。如表 4-19 所示：

表 4 – 19　　　　　　　信阳地区蟹_{合一}端系字韵母情况对照表

		老城区、浉河区、罗山、光山、新县、卡房、潢川、固始、商城、淮滨	平桥区、息县
蟹合一	端泥组	*ei	ei
	精组		uei

蟹_{合三}端、知系字"脆岁_{端系}/缀赘税_{知系}"，老城区、浉河区、罗山、光山、

新县、卡房、潢川、固始、商城_{城关}读开口呼 ei 韵，其中潢川、固始、商城_{城关}有个别字开、合两读，如"赘税"；平桥区、息县都读合口呼 uei 韵；淮滨则端系字读开口呼 ei 韵，知系字读合口呼 uei 韵；商城_{吴河}端系字读开口呼 ei 韵，知系字读撮口呼 yei 韵。如表 4-20 所示：

表 4 – 20　　　　　　信阳地区蟹_{合三}端、知系字韵母情况对照表

		老城区、浉河区、罗山、光山、新县、卡房、潢川、固始、商城_{城关}	平桥区、息县	淮滨	商城_{吴河}
蟹_{合三}	端系	*ei	uei	ei	ei
	知系			uei	yei

（三）止摄

止_{合三}泥、精组字"累_{泥组}/嘴随髓_{精组}"，信阳地区大都读开口呼 ei 韵，只有平桥区、息县的精组字读合口呼 uei 韵。

止_{合三}知系字"追槌锤_{知组}/衰摔帅_{庄组}/吹炊垂睡锥谁水_{章组}"，老城区、浉河区、罗山、光山、新县、卡房读开口呼 ei 韵（知、章组字）或 ai 韵（庄组字）；潢川、固始、商城_{城关}、息县、淮滨读合口呼 uei 韵（知、章组字）或 uɛ/uai 韵（庄组字），只有少量字读开口呼 ei 韵，如"睡谁水"；平桥区读合口呼 uei 韵，其中"睡谁水"是开、合两读；商城_{吴河}的知组字读撮口呼 yei 韵，庄组字读撮口呼 yɛi 韵，章组部分字读撮口呼 yei 韵，如"吹炊垂"，部分字读开口呼 ei 韵，如"睡谁水"。如表 4-21 所示：

表 4 – 21　　　　　　信阳地区止_{合三}端、知系字韵母情况对照表

		老城区、浉河区、罗山、光山、新县、卡房	潢川、固始、商城城关、淮滨	商城吴河	平桥区	息县
止合三	泥组	ei			ei	
	精组				uei	
	庄组	ai	uɛ/uai	yɛi	*uei	uɛ/uai
	知组	ei	*uei	yei		uei
	章组			yei、ei		

（四）山摄

山_{合三}、山_{合四}在本章第五节中已有讨论，这里只讨论山_{合一}与山_{合二}。

山_{合一}端系字"端短团断卵暖酸钻蒜"，老城区、浉河区、罗山、光山、新县、

卡房、商城读开口呼 an 韵；固始、息县、淮滨读合口呼 uan 韵；潢川则端组字读开口呼 an 韵，泥组与精组字读合口呼 uan 韵；平桥区精组字读合口呼 uan 韵，端、泥组字则开口呼、合口呼两读。

山_{合二}主要体现在庄组字"拴闩撰篡涮"上。这些字在老城区、浉河区、罗山、光山、新县、卡房读开口呼 an 韵；平桥区、潢川、固始、商城_{城关}、息县、淮滨读合口呼 uan 韵；商城_{吴河}读撮口呼 yan 韵。如表 4-22 所示：

表 4 - 22　　　信阳地区山_{合一}、山_{合二}端系、庄组字韵母情况对照表

		老城区、浉河区、罗山、光山、新县、卡房	平桥区	潢川	固始、息县、淮滨	商城城关	商城吴河
山合一	端组	an	an ~	an	uan	an	
	泥组		uan	uan			
	精组		uan				
山合二	庄组		uan				yan

（五）臻摄

臻_{合一}端系阳声韵字"顿饨_{端组}/论嫩_{泥组}/尊村存孙寸_{精组}"，平桥区读合口呼 uən 韵，其中端、泥组是开、合两读；其余县市都读开口呼 ən 韵（淮滨读 əŋ 韵）。臻_{合一}端系入声字"突卒"，老城区、浉河区、罗山、光山、新县、卡房、商城读开口呼，其中老城区、浉河区、商城_{城关}读 ou 韵，罗山、光山、新县、卡房、商城_{吴河}读 əu 韵；平桥区、潢川、固始、息县、淮滨读合口呼 u 韵。

臻_{合三}泥组字"伦轮"，平桥区 ən、uən 两读，其余县市都读开口呼 ən 韵（淮滨读 əŋ 韵）。臻_{合三}精组字"旬巡俊迅殉"，光山、新县、卡房读 in 韵；浉河区读 ʮen 韵（"迅"读 yn 韵，例外）；淮滨读 yŋ 韵；老城区、平桥区、罗山、潢川、固始、商城、息县读 yn 韵。如表 4-23 所示：

表 4 - 23　　　信阳地区臻_{合一}、臻_{合三}端系字韵母情况对照表

			老城区	浉河区	罗山	光山、新县、卡房	商城吴河	商城城关	潢川、固始、息县	淮滨	平桥区
臻合一	阳声韵	端泥组				ən				əŋ	ən~ uən
		精组									uən
	入声韵	端系	ou			əu		ou		u	
臻合三		泥组				ən				əŋ	ən~ uən
		精组	yn	˚ʮen	yn	in		yn		yŋ	yn

（六）通摄

通摄合口一、三等端、知系阳声韵字"东动同弄送总宋冬虫中终松"，老城区、浉河区、罗山、光山、新县、卡房读开口呼 oŋ 韵；平桥区、息县、淮滨读合口呼 uŋ 韵；潢川、固始、商城则端系读开口呼 əŋ 韵，知系读合口呼 uŋ 韵。

端、知系入声字[①]"陆鹿_{泥组}/秃读速毒竹祝烛赎肉逐_{其他声组}"，老城区、浉河区、罗山、光山、新县、卡房、商城读开口呼，其中老城区、浉河区、商城_{城关}读 ou 韵，罗山、光山、新县、卡房、商城_{吴河}读 əu 韵；平桥区、息县、淮滨读合口呼 u 韵（"肉"读 ou 韵，例外），其中平桥区的泥组字还可读开口呼 ou 韵；潢川、固始除泥组字读开口呼 ou 韵外，其他声组字都读合口呼 u 韵（"肉"读 ou 韵，例外）。如表 4-24 所示：

表 4 - 24　　　　信阳地区通合一、通合三端、知系字韵母情况对照表

			老城区、浉河区	罗山、光山、新县、卡房	平桥区	息县、淮滨	潢川、固始	商城_{城关}	商城_{吴河}
通摄合口一、三等	阳声韵	端系	oŋ		uŋ			əŋ	
		知系					uŋ		
	入声韵	泥组	ou	əu	*u ~ou		ou	ou	əu
		端精组			u	*u	*u		
		知系							

遇、蟹、止、山、臻、通六摄合口部分字的读音情况详见附录二《遇、蟹、止、山、臻、通六摄合口部分字读音对照表》

二　古合口韵的发展演变

上面所讨论的这些字在中古都有合口介音，然而在信阳地区，除了舌根音声母外，其他声母的后面大都丢失了合口成分。特别是帮组声母都读为开口呼，无一例外。端、知系字比较参差不齐，但相对来说，端系丢失合口介音的字比知系字多。由此看来，合口介音的消失顺序应该跟不同发音部位的声母有着某种内在联系。张光宇[②]对此作了精确解答。他通过对汉语方言蟹、止摄合口一、三等开口化运动规律的大量考察，认为这种开

---

① 精组字除外。这些字将在本章第七节中讨论。

② 张光宇：《汉语方言合口介音消失的阶段性》，《中国语文》2006 年第 4 期。

口化运动依声母发音部位由前到后渐次推进。唇音之后必读开口，舌根音之后必读合口，都是舌尖部位发音的 ts、tsʻ、s 与 t、tʻ、n、l，ts 组总是落在 t 组之后。如表 4-25 所示：

表 4 – 25　　　　　　　　　合口介音消失顺序表

声母　　　　　　阶段	帮组 pʻ、p、m	泥组 n	泥组 l	端组 t、tʻ	精组 ts、tsʻ、s	见晓组 k、kʻ、x
（1）	开口	合口	合口	合口	合口	合口
（2）	开口	开口	合口	合口	合口	合口
（3）	开口	开口	开口	合口	合口	合口
（4）	开口	开口	开口	开口	合口	合口
（5）	开口	开口	开口	开口	开口	合口

注：此表引自张光宇[①]，略有改动。

　　合口介音的消失从表面上看是跟声母的发音部位相关，但这种相关是有其内在的语音机制。张光宇认为关键在于声母舌体的位置。

　　其一，前后与高低。唇音声母发音部位最前，发音时舌体平放，舌根音声母发音部位靠后，发音时舌体后部隆起的程度较高，而决定合口介音去留的关键在于声母发音时舌体后部是否隆起以及隆起的程度，隆起的程度越高合口介音就越容易获得保存。因而唇音最易丢失合口介音，而舌根音最易保留合口介音。

　　其二，下垂与微扬。就成阻而言，t 组与 ts 组都是舌尖部位的发音。然而，在成阻部位之后，t 的舌体是下垂走平，s 的舌体是微扬走平。两者的区别反映在喉部肌肉的紧张程度，s 明显而 t 不明显。由于 s 音舌体的微扬，含有 s 的 ts 组较 t 组近于舌根音，故而 ts 组较 t 组容易保留合口介音。

　　其三，静止与活动。发音时舌体活动的较舌体静止的容易保留合口介音。发唇音时舌体是静止状态的，这种静止状态使它倾向于"一次动作"，而不利于前后来回的"连锁动作"。舌尖部位的发音牵涉舌体，前缘动则后部一定有伴随动作。故而唇音较舌音更易丢失合口介音。

　　张光宇认为合口介音消失的顺序不仅表现在声母上，而且还表现在韵母上。韵母的次序是 uen > uei > uan > uaŋ。这种消失的顺序主要决定于

①　张光宇：《汉语方言合口介音消失的阶段性》，《中国语文》2006 年第 4 期。

主要元音。凡主要元音偏前的，合口介音就容易消失；当主要元音相同时，则由韵尾的发音部位决定，凡韵尾部位偏前的合口成分越倾向于消失。因此 uen 比 uei 早而 uan 比 uaŋ 早。

从信阳地区来看，张光宇的这些看法确实如此。比如开口化运动比较彻底的老城区、浉河区、罗山、光山、新县、卡房等地，除了舌根音后面还保留有合口成分外，其他声组的都消失了；平桥区与息县的开口化运动最不彻底，而帮组字均读开口。这充分说明在开口化运动中，唇音后最易丢失合口成分，舌根音后最不容易丢失合口成分。又比如息县的蟹、止、臻摄，其臻合—端、泥、精组字都读开口呼，蟹、止摄泥组字读开口，而精组字却读合口。这说明精组的 ts 组字总是落在端泥组的 t 组字之后。再比如息县，其蟹、止、臻、山摄端系字读开、合口参差不齐：臻摄全读开口，蟹、止摄则泥组字读开口，精组字读合口，而山摄全读合口。这说明臻摄 uən 韵（许多地方实际为 uen 韵）比蟹、止摄 uei 韵先进行开口化，蟹、止摄 uei 韵又比山摄 uan 韵先进行开口化，即 uən（uen）> uei > uan。

平桥区、潢川、固始、商城等地的合口呼情况要特别提一下。这些地方的知系字多读合口呼，端系字多读开口呼或开、合两读。这是开口化运动的一种早期表现？还是受普通话、郑州、开封等权威方言影响而出现的一种离散式音变？考虑这些地方与老城区、光山等地的历史联系，我们认为是后者。即这些地方的合口呼都是非常晚起的，它们的前身同老城区、光山等地一样，也是舌根音后读合口呼，其他声母后读开口呼。这从平桥区、固始的很多开、合两读的字中也能判断出来。这些开、合两读的字中，开口呼为老派读音，合口呼为新派读音，这显然跟普通话的影响有关。

商城吴河的部分知系字比较特殊，如蟹合三"赘税"、止合三"追锤槌揣衰捶帅吹炊垂"、山合二"拴闩撰涮刷"。这些字都读为撮口呼 y 类韵母，而它们的精组字却读开口呼。与此相同情形的还有湖南的长沙方言①、湖北的汉川方言、天门方言、黄冈方言、鄂城方言②。这是什么原因造成的呢？不同的方言其原因可能不同。张光宇认为长沙等方言的撮口呼是由合口呼直接演变而来的，理由是知系字开口化比精组迟，因此当精组发生开口化时，

---

① 李永明：《长沙方言》，湖南出版社 1991 年版。

② 赵元任：《湖北方言调查报告》，商务印书馆 1948 年版。

这些知系字还是合口，然后这些字再由合口直接演变为撮口，故与精组字不同。联系信阳地区的实际，我们则认为商城_{吴河}的这些字是从 ʐ 类韵母变来的，与长沙等方言不同，即商城_{吴河}这些字的前身都是 ʐ 类韵母字，只是后来由于权威方言的影响才读为 y 类韵（详见本章第五节）。

第七节　其他

信阳地区的韵母除了以上几个主要特点外，还有五个特点。（1）通_{入一}与通_{入三}的精组字在老城区、平桥区、罗山、潢川、固始、商城、息县、淮滨等地不同。（2）遇_合—臻_{合一入}通_入的端、泥组字、大部分精组字，以及通_{入三}知、章组部分字，罗山、光山、新县、卡房、商城_{吴河}读 əu 韵母；老城区、浉河区、潢川、固始、商城_{城关}读 ou 韵母；平桥区、息县、淮滨多读 u 韵母。（3）果—咸_入—山_入—宕_入—江_入摄精组、知系、见系字韵母，浉河区、罗山、光山、新县、卡房、潢川读 o 韵母；商城_{吴河}读［ɣo］韵母；老城区、固始、商城_{城关}、息县读［ɣuo］韵母。（4）遇、流摄和宕、通摄的部分明母字在固始、商城读舌根音韵尾 –ŋ。^①（5）蟹_合—灰韵与止_{开三}支脂韵的帮、端、泥组字在光山、新县、卡房的老年人口中读 i 韵母。下面依次简单叙述。

通摄入声一、三等精组字只指一等字"族速"和三等字"肃宿足俗续"。三等字"促粟"因不常见，故不讨论。

根据信阳地区通摄入声一、三等精组字的读音情况，大致可分为三类：（1）一、三等无别，都读 əu 韵母，如光山、新县、卡房；（2）三等字"足"读 ou 韵母（罗山读 əu 韵母），跟一等字无别，其他三等字读 y 韵母，跟一等字有别，如老城区、浉河区和罗山；（3）一、三等有别，一等读 u 韵母，三等读 y 韵母，如平桥区、潢川、固始、商城、息县和淮滨。如表 4-26 所示：

表 4 – 26　　　信阳地区通摄入声精组一、三等字的今读情形表

类型	分布县市	一等字	三等字	
		族速	肃宿俗续	足
（1）	光山、新县、卡房	əu		
（2）	老城区、浉河区、罗山	ou	y	ou
（3）	平桥区、潢川、固始、商城、息县、淮滨	u	y	

---

① 潢川与新县等地也有这种现象，但不普遍。

在汉语的大多数方言中，通摄入声一、三等很早就已经合流。比如北京官话系统到《中原音韵》时通摄入声字已派入舒声，归鱼模部，一、三等区别也就随之消失。在长江以北的方言当中，目前只有晋语、冀鲁官话、中原官话等少数方言还能保持其区别。其中冀鲁官话与中原官话只保留区别，不保留入声，晋语既保持区别，又保留有入声。乔全生[①]从语音史的角度出发，认为晋语的一、三等区别是中古音的遗留。冀鲁官话与中原官话也可能如此。老城区等地的这种区别是否也是中古音的遗留呢？我们觉得应分两种情况：一种是息县与淮滨，一种是老城区、浉河区、平桥区、罗山、潢川、固始与商城。前一种在历史上与中原官话联系紧密，可能是中古音的遗留。后一种在历史上与江淮官话关系密切，跟中原官话联系不紧，应该是晚期音变，音变的原因是近来中原官话的逐渐渗透所致。这从两个方面能够看得出来。

（1）光山、新县与卡房一、三等不分，都读 əu 韵母。联系信阳地区的历史，则不难推断老城区等地的前身应该跟光山等地一样，也是一、三等不分。

（2）老城区、浉河区与罗山的三等字"足"与一等字无别，这暗示三等字"肃宿足俗续"以前可能也跟一等字无别。后来因受中原官话的影响，才逐渐读为 y 韵母，从而与一等字有了区别。

遇_合—臻_{合—入}通入的端、泥组字、大部分精组字，以及通_{入三}知、章组部分字，如"都堵赌肚土吐徒屠途图杜度渡镀_{遇合—端组} / 奴努怒炉芦鲁卤路露_{遇合—泥组} / 租祖组做粗醋错苏酥素诉_{遇合—精组} / 突卒_{臻合—入端精组} / 秃独读犊鹿禄族速督毒陆六绿_{通入端系} / 竹筑逐祝叔熟烛触赎属辱_{通入知章组}"，罗山、光山、新县、卡房、商城_{吴河}读 əu 韵母；老城区、浉河区、商城_{城关}读 ou 韵母，其中商城_{城关}的部分精、知、章组字也可读为 u 韵母，如"苏素速叔触赎"；固始泥组字读 ou 韵母，其他读 u 韵母；平桥区、潢川、息县、淮滨基本上都读 u 韵母，只是平桥区、潢川的个别泥组字读 ou 韵母，如"炉陆"。从历史层次来看，əu 韵母的阶段最早；ou 韵母其次，是主元音舌位后移的结果；u 韵母最晚，是普通话影响的结果。演变顺序为 əu → ou → u。

果—咸入—山入—宕入—江入摄的精组、知系、见系"左佐搓坐矬座锁琐_{果—精} / 歌哥个可鹅俄蛾我饿河荷何贺_{果开—见} / 过锅果裹过科颗棵课或货和禾_{果合—见} / 合鸽喝_{~水}盒磕_{咸入—见} / 割葛喝_吆~渴_{山开—入见}扩_包~阔豁活_{山合—入见} / 各阁搁鄂鹤_{宕开—入见} / 郭

① 乔全生：《晋语与官话非同步发展（一）》，《方言》2003 年第 2 期。

扩~充廓宕合一入见/桌卓啄琢戳捉镯江入知"等字的韵母在信阳地区比较歧异。浉河区、罗山、光山、新县、卡房、潢川都读 o 韵母（潢川的实际音值为 ᵘo，也可记为 uo）；商城吴河读［ɣo］韵母，其中开口见系字声母 k、k' 读 ɣ 韵母，其他声母读 o 韵母；老城区、固始、息县、淮滨读［ɣuo］韵母，其中开口见系字多读 ɣ 韵母。这些字读 o 韵母属于早期阶段，后来受普通话影响才发生分化（息县、淮滨除外）：开口见系字 k 组声母读 ɣ 韵母，其他声母读 uo 韵母。商城吴河正处在分化的中间阶段：其 k 组声母的 k、k' 读 ɣ 韵母，而 x 声母仍读 o 韵母。

固始、商城的遇、流摄和宕、通摄入声明母字读 -ŋ 韵尾只局限在"模~子暮慕墓募亩牡母拇木目穆牧"等字中。如"暮慕墓募"读 məŋ²，"亩牡母拇"读 ˤməŋ。这些明母字在中古属阴声韵和入声韵，现在读 -ŋ 韵尾，发生了阴阳对转。这些字在信阳地区的其他地方大都读 u 韵母，联系信阳地区的历史，则不难推断固始与商城以前也读 u 韵母。现在读 -ŋ 尾，这一方面跟武汉话的影响有关，另一方面跟声母 m 也有一定关系。因为 m 是鼻音，发音时鼻腔是通的，这样会有一部分气流从鼻腔溢出，容易促使后面的韵母也带有鼻音色彩。

蟹合一灰韵与止开三支脂韵帮、端、泥组字读 i 韵母现象主要见于光山、新县、卡房的老年人口中①，字数不多，多局限在"贝辈背配裴赔陪梅煤每推腿退褪雷被眉霉垒泪累"等字中。江淮官话黄孝片也有这种现象，但要比光山、新县、卡房普遍得多。如英山方言②的"倍培妹对美备"等字也读 i 韵母。考虑到浉河区、罗山的情况，再联系信阳地区跟黄孝片的历史关系，则不难判断信阳地区的蟹合一灰韵与止开三支、脂韵帮、端、泥组字在以前读 i 韵母比较普遍。后来由于受中原官话的影响才逐渐读为 ei 韵母，致使目前 i 韵母一读只局限在光山、新县和卡房的老年人口中。信阳地区蟹合一灰韵、止开三支脂韵的帮、端、泥组字读 i 韵母时间很早，乾隆五十年（1785）重修本《光山县志》中就已经有"雷之音在灰韵而读如离"的记载。

---

① 浉河区与罗山的老年人口中也有这种现象，但一则由于字数很少，常见的只有"被腿雷"这几个字；二则读 i 韵母也不常见，故不讨论。

② 陈淑梅：《英山方言志》，华中师范大学出版社 1989 年版，第 109—110 页。

第五章

信阳地区方言的声调

第一节　信阳地区方言声调概况

　　信阳地区的绝大多数地方都没有入声，只在南部的少数乡镇中存在入声，如新县南部的卡房、箭厂河、陈店、郭家河、泗店、田铺、周河及商城西南部的长竹园等乡镇。有入声的地方大都是六个声调，其中入声自成一类，去分阴阳，跟江淮官话的黄孝片一样。没有入声的地方只有四个声调：阴平、阳平、上声和去声。

　　从调值上看，这些没有入声的地方可以分为两类。一类是以潢川、息县为代表，其特点是阴平曲折调，去声高降调，老城区、平桥区、固始、商城、淮滨都属于这一类型。一类是以光山北向店为代表，其特点是阴平高降调，去声先降后平，浉河区、罗山都属于这种类型。光山白雀园有老年与中青年两个声调系统，老年声调系统的调值与光山北向店一样，中青年声调系统的调值比较接近普通话，这跟普通话的影响有关。新县的调值跟光山白雀园中青年声调系统的调值比较接近，这可能也是普通话影响的结果。因此我们把新县和光山白雀园都归入光山北向店这一类。

表5－1　　　　　　　　信阳地区声调对照表

	无人声													有人声
	一								二					
	潢川	息县	平桥区	老城区	固始	商城城	商城吴	淮滨	光山北	浉河区	罗山	光山白	新县	卡房
阴平	213	213	213	213	213	213	213	213	54	21	43	55	44	31
阳平	34	34	34	33	33	33	34	34	45	33	45	35	35	45
上声	24	24	35	35	34	34	24	24	324	35	24	324	314	35

续表

| | 无入声 | | | | | | | | | | | | | 有入声 | |
| | 一 | | | | | | | | 二 | | | | | 卡房 | |
	潢川	息县	平桥区	老城区	固始	商城 城	商城 吴	淮滨	光山 北	浉河区	罗山	光山 白	新县		
去声	53	53	53	53	53	53	53	53	311	422	411	31	53	阴去	312
														阳去	422
入声														313	

注：光山白雀园列的是中青年声调系统。另外，由于息县孙庙与息县小茆店的调类、调值一样，故表中将两者合并。

信阳地区没有古入声的地方，其入声字散入四声。其中以阴平、阳平为多，但具体情形各个地方并不相同。为了较清晰地观察古入声字在信阳地区的散入规律，我们从《方言调查字表》中挑出 474 个比较常见的古入声字，来比较一下它们在各个县市的四声比例。其中清、次浊 363 个：

　　抹~桌子率~效泊~梁山历~日畜~牲曲~酒答搭踏纳拉鸽喝塔榻塌腊蜡磕扎眨插夹恰掐甲鸭押压聂镊猎接妾折摄叶页劫怯业胁腌跌帖贴法立笠粒涩执汁湿入急级给吸揖獭捺辣擦撒萨割葛渴喝八杀轧瞎别鳖灭列烈裂薛泻哲彻撤浙设热孽揭歇蝎憋撇篾铁捏节切结洁噎拨泼末沫抹脱捋括阔豁挖刷刮劣雪说悦阅月越日粤决诀缺血笔毕必匹密蜜栗七漆悉膝发虱质失室日吉乙一逸不没卒骨窟忽律戌恤蟀出橘物勿屈博莫膜袜突幕寞摸托落烙骆洛乐作错索各阁搁胳鄂恶略掠爵雀鹊削若弱脚却疟虐约药钥跃郭廓扩霍藿剥驳朴桌卓琢啄戳捉觉角确摧岳握北墨默得德肋勒则塞黑逼力即鲫侧测色啬织职识式饰忆亿抑翼国域百柏伯迫拍魄陌拆窄格客刻克额麦脉摘责策册革隔碧戟逆壁僻积迹脊惜只赤斥尺适释益译易液壁劈的滴嫡踢剔历绩戚锡析击激吃疫役卜扑醭木秃鹿禄速谷哭屋督沃福幅蝠腹覆息熄媳目穆牧六陆肃宿竹筑缩祝粥叔肉菊蓄育绿足促烛嘱触束辱曲玉狱欲浴畜。

全浊 113 个：

　　杂合盒闸狭峡匣捷涉叠碟蝶谍协乏集辑习袭蛰十拾及达拔察铡辖辙舌杰截夺活滑猾绝掘穴疾侄秩实勃伐筏罚术述秫佛倔薄泊凿昨鹤着

嚼勺雹油镯学特贼直值崛食殖植极惑或白泽择宅核剧屐辟籍藉席夕射石笛敌狄寂获划仆独读犊族毒服伏复逐轴熟俗续牍属局炸用油~。

观察结果见表5-2。

从表5-2中可以看出，信阳地区的古入声字基本上归入阴平与阳平。其中老城区、浉河区、平桥区、罗山、潢川、息县、淮滨的古清、次浊字基本上归阴平，全浊字归阳平；商城吴河的古入声字多归阳平；新县基本上归阴平。只是固始与商城城关的清、次浊入声字约一半归阴平，一半归阳平，光山的全浊入声字一半归阴平，一半归阳平，显得较为特殊。

卡房等地的入声自成一类，没有入声韵尾。目前这些地方的入声有消失的迹象。比如卡房，单念时入声和其他声调的区别十分明显，但在语流及词语中和阴去的区分十分模糊，两者有混并的趋势。这可能是受了新县其他没有入声方言的影响。

固始、商城城关的部分清、次浊入声字有阴平、阳平两读现象（详见本章第二节）。表5-2中将这些字既看作阴平，又看作阳平。①

表5 - 2　　　　　　　信阳地区古入声字的散入四声比例表

	清、次浊字363个						全浊字113个					
	阴平		阳平		上去调		阳平		阴平		上去调	
	字数	比例	字数	比例	字数	比例	字数	比例	字数	比例	字数	比例
老城区	250	68.9%	59	16.2%	54	14.9%	87	77%	14	12.4%	12	10.6%
浉河区	255	70.3%	48	13.2%	60	16.5%	86	76.1%	18	15.9%	9	8%
平桥区	243	66.9%	50	13.8%	70	19.3%	91	80.5%	10	8.9%	12	10.6%
罗山	324	89.3%	19	5.2%	20	5.5%	88	78%	18	16%	7	6%
光山北	311	85.7%	8	2.2%	44	12.1%	52	46%	50	44.3%	11	9.7%
光山白	315	86.8%	9	2.5%	39	10.7%	51	45.1%	51	45.1%	11	9.7%
新县	315	86.8%	13	3.6%	35	9.6%	37	32.7%	63	55.8%	13	11.5%
潢川	191	52.6%	136	37.5%	36	9.9%	96	85%	6	5.3%	11	9.7%
固始	173	47.7%	151	41.6%	45	12.4%	99	87.6%	8	7.1%	6	5.3%
商城城	154	42.4%	172	47.4%	43	11.8%	98	86.7%	5	4.4%	10	8.9%
商城吴	57	15.7%	267	73.6%	39	10.7%	99	87.6%	5	4.4%	9	8%
息县孙	222	61.1%	99	27.3%	42	11.6%	94	83.2%	6	5.3%	13	11.5%
息县小	235	64.7%	79	21.8%	49	13.5%	94	83.2%	10	8.9%	9	8%
淮滨	211	58.1%	104	28.6%	48	13.3%	97	85.8%	6	5.3%	10	8.9%

---

① 光山、浉河区、平桥区、息县、淮滨等方言也有这种现象，但由于数量较少，因而表5-2对此忽略不计。

第二节　固始和商城城关的阴、阳平两读

固始与商城_{城关}有一种语音现象很特殊：有些清、次浊入声字单念时或阴平、阳平两读，或只读阴平，或只读阳平，而在具体词语中则有的只读阴平，有的只读阳平，有的阴平、阳平两读，全浊入声字没有这种现象。例如固始方言的清音"八"字，单念时可阴平、阳平两读，但在词语"腊八"中只读阴平，"八路军"中读阳平。又如清音"雀"字，单念时读阳平，而在"麻雀子_{麻雀}"中只读阴平，"雀子_{雀斑；麻雀}"中只读阳平。再如次浊"灭"字，单念时读阴平，在词语"灭火器"中读阳平，但在"消灭"中阴平、阳平皆可。这种现象在老年人与中青年人之间尤为明显，相对来说，老年人多读阳平，中青年人多读阴平。

光山也有这种字无定调现象。如全浊"笛"字，有的人读阴平，有的人读阳平，有的人阴平、阳平两读，但相比较而言，老年人多读阴平，中青年人多读阳平。又如次浊"历_{~史}、育"字，有的人读阴平，有的人读去声，有的人阴平、去声两读，相比较而言老年人读阴平多些，中青年人读去声多些。

固始、商城_{城关}的这种两读现象只出现在清、次浊字中，在声调上也只表现在阴平、阳平这两个声调中，而且一般的情形是老年人多读阳平，中青年人多读阴平。光山不仅清、次浊字有这种现象，全浊字也有，声调上也不局限在阴平、阳平这两个声调中，且通常情况下老年人多读阴平。

考虑到商城_{城关}的这种两读现象跟固始差不多，因而下面就以固始方言为例来对这种阴、阳平两读现象进行探讨[①]。由于光山方言的这种现象不是特别突出，故不专门讨论。

若从单念时有无定调的角度来看，固始方言这种阴、阳平两读的古入声字可分为两类。

1. 单念无定调。这类字单念时声调读阴、阳平不定，即使在有些词语中也是如此，但在另外一些词语中却声调固定，只能读阴平或阳平。如[②]：

单念时阴、阳平两读	词语中阴、阳平两读	词语中读阴平	词语中读阳平
一	第一	一年 / 初一	一二一_{喊口令}

[①]　浉河区、息县、淮滨等方言也有这种阴、阳平两读现象，但多局限在少量的常见字上，如"木"、"客"、"月"等，故不讨论。

[②]　下面的很多例字都来自安华林（1997），"—"表示缺词语。

七	七月七指第一个"七"	七月七指第二个"七"	七月半鬼节
八	八月	腊八	八路军
月	月份/月亮	年月日/月大月小	月光/下弦月
热	热气	热天/火热	热火内火
出	—	出心费心	出去/外出

2.单念有定调。这类字单念时或读阴平，或读阳平，声调固定，在有些词语中也是，但在另外一些词语中却声调不固定，可阴、阳平两读。

（1）单念时读阴平调

单念时读阴平	词语中读阴平	词语中读阳平	词语中阴、阳平两读
百	一百/百万	百岁小孩打喷嚏时的祝愿语	老百姓
发	发财/发芽	发明/发车	发展
铁	钢铁/铁门	铁匠	铁路
黑	亡黑晚上	白里黑里昼夜	—
脚	脚头子脚趾/脚印	脚布擦脚布	脚气
脊	脊梁沟子脊梁	屋脊房顶	—
客	客人/贵客	客气/客套话	—
拉	拖拉/拉到	—	拉家常
辣	辣椒	辣强好胜心强	—
墨	墨水/墨汁	墨色镜	—
篾	篾子	篾匠	—
灭	灭灯没有办法；无话可说	灭火器	消灭
脉	号脉/脉搏	山脉	—
约	约地丈量土地/约莫	节约	—
木	木头/树木	木匠	—
抹	抹洗/干抹	抹布	—
绿	绿色	绿豆	—

（2）单念时读阳平

单念时读阳平	词语中读阴平	词语中读阳平	词语中阴、阳平两读
夹	—	夹击	夹子/票夹子票夹
节	竹棍节子竹节	节省/节日	过节
答	答理	回答/问答	—
雀	麻雀子麻雀	雀子雀斑；麻雀	—
结	结果子结果实	了结	结果

这种阴、阳平两读或表现在单字上，或表现在词语中，没有固定的变调规律，因而不是连读变调。它也不是文白异读，因为一方面这种现象只局限在清、次浊入声字上，另一方面这些词语大都不具有文白色彩。是什么原因导致了这种情形？安华林①认为产生这种情形的深层次原因是跟固始方言的入派平声有关。他认为固始方言在历史音变的过程中，中古全浊入声音节的韵尾先脱落，清和次浊入声音节韵尾后脱落。因而演变到今天，全浊归阳平这一规律实现得比较彻底，清声母和次浊入声则演变得慢些。固始方言这些来自古清与次浊声母入声字的阴、阳平两读正是历史音变过程中调类分合不彻底的具体表现。

我们的观点与上述看法不同。我们认为这是一种离散式音变。这些古入声字以前都读阳平，跟商城_{吴河}一样，但由于河南北部的权威方言，如郑州、洛阳都是清、次浊入声字读阴平，受此影响，这些字便开始向阴平调靠拢。固始方言的全浊入声字之所以不发生变化，是因为这些权威方言的全浊入声字也读阳平。这才是固始方言阴、阳平两读只见于清、次浊入声字，不见于全浊字的根本原因。

离散式音变的一个根本特征是变化的两头整齐，中间混乱。从上面入声字的两读情况来看，的确十分混乱，找不到什么规律。看不出为什么有的变了，有的没变。甚至有的常见词中的入声字变了，而有的非常见词中的入声字没变。如"客人、麻雀子、箔子"中的"客、雀、箔"变了，而"节约、发明、灭火器"中的"节、发、灭"没变，而这正是离散式音变的表现。

根据商城_{吴河}没有这种两读现象来观察，这种音变的出现时间应该不会很久，可能就是近几十年的时间。因为吴河乡距离商城_{城关}仅几十里地，若这种音变的时间出现很久，则吴河乡势必会受到影响。不过这种音变的速度却很快，因为有些极常见口语词中的古入声字也只读阴平，如"亡黑、脚头子、热天"中的"黑、脚、热"都读为阴平。

这样，表5-2中固始与商城_{城关}的清、次浊入声字的情况就比较好理解了。固始与商城_{城关}的清、次浊入声字以前多归阳平，后来由于受郑州、开封等权威方言的影响，部分入声字开始读为阴平，于是使得读阳平的入声字逐渐减少，而读阴平的入声字逐渐增加，以致现在阴平字与阳平字的比例大致相当。这也说明了为什么固始、商城_{城关}的清、次浊古入声字在老年人口

---

① 安华林：《固始话的阴阳平异读中州学刊》（增刊），1997年。

中多读阳平，而中青年人多读阴平。

光山的情况也好理解。它的前身应该跟新县一样，入声字多归阴平，后来因受到郑州等地方言的影响①，其入声字的声调发生了变化。光山方言之所以全浊字也有表现，这是因为受郑州等地全浊入声归阳平的影响。这也解释了为什么光山的古入声字"笛、历史、育"等字在老年人口中总是读阴平。

在地理上我们注意到一个现象：凡距郑州越近的地方，古入声字的今读调类就跟郑州话越一致，距郑州越远的地方，其调类归派就跟郑州话的差异越大。例如浉河区、平桥区、罗山和潢川距郑州较近，其调类归派就跟郑州话完全一致；新县和商城距郑州最远，其调类归派就和郑州话明显不同。这种现象显然跟郑州、洛阳、开封等权威方言的影响有关。

第三节　信阳地区古入声的发展演变

根据表5-2，再结合信阳地区的政区沿革及固始、商城城关、光山等地的阴、阳平两读现象，我们可以大致推断出信阳地区以前的②古入声调类可能有四种类型：（1）保留入声，但没有入声韵尾，自成一个独立调类，跟鄂东的江淮官话黄孝片一样，如新县和商城县的南部；（2）归阴平，如新县北部、光山、浉河区、平桥区、罗山和潢川；（3）归阳平，跟西南官话的武汉话一样，如固始与商城县北部；（4）清、次浊入声归阴平，全浊入声归阳平，跟中原官话的郑州话一样，如息县和淮滨。即如表5-3所示：

表5-3　　　　　　　　　信阳地区以前的古入声调类情形表

类型	古入声字调类		所包含县市	说明
	清、次浊入声字	全浊入声字		
（1）	保留入声		新县和商城县南部	跟黄孝片一样
（2）	阴平		新县北部、光山、浉河区、平桥区、罗山和潢川	
（3）	阳平		固始、商城北部	跟武汉话一样
（4）	阴平	阳平	息县、淮滨	跟郑州话一样

---

① 光山方言的次浊入声字"历、育"有去声一读，这可能跟普通话的影响有关。

② 由于缺乏文献，此处的"以前"是一个很模糊的概念，具体时间难以确定。

　　新县和商城的南部的古入声跟江淮官话的黄孝片一致，息县和淮滨的古入声调类跟中原官话的郑州话一致，这都是历代政区沿革影响的结果；浉河区、平桥区、罗山、新县北部、光山和潢川的古入声调类归阴平，这当是后期演变的结果，其前身应该跟新县和商城的南部一样；商城北部和固始的古入声演变则跟武汉话的影响有关。

　　由于河南的中心地带是在郑州、开封与洛阳一带，这些地方都是清、次浊入声归阴平，全浊入声归阳平。受此影响，信阳地区的古入声字调类（息县与淮滨除外）便向这些权威方言靠拢。由于地理位置及政治经济等原因，有的地方靠拢速度快，有的地方靠拢速度慢。像潢川与老城区，由于地理位置比较靠近郑州等地，古代又分别是信阳地区中、西部的政治经济中心，因此靠拢速度明显快些。浉河区、平桥区与罗山紧靠老城区，其靠拢速度会因老城区的影响而相对较快，因此这些地方也最先完成了靠拢。新县和商城吴河由于地理位置比较偏南，故现在还未发生变化。固始、商城城关和光山目前正处于靠拢过程之中，因此阴、阳平两读现象也主要表现在这几地。演变至现在，信阳地区的古入声字今读调类有六种类型：（1）保留古入声，如新县和商城县的南部；（2）多归阴平，如新县北部；（3）全归阳平，如商城中部；（4）古清、次浊入声归阴平，全浊入声归阳平，如息县、淮滨、老城区、浉河区、平桥区、罗山和潢川；（5）清、次浊归阴平、阳平不定，全浊归阳平，如固始和商城北部；（6）清、次浊归阴平，全浊归阴平、阳平不定，如光山。即如表5-4所示：

表5－4　　　　　　　　信阳地区现在的古入声调类情形表

类型	古入声字调类		所包含县市	说明
	清、次浊入声字	全浊入声字		
（1）	保留入声		新县和商城南部	没有发生变化
（2）	阴平		新县北部	没有发生变化
（3）	阳平		商城中部	没有发生变化
（4）	阴平	阳平	息县、淮滨	没有发生变化
			老城区、浉河区、平桥区、罗山和潢川	跟郑州话完成靠拢
（5）	一半阴平、一半阳平	阳平	固始、商城北部	正在向郑州话靠拢
（6）	阴平	约一半阴平、一半阳平	光山	

注：阴影部分的县市表示其古入声调类已经发生了变化。

　　对比表5-3和5-4,我们不仅能清晰地看出信阳地区古入声的演变规律,同时也能看到政区沿革和方言接触这些外部因素对信阳地区方言所带来的深刻影响。

第六章

信阳地区方言的归属

第一节 前人的观点

关于信阳地区的方言归属，学者们以前由于认为它和郑州、开封、洛阳等地一样，故一直没把它单独列出来进行讨论。较早认为信阳地区方言跟河南其他地方不同的是袁家骅。他在讲述西南官话时说："西南官话……分布于湖北（东南角除外）、四川、云南、贵州等省和广西西北部，湖南西北角，河南南缘，内部最为一致。"①而信阳地区正处于"河南南缘"。不过稍后李荣②根据古入声的今读调类将信阳划为中原官话，依然与河南的郑、汴、洛等地方言一样。随后他在《中国语言地图集》③中将官话方言分为八区，并把信阳地区进一步划归为中原官话的信蚌片（见表6-1）。

表6-1　　　　　　　　　官话方言分区表

	北京官话	东北官话	胶辽官话	冀鲁官话	中原官话	兰银官话	西南官话	江淮官话
古清音	阴阳上去	阴阳上多去	上声	阴平	阴平	去声	阳平	入声
古次浊			去声					
古全浊			阳平					

注：此表取自侯精一（2002）《现代汉语方言概论》。

李荣所采用的标准是特征判断法。他在给官话方言分区的时候，采用的标准是"古入声字的今调类"。这个总标准可分为四个步骤：第一个步骤根据入声将江淮官话分出来；第二个步骤根据"古入声今读阳平"把西南官话分出来；第三个步骤根据"古清、次浊入声的今读调类"把兰银官话

---

① 袁家骅：《汉语方言概要》，文字改革出版社1983年版，第24页。

② 李荣：《官话方言的分区》，《方言》1985年第1期。

③ 中国社会科学院、澳大利亚人文科学院：《中国语言地图集》，朗文出版社（远东）有限公司1987年版。

与中原官话分出来；第四个步骤根据"古清音入声今读调类"将北京官话、东北官话、胶辽官话与冀鲁官话分开。这个标准简单明了，容易操作，科学性强，因而得出的结论被大多数学者所认可。如贺巍①、②与卢甲文③都把信阳地区划入中原官话的信蚌片。

我们认为这个方法用于信阳地区时却存在两个问题。

一是李荣当时把信阳市的方言作为信阳地区的代表，认为信阳市方言属于中原官话，信阳地区的其他方言也属于中原官话。其实从历史上看（见第一章第二节），信阳市只是信阳地区西部的政治中心，而中、东部的政治中心自隋朝以后就始终在潢川与光山一带，因而信阳市方言代表不了整个信阳地区。比如新县和商城的南部有入声，光山、新县有ʮ类韵，新县入声归阴平，商城吴河入声归阳平，这些都是信阳市所不能代表的。因此不能因为信阳市方言属中原官话就把整个信阳地区都归为中原官话。

二是信阳地区的地理位置比较特殊。它地处河南的最南缘，东接安徽六安，南接湖北黄冈，且距离武汉很近。六安为江淮官话洪巢片，黄冈为江淮官话黄孝片，武汉为西南官话武天片。在这种环境下，其语音的发展变化会比较快，而语音的声、韵、调三个方面，声调的稳定性又相对较差。尤其是调值，它能在极短的时间内发生较显著的变化。这里我们可以看一下信阳市的调值变化（见表6-2）。

表 6 – 2　　　　　　　　　　　信阳市的三次调值表

	阴平	阳平	上声	去声
信阳市₁	24	53	55	312
信阳市₂	334	53	45	312
信阳市₃	213	33	35	53

信阳市₁取自《河南方言研究》④，信阳市₂取自《河南省信阳地区九县（市）的声调及其与普通话对应规律》⑤。《河南方言研究》虽出版于1993年，但很

①　贺巍：《河南山东皖北苏北的官话（稿）》，《方言》1985年第3期。

②　贺巍：《中原官话的分区（稿）》，《方言》2005年第2期。

③　卢甲文：《河南方言述评》，《社会科学述评》1989年第5期。

④　张启焕、陈天福、程仪：《河南方言研究》，河南大学出版社1993年版，第254页。

⑤　宋学、许仰民：《河南省信阳地区九县（市）的声调及其与普通话对应规律》，《信阳师范学院学报》1987年第2期。

多调查则在 50 年代就已经开始了，因此其调查信阳市的时间可能比信阳市$_2$早。信阳市$_3$来自于我们的调查，时间是 2009 年，地点是老城区。老城区是信阳市以前的中心地带，因此信阳市$_3$与信阳市$_1$、信阳市$_2$的调查地点一样。

信阳市$_1$与信阳市$_2$所记基本相同，尽管在阴平与上声方面略有差异，但这可能是技术处理上的差异，两者没有实质差别。但信阳市$_3$与信阳市$_1$、信阳市$_2$明显不同，如此大的变化只发生在二十几年间，这充分表明了调值的易变性。

再如固始、商城$_{城关}$的阴、阳平两读。固始与商城$_{城关}$的阴、阳平两读现象十分突出，而商城$_{吴河}$却没有，由此表明这种音变出现的时间不是很久，很可能就是近几十年的时间。因为吴河乡距离商城城关仅几十里地，若这种音变出现时间很早，则吴河乡势必受到影响。而这几十年的时间里，固始、商城$_{城关}$的清、次浊入声字就已经是一半归阴平，一半归阳平了。再过若干年，相信这两地的入声字归类就会和老城区、潢川等地一样了。因此对于信阳地区这种特殊的地理位置，若只着重声调方面，忽视声母和韵母方面，则肯定会对其方言归属的判断造成影响。

第二节　本书的看法

我们认为信阳地区是一个方言混合带，不能都归为中原官话。其北部与西部属中原官话，包括浉河区、平桥区、罗山、潢川、息县、淮滨。东部属西南官话，包括固始、商城（南部的长竹园除外。下同）。南部属江淮官话，包括光山、新县及商城南部的长竹园。理由如下。

新县南部的卡房、箭厂河、陈店、郭家河、泗店、田铺、周河及商城南部的长竹园等乡镇的入声自成一类，没有入声韵尾，去分阴阳，"书虚"同音，"篆倦"同音，有 ʯ 类韵母字，这跟江淮官话的黄孝片完全一样。这些乡镇在地理上也跟黄孝片连成一片，并且泗店、田铺、箭厂河等乡镇在1932 年以前原本就属于湖北的麻城与黄安（现红安），在 1932 年建立新县时才从湖北划来。因此这些有入声的乡镇属于江淮官话是没有疑问的。

商城$_{吴河}$的古入声字今读调类归阳平，且其语音性质又跟武汉一样（见下），故应属西南官话。

息县在历史上久属汝南郡，其语音性质跟驻马店、周口等地一样，并且古入声字也是古清、次浊归阴平，全浊归阳平，因此属于中原官话。尽管浉河区、平桥区、罗山、潢川的语音性质跟郑州等中原官话有许多不同，但鉴于其古入声字的今读调类跟中原官话一样，故把它们也归入中原官话。

光山、新县（特指北部。下同）、固始、商城_{城关}都没有入声，但其古入声字的今读调类较为特殊。新县的入声字多归阴平；光山的古全浊入声字一半归阴平，一半归阳平；固始、商城_{城关}的清、次浊古入声字归阴、阳平不定，这些都跟一般的中原官话不同。因此仅依据古入声字的今读调类则很难判断它们的方言归属。鉴于此，下文就结合它们声母和韵母的特点来进行判断。

光山、新县的"书虚"同音，"篆倦"同音，有一系列 ʅ 类韵母字，这些都跟江淮官话的黄孝片一样，因此应属江淮官话①。为此下面将光山、新县跟江淮官话、中原官话作一简单比较。江淮官话以黄孝片的英山话②为代表，中原官话以郑曹片的郑州话③为代表。

1. 光山、新县的古泥母跟来母洪混细分，与英山一致，郑州则泥、来母区分清楚④：

	难_{泥洪}	努_{泥洪}	能_{泥洪}	兰_来	路_来	冷_来	年_{泥细}	娘_{泥细}	李_来	零_来
光山	₅lan	₅ləu	₅len	₅lan	ləu⁼	˥lən	₅nian	₅niaŋ	˥li	₅lin
新县	₅lan	₅ləu	₅len	₅lan	ləu⁼	˥lən	₅nian	₅niaŋ	˥li	₅lin
英山	₅lan	˥ləu	₅lən	₅lan	ləu⁼	˥lən	₅nian	₅niaŋ	˥li	₅lin
郑州	₅nan	₅nu	₅nəŋ	₅lan	lu⁼	˥ləŋ	₅niãn	₅niaŋ	˥li	₅liŋ

2. 光山、新县的遇、山、臻合口三等精组字的声母为 tɕ 组，韵母为细音，知、见系字为 tʂ 组声母，ʅ 类韵母（光山_{白雀园}为 ʮ 类），因此"书虚"同音，"篆倦"同音。这些都跟英山一样，而与郑州不同：

	徐	选	俊	书	虚	拘	船	篆	倦	顺	勋
光山	₅ɕi	˥ɕian	tɕin⁼	₅ʂʅ	₅ʂʅ	₅tʂʅ	₅tʂʮan	tʂʮan⁼	tʂʮan⁼	ʂʮen⁼	₅ʂʮen
新县	₅ɕi	˥ɕian	tɕin⁼	₅ʂʅ	₅ʂʅ	₅tʂʅ	₅tʂʮan	tʂʮan⁼	tʂʮan⁼	ʂʮen⁼	₅ʂʮen
英山	₅ɕi	˥ɕian	tɕin⁼	₅ʂʅ	₅ʂʅ	₅tʂʅ	₅tʂʮan	tʂʮan⁼	tʂʮan⁼	ʂʮen⁼	₅ʂʮen
郑州	₅sy	˥syen	tsyn⁼	₅ʂu	₅ɕy	₅tɕy	₅tʂʮuan	tʂʮuan⁼	tɕyan⁼	ʂuən⁼	₅ɕyn

3. 光山、新县的曾、梗摄与深、臻摄相混为 -n 韵尾，与英山一样，郑州则

---

① 息县淮河以南的乡镇，如曹黄林、八里岔、许店等在 1951 年以前属于光山，其语音特点现在还和光山接近，也应属江淮官话。

② 陈淑梅：《英山方言志》，华中师范大学出版社 1989 年版，第 92—123 页。

③ 张启焕、陈天福、程仪：《河南方言研究》，河南大学出版社 1993 年版，第 90—12 页。

④ 《河南方言研究》将郑州的泥母洪音记为 n，细音记为 ȵ，但若从音位角度则完全可以合并。

不混：

	针深	讯臻	准臻	军臻	灯曾	蒸曾	镜梗	圣梗	灵梗	星梗
光山	₌tʂen	ɕin⁼	⁼tʂuen	₌tʂuen	₌ten	₌tʂen	tɕin⁼	ʂen⁼	₌lin	₌ɕin
新县	₌tʂen	ɕin⁼	⁼tʂuen	₌tʂuen	₌ten	₌tʂen	tɕin⁼	ʂen⁼	₌lin	₌ɕin
英山	₌tʂən	ɕin⁼	⁼tʂuən	₌tʂuən	₌tən	₌tʂən	tɕin⁼	ʂən⁼	₌lin	₌ɕin
郑州	₌tʂən	syn⁼	⁼tʂuən	tɕyn⁼	₌tən	₌tʂən	tɕiŋ⁼	ʂən⁼	₌liŋ	₌siŋ

4. 光山、新县的遇、蟹、止、山、臻、合口字除唇音、舌根音外都读开口呼，通摄都读开口呼，与英山一样，郑州则大都读为合口呼：

	土遇	岁蟹	水止	闩山	刷山入	顿臻	突臻入	送通	共通	续通入
光山	⁼tʼəu	sei⁼	⁼sei	₌san	₌sa	ten⁼	₌tʼəu	soŋ⁼	koŋ⁼	ɕiəu⁼
新县	⁼tʼəu	sei⁼	⁼sei	₌san	₌sa	ten⁼	₌tʼəu	soŋ⁼	koŋ⁼	ɕiəu⁼
英山	⁼tʼəu	sei⁼	⁼sei	₌san	₌sa	tən⁼	₌tʼəu	səŋ⁼	kəŋ⁼	ɕiəu⁼
郑州	⁼tʼu	suei⁼	⁼ʂuei	₌ʂuan	₌ʂua	tuən⁼	₌tʼu	suŋ⁼	kuŋ⁼	sy⁼

5. 光山、新县的宕开三、江开二庄组字读开口呼，跟英山一样，而郑州读合口呼：

	装宕	床宕	疮宕	爽宕	霜宕	壮宕	桩江	窗江
光山	₌tsaŋ	₌tsʼaŋ	₌tsʼaŋ	⁼saŋ	₌saŋ	tsaŋ⁼	₌tsaŋ	₌tsʼaŋ
新县	₌tsaŋ	₌tsʼaŋ	₌tsʼaŋ	⁼saŋ	₌saŋ	tsaŋ⁼	₌tsaŋ	₌tsʼaŋ
英山	₌tsaŋ	₌tsʼaŋ	₌tsʼaŋ	⁼saŋ	₌saŋ	tsaŋ⁼	₌tsaŋ	₌tsʼaŋ
郑州	₌tʂuaŋ	₌tʂʼuaŋ	₌tʂʼuaŋ	⁼ʂuaŋ	₌ʂuaŋ	tʂuaŋ⁼	₌tʂuaŋ	₌tʂʼuaŋ

6. 光山、新县的蟹合一灰韵与止开三支脂韵的帮、端、泥组部分字在老年人口中读为 i 韵母，跟英山一样，而跟郑州不同：

	每蟹帮	辈蟹帮	推蟹端	腿蟹端	累蟹泥	雷蟹泥	被止帮	眉止帮	履止泥
光山	⁼mi	pi⁼	₌tʼi	⁼tʼi	li⁼	₌li	pi⁼	₌mi	⁼li
新县	⁼mi	pi⁼	₌tʼi	⁼tʼi	li⁼	₌li	pi⁼	₌mi	⁼li
英山	⁼mi	pi⁼	₌tʼi	⁼tʼi	li⁼	₌li	pi⁼	₌mi	⁼li
郑州	⁼mei	pei⁼	₌tʼuei	⁼tʼuei	luei⁼	₌luei	pei⁼	₌mei	—

从以上的比较中可以明显地看出光山、新县的语音性质跟江淮官话一样，而跟中原官话不同。其实光山、新县的情形有点类似于湖北的竹溪、竹山。竹溪与竹山也没有入声，但赵元任却认为"最特别的是竹溪、竹山，地理位置远在西北角上，而方言性质完全属于第二区（按：即现在的黄孝片）

的"①。

　　固始、商城城关的清、次浊入声字之所以归阴平、阳平不定，主要是受郑州、开封等地的影响，其以前跟西南官话一样都归阳平。而且从声、韵特点上观察，固始、商城城关的语音性质跟武汉话一样，故应归入西南官话②。为此下面将固始、商城城关与武汉话③、郑州话进行一下比较（顺便将商城吴河也列上）。

　　1. 固始、商城的古泥、来母相混，与武汉一致，郑州则泥、来母区分清楚：

	拉来	李来	列来	连来	鹿来	奶泥	泥泥	年泥	娘泥	南泥
固始	꜁la	꜂li	꜁liɛ	꜁lian	꜁lou	꜂lai	꜁li	꜁lian	꜁liaŋ	꜁lan
商城城	꜁la	꜂li	꜁liɛ	꜁lian	꜁lou	꜂lai	꜁li	꜁lian	꜁liaŋ	꜁lan
商城吴	꜁la	꜂li	꜁liɛ	꜁lian	꜁ləu	꜂lai	꜁li	꜁lian	꜁liaŋ	꜁lan
武汉	꜁na	꜂ni	꜁niɛ	꜁nien	꜁nou	꜂nai	꜁ni	꜁nian	꜁niaŋ	꜁nan
郑州	꜁la	꜂li	꜁liɛ	꜁lian	꜁lu	꜂nai	꜁ȵi	꜁ȵian	꜁ȵiaŋ	꜁nan

　　2. 固始、商城的古知、庄、章组字与精组洪音字混读为 ts 组声母，跟武汉一样，郑州则区分清楚：

	字精	宋精	杂精	仓精	展知	张知	事庄	审章	昌章
固始	tsɿ꜄	suŋ꜄	꜁tsa	꜀tsʻaŋ	꜂tsan	꜀tsaŋ	ʂɿ꜄	꜂sən	꜀tsʻaŋ
商城城	tsɿ꜄	suŋ꜄	꜁tsa	꜀tsʻaŋ	꜂tsan	꜀tsaŋ	ʂɿ꜄	꜂sən	꜀tsʻaŋ
商城吴	tsɿ꜄	səŋ꜄	꜁tsa	꜀tsʻaŋ	꜂tsan	꜀tsaŋ	ʂɿ꜄	꜂sən	꜀tsʻaŋ
武汉	tsɿ꜄	soŋ꜄	꜁tsa	꜀tsʻaŋ	꜂tsan	꜀tsaŋ	ʂɿ꜄	꜂sən	꜀tsʻaŋ
郑州	tsɿ꜄	suŋ꜄	꜁tsa	꜀tsʻaŋ	꜂tʂan	꜀tʂaŋ	ʂɿ꜄	꜂sən	꜀tsʻaŋ

　　3. 固始、商城的深、臻摄与曾、梗摄相混为 -n 韵尾，与武汉一样，郑州则不混：

	森深	林深	斤臻	因臻	灯曾	升曾	灵梗	京梗	英梗
固始	꜀sən	꜁lin	꜀tɕin	꜀in	꜀tən	꜀sən	꜁lin	꜀tɕin	꜀in
商城城	꜀sən	꜁lin	꜀tɕin	꜁in	꜀tən	꜀sən	꜁lin	꜀tɕin	꜀in
商城吴	꜀sən	꜁lin	꜀tɕin	꜀in	꜀tən	꜀sən	꜁lin	꜀tɕin	꜀in
武汉	꜀sən	꜁lin	꜀tɕin		꜀tən	꜀sən	꜁lin	꜀tɕin	
郑州	꜀sən	꜁lin	꜀tɕin	꜀iŋ	꜀təŋ	꜀səŋ	꜁liŋ	꜀tɕiŋ	꜀iŋ

---

　　①　赵元任：《湖北方言调查报告》，商务印书馆1948年版，第1069页。

　　②　固始城关以北的往流、桥沟、蒋集、观堂等部分乡镇除外。这些乡镇的语音性质跟息县比较接近，应属中原官话。

　　③　陈有恒：《武汉话—普通话字音对应表》，《咸宁师专学报》1986年第1期。

4. 固始、商城的遇、流摄和宕、通摄入声的部分明母字读舌根韵尾 -ŋ，跟武汉一样，而跟郑州不同：

	暮遇	慕遇	墓遇	母流	幕宕入	木通入	目通入	牧通入
固始	məŋ²	məŋ²	məŋ²	⁻məŋ	məŋ²	₌məŋ	məŋ²	məŋ²
商城城	məŋ²	məŋ²	məŋ²	⁻məŋ	məŋ²	₌məŋ	₌məŋ	₌məŋ
商城吴	məŋ²	məŋ²	məŋ²	⁻məŋ	məŋ²	₌məŋ	₌məŋ	₌məŋ
武汉	moŋ²	moŋ²	moŋ²	⁻moŋ	moŋ²	₌moŋ	₌moŋ	₌moŋ
郑州	mu²	mu²	mu²	⁻mu	mu²	₌mu	₌mu	mu²

其实当地的县志与居民也都认为信阳地区属于江淮官话或西南官话。比如《光山县志》认为光山方言"属汉语北方方言江淮官话次方言的一种"[1]。《商城县志》认为"商城话应属于北方方言区江淮方言，其中县南部长竹园一带则与西南官话相近"[2]。《新县县志》也认为"新县方言属北方方言江淮次方言"[3]。《信阳地区志》在引用贺巍、卢甲文等先生的观点后，虽同意信阳地区是中原官话，但仍然觉得信阳地区是"介于中原官话、西南官话、下江官话和楚语区之间的带有混合性方言的区域"，并认为老城区、新县、光山和商城四县南部与湖北交界的一些乡村是"楚语"带[4]。"楚语"也就是赵元任[5]所指的湖北鄂东一带，即现在《中国语言地图集》中的江淮官话黄孝片。其他县志，如《罗山县志》[6]、《潢川县志》[7]、《固始县志》[8]都如此说。

不仅现在的新县志这样认为，就是以前的老县志也这样认为。如乾隆五十年（1785）重修本《光山县志》中说：

> 豫居五土之中，得中原正音，声气厚重，而光山接壤楚黄，东接庐霍，颇杂吴楚之音。语言声韵视江浙为直以栗，较之汴河以北则清而啴。如飞本甫微切而读如辉，晏於谏切而读如案，胡洪姑切而读如

---

① 光山县志编纂委员会：《光山县志》，中州古籍出版社 1991 年版，第 721 页。

② 商城县志编纂委员会：《商城县志》，中州古籍出版社 1991 年版，第 740 页。

③ 新县县志编纂委员会：《新县县志》，河南人民出版社 1990 年版，第 617 页。

④ 信阳地志编纂委员会：《信阳地区志》，生活·读书·新知三联书店 1992 年版，第 925 页。

⑤ 赵元任：《湖北方言调查报告》，商务印书馆 1948 年版。

⑥ 罗山县志编纂委员会：《罗山县志》，中州古籍出版社 1991 年版。

⑦ 潢川县志编纂委员会：《潢川县志》，生活·读书·新知三联书店 1992 年版。

⑧ 固始县志编纂委员会：《固始县志》，中州古籍出版社 1994 年版。

扶，饶如昭切而读如姚，冯字入一东韵而读如洪，雷之音在灰韵而读
如离，则讹同支韵矣。方俗称谓如天晓他处曰天明或曰天亮，而此谓
天光。天降雨雪他处曰下雨下雪，而此谓落雨落雪……①

"飞"读如"辉"、"胡"读如"扶"说明非组与晓匣组合口相混；"晏"
读如"案"说明影母山摄开口一、二等字合流；"饶"读如"姚"说明日、
以两母相混；"冯字入一东韵而读如洪"说明东₁和东₃相混，同时也间接透
漏了非组与晓匣组合口的相混；"雷"读如"离"说明蟹合一灰韵泥组字与
止开三支韵泥组字相混。这些语音现象，除"晏"读如"案"、"饶"读如"姚"外，
其他的现在还是如此。此外像"天亮"说成"天光"，"下雨下雪"说成"落
雨落雪"还具有南方方言的特色，怪不得县志作者要说"颇杂吴楚之音"了。

《河南新志》也认为信阳地区的方言跟河南其他地方不同：

> 惟南部潢川、光山、固始、商城等县，地近长江流域，较为活泼，
> 言语稍为捷给，非他县所能及……
>
> 全省语言……就其小异之处，可分为五派……（戊）罗山以东，
> 淮河以南，地接长江流域，故与荆扬接近。其发音之沉着不如北，
> 而语尾延长，抑扬不尽；能以文盛；轻倩圆转不如南，而能坚忍持久，
> 少活泼进取之机，聆其音而知其性，已可轻得其梗概矣。信阳南北，
> 西以桐柏山为界，大抵皆然。至于乡村土语，多有书不成字者，或
> 书之而为字书所无，或有之而非其本义。各处土音皆有之。最习闻者，
> 如发语词、歇尾词、嗟叹词，惊而知其意，欲求之于文字则不可得也。

主持纂修《河南新志》的刘景向虽是河南信阳人，但书中所说的也不
可能是他的个人观点。另外，杨永龙在对商城方言进行调查后也认为商城
方言既有中原官话的特点，更有江淮官话和西南官话的特点②。

我们在信阳地区调查的时候，当地居民也认为信阳地区南部的口音跟
湖北东部一样，而跟河南其他地方不同。当地有所谓"南蛮子北侉子"一
语。"南蛮子"指称湖北一带的人，多指鄂东，"北侉子"指称河南北部的人。
而当地人却把信阳地区南部的居民也称为"南蛮子"。

由此看来，当地县志与地方居民并不认为自己的方言跟河南其他方言

---

① 此处及下面《河南新志》的内容均直接引自郭熙。

② 杨永龙：《河南商城（南司）方言音系》，《方言》2008 年第 2 期。

一样。当然，由于当地某些人没有现代语言学的科学理论，其感觉并不一定就合理，但"土人感"①是不能忽视的。

这里再回过头看看袁家骅的观点。袁先生认为"河南南缘"属于西南官话，不过他是把湖北鄂东也看做西南官话，跟《中国语言地图集》不一样。我们不知道袁先生将"河南南缘"划为西南官话的理由是什么。如果他是因为"河南南缘"的语言是和鄂东一致才如此说的，那么我们的观点在某种程度上也是和袁先生是一致的了。

当然退一步说，我们也可以认为卡房等地是江淮官话；商城吴河是西南官话；浉河区、平桥区、罗山、潢川、息县、淮滨是中原官话；光山、新县、固始、商城城关则是方言过渡区，其中光山、新县是江淮官话向中原官话的过渡区，固始、商城城关是西南官话向中原官话的过渡区。但如果笼统地认为信阳地区都是中原官话，这显然是不合适的。

判定一种方言的性质，其历史等因素不能完全置之不顾。信阳地区由于历史等原因造成了其内部的差异性，而信阳市方言只是信阳地区西部的政治、经济、文化中心，其方言代表不了整个信阳地区。同时又由于信阳地区在地理上的特殊性，也不能仅依靠古入声字的今调类来判断其方言归属。因此仅依据信阳市方言的古入声字今调类来判定整个信阳地区的方言归属是不妥当的。

信阳地区方言的归属如图 6-1 所示：

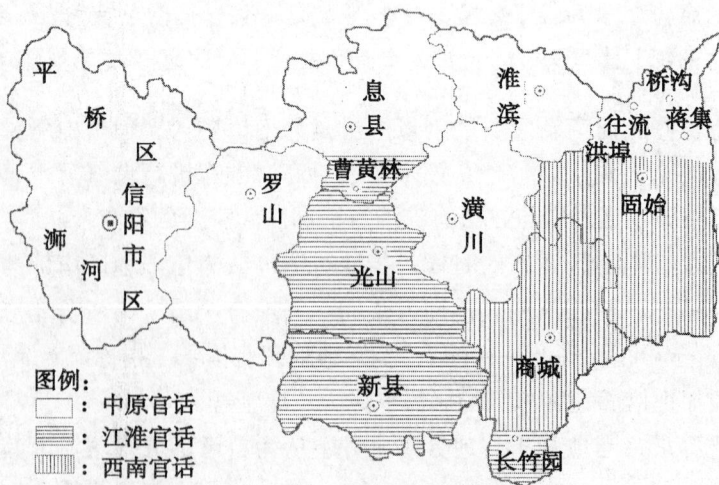

图 6-1　信阳地区方言归属示意图

---

① 赵元任：《语言问题》，商务印书馆 1980 年版，第 35 页。

第三节　信阳地区方言内部差异的形成原因

信阳地区方言内部为何有这么大的差异呢？其原因主要如下。

1. 跟历史的政区沿革有关。为讨论方便，这里特把第一章表1-1《信阳地区历代行政区划表》拿来列于下面。

表1-1　　　　　　　　　信阳地区历代行政区划表

行政区划 / 今信阳区	信阳地区										
	浉河区	平桥区	罗山	光山	新县	潢川	商城		固始	淮滨		息县
							西南部	东北部		淮南	淮北	
战国	楚　　　　国　　　　地											
秦	衡　山　郡						九　江　郡			陈　郡		
两汉	江　夏　郡			汝　南　郡			庐　江　郡			汝　南　郡		
三国魏—西晋	义　阳　国		弋　阳　郡				安　丰　郡			汝　南　郡		
东晋	荆州义阳郡		豫州弋阳郡							豫州汝南郡		
南北朝	南朝的司州		南朝的光州				南朝的义州			北朝的淮州		
隋	义　阳　郡		弋　阳　郡							汝　南　郡		
唐宋	申州		光　　州							蔡州		
明清	信阳州		光　　州									
新中国成立初	信阳专区		潢川专区									
1952—1998年	信阳专区											
1998年—现在	信阳市											

从表1-1中可以看出，战国时期，整个信阳地区都属于楚国。楚国的中心地带是在今天的湖北、湖南一带，因此信阳地区不可避免地受到湖北的一些影响。秦汉时期的衡山郡、江夏郡的治所均在今天湖北的鄂东一带；九江郡、庐江郡、安丰郡的治所均在安徽西北部的寿春、六安一带；陈郡、汝南郡的治所均在河南的淮阳、汝南一带。义阳国与义阳郡均属于当时的荆州，即现在湖北的鄂东与河南的南阳一带。南北朝时期，淮河以南多属南朝，淮河以北多属北朝。唐宋时期，除息县与淮滨以北属河南道外，其他都属淮南道。也就是说，在明朝以前，只有息县与淮滨北部跟河南关系密切，而信阳地区的其他地方都跟河南联系不紧。其中浉河区、平桥区、罗山、光山、新县、潢川跟湖北联系紧密，固始、商城及淮滨南部跟安徽

关系密切。只在明代以后，信阳地区由于在行政区划上隶属于河南，这才跟河南渐渐密切起来。

这种历史因素自然会使得光山、新县等地的方言深受湖北一带方言的影响。这种影响不仅表现在语音上，而且还表现在词汇与语法上。比如光山、新县的"扯霍_{闪电}｜落雨_{下雨}｜落雪_{下雪}｜凌冰掉_{冰锥}｜黄沙_{母牛}｜鸡婆_{母鸡}｜忙槌_{棒槌}｜夜饭_{晚饭}｜打平伙_{凑钱聚餐}｜新大姐_{新娘}｜牵娘_{伴娘}｜冇_{没有}"等词汇①都与英山一样。比如光山、新县的双宾句语序是指人宾语在指物宾语之前，例如"我给本书他｜我送几个苹果他"，这也跟英山一样。

固始、商城与淮滨南部由于在历史上跟安徽有过紧密联系，因此不可避免地带有这一区域的语言特点。比如语法上有"可"类疑问句，如"你可去_{你去不去}？｜他可想来_{他想不想来}？｜俺们去了可有人不同意_{我们去了有没有人不同意}？"另外还有表反复施行某个动作的"连 V 是 V"格式，如"他连说是说的。｜听说要交卷子啦他吓得连写是写的。｜我连跑是跑的才没迟到。"

不过固始、商城与淮滨南部在隋朝以后就跟光山、新县、潢川等地在政治上连为一体，直至现在。而潢川、光山一直是信阳地区中、东部的政治中心，这 1000 多年的历史会使得固始等地深受潢川、光山的影响，语音上也会跟潢川等地极为相近甚至相同。

息县、淮滨北部自明朝以后就隶属于光州，与光山、潢川等地连为一体的历史也有六七百年。按说也会像固始、商城、淮滨南部一样受到光山、潢川的深刻影响。但事实上，息县与淮滨北部所受光山、潢川的影响要比固始等地小得多。这里面有四个原因。①南北朝期间，息县与淮滨北部属于北朝，信阳地区的其他地方属于南朝。在汉语方言形成的最关键时期，息县、淮滨北部却因政治原因而与信阳地区的其他地方隔离开来，这对两地方言以后的演变发展造成了深刻影响。②息县、淮滨北部在历史上久属汝南郡，受河南中东部的驻马店、周口等地方言的影响很深，而受老城区、光山、潢川等地方言的影响不大。③息县、淮滨北部与信阳其他地方还隔有一道天然屏障——淮河。过去交通极为不便，因此淮河的存在会使得息县、淮滨北部与信阳其他地方的联系大大受阻。④河南的政治中心在开封、郑州、洛阳一带，这些地方属强势方言。由于息县、淮滨北部跟郑州等地的语音

---

① 光山、新县的很多地方的第三人称是□ˊkʼɛ，英山的第三人称是渠ₑkɛ。不知两者有无内在联系。

比较接近，因而会借助这些强势方言的力量来抵抗老城区、潢川等地方言的影响。所以尽管息县、淮滨北部在政治上跟光山、潢川等地连为一体的历史也很长，但由于这些诸多因素，仍使得它们之间的差异十分明显。

2. 地理位置原因。信阳地区位于河南的最南部，东与安徽相连，南同湖北接壤。浉河区、罗山、光山、新县和湖北的鄂东紧密相连，固始和安徽的六安紧密相连。从现在的行政图上来看，光山并没有和鄂东直接相连，中间还隔有新县。事实上新县是 1932 年才建县，此前一直隶属于光山，因此光山在历史上也是和鄂东地区直接相连的。这种地理位置使得信阳地区距离郑州、开封、洛阳很远，而距离武汉、合肥很近。在历史上，武汉、合肥对信阳地区的影响要比郑州、开封、洛阳对信阳地区的影响大得多。尤其是武汉，当地居民只要进行一些较大规模的商品贸易都会到武汉去。过去到武汉都是徒步，由于中间还隔有麻城、黄冈等地，因此在去武汉的旅途中不可避免地要和这些地方的居民打交道。现在信阳地区的很多老年人还能清晰地记得他们当年去武汉时所途经的一些地名以及当地的风土人情。这种状况自然造成信阳地区受武汉和黄冈等地方言的影响很深。

3. 移民原因。移民因素主要表现在明朝以后。明朝初期信阳市与鄂东地区都从江西迁移来了大量移民。先看信阳市。

明朝初期，信阳地区隶属于中都临濠府。临濠府是朱元璋的老家，元末农民战争使得这一带的人口极为稀少。为了保护自己的老家，朱元璋进行了大规模的人口迁移，当时自称老家是瓦屑坝的江西人迁入较多。瓦屑坝今名瓦燮坽，在明朝时隶属于饶州，地处今鄱阳湖县城西南 10 公里处的太莲子湖滨。这些移民当时大都被安置在淮河以南，因此信阳地区南部的一些县应该接纳了一部分江西移民。这在《信阳地区志》①及罗山、光山、新县、商城等地的族谱上都有记载。如新县的《林氏宗谱·创修宗谱识》：

> 元祖原籍亦属饶州瓦屑坝，与太史先世同出一隅，故将是考录载谱端，以备后人观览，庶知发祥之所自而时动水源本木之思云。

罗山朱堂乡《万氏家谱》（1990 年仲春 3 月修）②：
> 万氏一世先祖万日宽，生于江西南昌。万日宽从江西南昌迁往河

---

① 信阳地志编纂委员会：《信阳地区志》，生活·读书·新知三联书店 1992 年版。
② 王东：《河南罗山朱堂话语音特点探悉》，《信阳师范学院学报》2005 年第 4 期。

南罗山兴隆店。后有二世祖万庭献，三世祖万智迁居罗山万河（今朱堂境内）落业。

再看湖北的鄂东地区。鄂东地区在明初隶属于黄州府，当时也迁移来了大量的江西移民（见表6-3）。

表 6 - 3　　　　　　　黄州府氏族的迁入时代和原籍　　　　　单位：族

时代 \ 原籍	本地人	江西人					其他省	合计
		饶州	南昌	九江	吉安	其他		
宋代以前	11	1	—	1	—	—	1	14
北宋	2	—	1	2	—	1	1	7
南宋	2	1	2	3	2	2	4	16
元	—	4	3	—	—	2	1	10
元末	1	7	2	1	1	3	5	20
洪武	3	46	11	2	2	7	8	79
合计	19	59	19	9	5	15	20	146

注：此表取自葛剑雄（1997），略有改动。

从表6-3中可以看出，黄州府本地人很少，大都是外来移民。而这些移民又以洪武年间迁来的江西人最多，多达68族，其中饶州就占了46族，与信阳地区的江西移民同属一地。这种移民的一致性必然使得信阳方言与鄂东方言的联系大大加强。

清朝时期，鄂东一带是一个移民迁出区。根据史籍记载，他们主要迁往四川、陕南等地，没有迁往信阳地区。不过由于地理上紧密相连，又加之两地在洪武年间移民的一致性，应该会有一定规模的人口迁入信阳地区。我们在调查的过程中，时常听到浉河区、罗山、光山、新县、商城等地的居民说自己的祖辈来自湖北的孝感、麻城等地。这在当地的族谱中及墓碑石刻上都有记载。比如罗山的朱堂乡①：

（1）《梁氏族谱·中门后裔》（1998年季春）

罗山县梁姓是在清朝初年由湖北麻城迁徙而来定居的。中门世祖可信落基于今罗山县朱堂乡十五里四斗冲。

---

① 王东：《河南罗山朱堂话语音特点探悉》，《信阳师范学院学报》2005年第4期。

（2）《熊氏家谱·光绪十一年小林店·敬序》

　　因念我开基祖麟则公始迁孝感以后。生子六人。（长）宗乙……（六）师乙。……自宗乙至十三祖正德公，生子五人。（长）作肃……（五）作圣。其长子肃送公归空后，迁居随州小林店侧。肃公之母随其弟义、哲、谟、圣迁居罗山涩港店侧（今朱堂境内）。

（3）《曹氏家谱·续修谱序》（1925年仲秋月十世孙景运敬撰）

　　盖我家原籍卜居古申兴家店，梅家楼为旧宅……廷瑛公为四世祖，传有五门。后人居信罗二邑。长门维国公之后，迁居罗山朱约南乡。三门阁公之后，同迁居罗山朱约南乡。

（4）《姚氏宗谱后序》[.明正德八年（1524）六代孙尚贤敬撰]

　　据江西灵源老谱记载，彦国公是第一百零三世，越廿世，自灵源迁鄂者仁。仁公有三子……瑛是我二房始祖，居湖北黄陂。瑛后裔住居星散，人数众多。……十五世，字明远，光绪年间迁居罗山朱堂。

（5）《陈氏宗谱》（1996年2月重修）

　　始祖起基于江西南昌府南昌县。……一支由南昌县瓦屑墩迁湖北黄陂县西五里墩。康熙年间，第十四祖我厚公由黄陂县西五里墩小陈埒迁罗山朱约。

（6）罗氏《豫章堂总谱·南昌昌都堂支祖简历联宗序言》

　　先祖讳百忍公祖郎所自始也。……悉历云公祖倒台之奋未运。故居江左南昌筷子巷。……长子至湖广黄州府麻邑。元末徐寿辉等变乱楚黄。……百忍之后裔分居陂邑、安邑，河南罗邑之南山朱堂等地。《豫章堂总谱·柏林堂支祖简历叙言五世序》汝公次子武公之后裔，聚居在今大悟县宣化、孝感花园、河南罗山子路、朱堂等地。

（7）《李氏十四世祖运泰公之墓》（1997年清明）

原籍江西南昌府南昌县豹子口赶牯垱。宋南渡时，骠骑将军李八公暨子谷中公提领将军入麻城，其孙提领将军振声公授元镇守蕲黄……六世裔五支祖重公敕授登仕郎，葬鄂孝感陡岗埠。八世祖庵公九世祖钟灵公迁朱堂。

（8）《马氏先祖母周老太安之墓》

吾祖原籍江西。明时迁于湖北孝感花园东北杉林垮越楼。……清雍正年间，先妣祖周因先考祖殁，携三子由湖北孝感迁于罗山县朱堂响塘林山冲，李家湾、宋家湾、马家洼为一支。

（9）《故先祖刘公讳勋大人之墓》（1998年清明）

本刘氏先祖，原由麻城插荒迁来此地安居乐业，其子孙分住于青山、朱堂、当谷山、梅花等地。

从这些族谱与墓碑石刻来看，这种迁移多系民间的自发移民，与政府的组织无关，因而规模不会很大。不过这对两地之间的联系却十分重要。

4.经济、文化水平高低的原因。浉河区、平桥区、罗山和潢川这几地在历史上都与湖北关系紧密，且浉河区、罗山还与湖北的鄂东紧密相连，但为何光山、新县与商城西南部属江淮官话，而浉河区、平桥区、罗山、潢川却属中原官话？这则跟经济、文化水平的高低有关。一般来说，经济、文化水平高的地方，其方言演化速度较快，反之较慢。老城区是信阳地区西部的政治、经济和文化中心，其方言演化速度会相对较快。浉河区与罗山在历史上跟老城区关系极为密切，这会使得它们的方言与老城区方言保持一致，因而其方言的演化速度也会相对快些。潢川与光山、新县虽长时间同城共治，联系密切，但潢川自唐朝时就一直是信阳地区中、东部的政治、经济和文化中心，两汉期间又属于汝南郡，且在地理上也不跟鄂东直接相连，受鄂东方言的影响相对较小，这些情形都导致了潢川方言的演化速度及方向与光山、新县等地不同。尽管浉河区、平桥区、罗山和潢川这几地的声母、韵母特征现在还跟鄂东方言有很大的一致性，如声母 f、x 相混，n、l 相混，韵母 in、ən 与 iŋ、əŋ 相混，但由于古入声字今读调类已经跟郑州、洛阳等地一样，说明它们已经演变成了中原官话。

固始与商城为何属于西南官话，而跟光山、新县等地不同？这可能是武汉方言影响的结果。尽管信阳地区都深受武汉方言的影响，但相对来说，固始与商城受到的影响会更大。因为一方面这两县不跟鄂东直接相连（商城县只有个别乡镇与鄂东相连），因此没有新县、光山受鄂东方言的影响那样大；另一方面固始和商城在历史上受湖北方言的影响深刻，而武汉是湖北的政治中心，是权威方言，所以在长期的发展演变过程中，固始和商城方言不可避免地会向武汉话逐渐靠拢。

第七章

外部因素对信阳地区方言的影响

任何一种方言都不是在封闭的状态下发展演变的，其间肯定会受到政区沿革、周边方言等诸多外部因素的影响。信阳地区方言也不例外，像政区沿革、历史移民、普通话及周边权威方言的渗透等这些外部因素都给信阳地区方言的形成发展带来了深刻影响。我们如果注意到这些外部因素，就会对信阳地区方言的发展规律认识得十分清楚。

这些外部因素在前面的章节中都有过详细论述，本章则进一步将其集中起来略加论述，以便能更清晰地观察出这些外部因素对信阳地区方言所带来的影响。

第一节　政区沿革对信阳地区方言的影响

信阳地区的历史行政区划十分复杂。大致来看，信阳地区在明朝以前，只有息县、淮滨跟河南的驻马店、周口同属于一个行政区，其他地方，如浉河区、平桥区、罗山、光山、新县、潢川、固始和商城则多跟湖北的鄂东地区同属于一个行政区，受湖北方言影响很大，而受河南方言影响很小。此外，光山、新县、潢川、固始和商城自隋朝以后就共同隶属于光州，潢川和光山是府治，直至清末。这1000多年的同州共治会使得这些地方的方言曾经极为相近甚至相同，现在的不同则是后期演变发展的结果。

比如，信阳地区泥、来母的今读类型可分为三类：（1）泥、来母不混，跟中原官话的郑州话一样，如息县和淮滨；（2）泥、来母洪混细分，如老城区、浉河区、罗山、光山、新县和卡房，其中卡房的泥母洪音和来母都读 n，和鄂东方言完全一样；（3）泥、来母相混为 l 声母，如平桥区、潢川、固始和商城。联系信阳地区的政区沿革，我们不难看出息县、淮滨的泥、来母不混和卡房的泥、来母洪混细分都是历代政区沿革影响的结果，同时我们也不难判断潢川、固始和商城的泥、来母前身也是洪混细分，跟光山等地一样，只是后来由于潢川等地的泥、来母演化速度稍快，才致使泥、来母完全相混（详见第三章第二节）。

从今读来看，信阳地区的精、知、庄、章可分为两类。一类是 ts、tʂ 不分，如老城区、平桥区、罗山、光山_{白雀园}、潢川、固始和商城；一类是 ts、tʂ 二分，如光山_{北向店}、新县、卡房和息县_{孙庙}。从演变类型上看，光山_{北向店}、新县和卡房的 ts、tʂ 二分属南京型，跟鄂东的江淮官话一样；息县_{孙庙}的 ts、tʂ 二分属昌徐型[①]，跟郑州话一样。光山_{北向店}、新县和卡房的 ts、tʂ 二分跟鄂东方言一样，息县_{孙庙}的 ts、tʂ 二分跟郑州话一样，这显然都跟历代的政区沿革有关。同时根据信阳地区的政区沿革，我们也不难判断老城区、平桥区、罗山、光山_{白雀园}、潢川、固始和商城在以前也是 ts、tʂ 二分，其类型跟光山_{北向店}等地一样，后来由于语音演化速度稍快才变成了 ts、tʂ 不分（详见第三章第三节）。

除固始方言及"贼"等少数字外，信阳地区的德、陌、麦韵普遍无 –i 韵尾。侍建国[②]认为信阳地区早期的德、陌、麦韵字都带 –i 韵尾，跟北京官话、东北官话一样，只是后来消失了，其理由是信阳方言的"贼"字就带 –i 韵尾。但联系信阳地区的政区沿革，我们却认为信阳地区的德、陌、麦韵字无 –i 韵尾，跟江淮官话一样。至于"贼"字带 –i 尾则是郑州等北方方言后期影响的结果，其早期并无 –i 韵尾，比如罗山的"贼"字读 e 韵母，就没有 –i 尾。固始方言的德、陌、麦韵虽读 ai 韵母，但这是后期受普通话影响的结果，不能看做是早期 –i 韵尾的保留。比如固始的有些老年人还习惯性地将"麦则拆窄"读作 ɛ 韵母，而且固始北部的许多乡镇的德、陌、麦韵现在还读 ɛ 韵母，这些都表明固始方言的德、陌、麦韵字在以前并无 –i 韵尾（详见第四章第四节）。

浉河区、光山、新县和卡房的遇_{合三}、山_{合三}、山_{合四}、臻_{合三}的知、章、日组及见系字读 ʯ 类韵母，但这些字在平桥区和罗山则读成 y 类韵母，潢川、固始和商城却是知、章、日组字读 u 类韵母，见系字读 y 类韵母。联系信阳的历史沿革，我们不仅能知道浉河区、光山、新县和卡房为何像鄂东方言一样存在 ʯ 类韵母，同时也能推断出平桥区、罗山、潢川、固始和商城以前也有 ʯ 类韵母，跟光山和新县一样，后来受权威方言的影响（如郑州话和普通话），ʯ 类韵母才逐渐消失。消失的过程是 ʯ 类韵母先变为 y 类韵

①　熊正辉：《官话方言分 ts tʂ 的类型》，《方言》1990 年第 1 期。

②　侍建国：《官话德、陌、麦三韵入声字音变》，《方言》1996 年第 3 期。

母，接着知、章、日组字读为 u 类韵母，与见系字发生了分化（详见第四章第五节）。

信阳地区通摄一、三等精组字的读音可分为三类：（1）一、三等无别，如光山和新县；（2）三等字"足"跟一等字无别，其他三等字跟一等字有别，如浉河区和罗山；（3）一、三等有别，如平桥区、潢川、固始、商城、息县和淮滨。根据信阳地区的政区沿革，我们不难看出光山、新县的一、三等无别和息县、淮滨的一、三等有别都是历代政区沿革影响的结果，同时也不难判断浉河区、平桥区、罗山、潢川、固始和商城以前都是一、三等无别，跟光山、新县一样，后来受郑州等中原官话的影响才形成这种状况。

第二节　历史移民对信阳地区方言的影响

信阳地区的历史移民很多，这些移民对信阳方言的发展演变产生了很大影响。比如明初的江西移民使得信阳地区部分县市的语音带有赣语的色彩。像新县、光山、浉河区和罗山等地的影、疑母在开口呼、合口呼里合流，开口呼读 ŋ 声母，合口呼读零声母；在齐齿呼里，两者区别严格（老年人尤其如此）：影母读零声母，疑母读 n̠ 声母，如"燕影 ian² ≠ 砚疑 n̠ian²"，"椅影 ᶜi ≠ 蚁疑 ᶜn̠i"，这些特点跟赣语非常接近。根据近代的文献观察，北方方言区的影、疑母早在明清时期就已经合流，而信阳方言的影、疑母至今还没有完全合流，在演变类型上竟接近于赣语。这种现象的产生显然跟洪武年间的江西移民有关（详见第三章第四节）。

明初的山西移民对信阳方言也产生了一定影响。比如信阳地区的曾、梗摄与深、臻摄的今读类型有不混型和相混型两种，其中相混型又分前鼻音 –n 尾和后鼻音 –ŋ 尾两类。不混型和相混型的前鼻音 –n 尾类型都跟历史上的行政区划有关，但相混型的后鼻音 –ŋ 尾类型却显得较为特殊，不像是信阳方言自身演变的结果：一是分布范围过窄；二是与其类型相同的方言大都分布在我国西北部，两者的距离很远。联系信阳地区的移民历史，我们猜测很可能是洪武年间的山西移民所致。这些移民当时主要被安置在淮河以北，也许正是这个原因才使得信阳地区出现深、臻摄与曾、梗摄相混为后鼻音 –ŋ 尾这种很特殊的语音现象（详见第四章第二节）。

清朝时期的鄂东移民对信阳方言的影响也很大。据浉河区、罗山、光山、新县和商城等地的族谱及墓碑石刻记载，鄂东地区有很多移民迁至信阳地区，这使得浉河区、罗山、光山等地方言和鄂东方言有很大的一致性，如声母 f、x 相混，n、l 相混，韵母 in、en 与 iŋ、eŋ 相混。尽管这跟历代的政区沿革密切相关，但移民的影响也不容忽视。

第三节　学校教育对信阳地区方言的影响

随着当地经济的逐步发展，信阳地区的文化教育事业也越来越得到重视，而普通话则借助着文化教育的势力正迅速向信阳地区方言渗透。特别是近二三十年，普通话的影响呈加速度发展，很多青少年，甚至一些中年人已经说不好自己的家乡话了。这种状况造成了老年人与中青年人的口语之间有着很大区别，形成了明显的新老差异。

古非组字，息县 小茴店 及淮滨的老派口语音读 x 声母，新派读 f 声母。如"飞非"老派读 ₌xuei，新派读 ₌fei；"犯范"老派读 xuan⊃，新派读 fan⊃；"风丰"老派读 ₌xuŋ，新派读 ₌fəŋ；"服福"老派读 ₌xu，新派读 ₌fu。

疑母开口三四等字，罗山、光山、新县、卡房的老派口语音读 ȵ 声母，新派口语音读零声母。如"宜"老派读 ₌ȵi，新派读 ₌i；"义"老派读 ȵi⊃，新派读 i⊃；"严"老派读 ₌ȵian，新派读 ₌ian；"研"老派读 ＝ȵian，新派读 ＝ian。

影、疑母开口一、二等字，平桥区、潢川、固始、商城、息县、淮滨的老派口语音读 ɣ 声母，新派为零声母。如"奥傲"老派读 ɣau⊃，新派读 au⊃；"按岸"老派读 ɣan⊃，新派读 an⊃；"昂"老派读 ₌ɣaŋ，新派读 ₌aŋ；"鄂恶"老派读 ₌ɣɤ，新派读 ₌ɤ（固始、商城读阳平）。

蟹摄开口二等见、晓组字"皆阶介界疥戒届街解"，光山、新县、卡房的老派口语音读 k 组声母，新派口语音读 tɕ 组声母。如"皆阶街"老派读 ₌kai，新派读 ₌tɕiai；"介界疥戒届"老派读 kai⊃，新派读 tɕiai⊃。

蟹合一灰韵与止开三支脂韵的帮、端、泥组"贝辈背配装赔陪梅煤每推腿退褪雷被眉霉垒泪累"等字，光山、新县、卡房的老派口语音读 i 韵母，新派口语音读 ei 韵母。如"赔陪"老派读 ₌pʻi，新派读 ₌pʻei；"腿"老派读 ＝tʻi，新派读 ＝tʻei；"贝辈"老派读 pi⊃，新派读 pei⊃；"泪累"老派读 li⊃，新派读 lei⊃。

中古果摄合口一等戈韵溪母字，固始、商城 城关、息县、淮滨的老派口语音读 uo 韵母，新派口语音读 ɤ 韵母。如"科棵颗"老派读 ₌kʻuo，新派读 ₌kʻɤ；"课"老派读 kʻuo⊃，新派读 kʻɤ⊃。

曾、梗摄德陌韵帮、端组字，固始以前的老派口语音读 ai 韵母，新派口语音读 iɛ 韵母。如"北百柏"老派读 ₌pai，新派读 ₌piɛ；"伯白"老派读 ₌pai，新派读 ₌piɛ；"墨"老派读 ₌mai，新派读 ₌miɛ；"得德"老派读 ₌tai，新派读 ₌tiɛ；"特"老派读 ₌tʻai，新派读 ₌tʻiɛ。但近来随着普通话影响的加深，帮组部分字又出现了老派读 iɛ 韵母、新派读 ai 韵母的现象，如"北白百伯"等字，这正好跟以前的新老差异相反。

光山_{白雀园}的调值，老派是阴平 54，阳平 45，上声 324，去声 311；新派是阴平 55，阳平 35，上声 324，去声 31。新派口语音的调值跟普通话比较接近，这显然跟普通话的影响有关。

此外，信阳地区的有些语音现象在地域上的差异十分明显，这种差异也跟普通话的影响有关。

遇_合—臻_{合一入}通_入的端、泥组字、大部分精组字，以及通_{入三}知、章组部分字，罗山、光山、新县、卡房和商城_{吴河}读 əu 韵母；老城区、浉河区、商城_{城关}读 ou 韵母；固始泥组字读 ou 韵母，其他读 u 韵母；平桥区、潢川基本上都读 u 韵母。从地域上观察，不难发现 əu 韵母的阶段最早；ou 韵母其次，是主元音舌位后移的结果；u 韵母最晚，是普通话影响的结果，演变顺序为 əu → ou → u。

果_—咸_入—山_入—宕_入江_入的精组、知系、见系字韵母，浉河区、罗山、光山、新县、卡房、潢川都读 o；商城_{吴河}读［ɣo］；老城区、固始、息县、淮滨读［ɣuo］。通过分析不难发现这些字读 o 韵母属于早期阶段，后来受普通话的影响才发生分化：开口见系字 k 组声母读 ɣ 韵母，其他声母读［uoo］韵母。商城_{吴河}k 组声母的 k、kʻ 读 ɣ 韵母，而 k 组的 x 声母仍读 o 韵母，表明它正处在分化的中间阶段。

第四节　周边方言对信阳地区方言的影响

从历史上看，信阳地区除息县和淮滨北部外，其他地区在明朝以前都跟湖北关系紧密，而跟河南联系不紧。现在浉河区、平桥区、罗山和潢川属中原官话，固始和商城属西南官话，这些都是后期受中原官话和西南官话影响的结果。

一　中原官话对信阳地区方言的影响

信阳地区自明朝以后就隶属于河南，河南的中心是在郑州、开封和洛阳一带，因此以它们为首的中原官话对信阳地区方言产生了巨大影响。

信阳地区（息县与淮滨除外）古入声字的今读情况可分为六种类型：（1）保留古入声，如卡房；（2）多归阴平，如新县北部；（3）清、次浊归阴平，全浊归阴，阳平不定，如光山；（4）清、次浊归阴平，全浊归阳平，如老城区、浉河区、平桥区、罗山和潢川；（5）全归阳平，如商城_{吴河}；（6）清、次浊归阴、阳平不定，全浊归阳平，如固始和商城_{城关}。联系信阳的政区沿革和周边方言状况，则可以发现（1）、（2）、（3）、（4）是一类，（5）、（6）是一类。从地理位置上看，卡房处在信阳地区最南端，距离郑州、开封和洛阳较远，光山、新县位于中间，老城区、潢川等地处在北端，距离郑州相对较近。因此（1）、（2）、（3）、（4）的区别跟郑州等中原官话的影响有紧密关系：凡离郑州越近的地方，其古入声字的归类就跟郑州话越一致，距离越远的则跟郑州话的差别就越大。并且（2）、（3）、（4）的前身跟（1）一样，其演变顺序是（1）→（2）→（3）→（4）。（5）的前身则跟（6）一样，演变顺序是（5）→（6）。通过这种地域差异的分析，我们不难发现信阳古入声字的演变方向原本只有两个：一个都变阴平，一个都变阳平，后来由于郑州等中原官话的影响才形成这种状况。

信阳地区（有入声的地方除外）的调值基本上可分为两种类型。一种以潢川、息县为代表，其阴平213，阳平34，上声24，去声53，特点是阴平曲折调，去声高降调。老城区、平桥区、固始、商城和淮滨属于这种情况。一种以光山_{北向店}为代表，阴平54，阳平45，上声324，去声311，特点是阴平高降调，去声先降后平。浉河区、罗山、光山_{白雀园}、新县属于这种情况。第一种类型跟中原官话漯项片的周口、驻马店等地比较接近。比如周口是阴平214、阳平53、上声55、去声51[①]。这种接近显然是由于周口等地方言的影响所致。若从浉河区来观察，还可以发现信阳地区前一种调值类型是后一种类型的发展（息县与淮滨北部除外）。因为浉河区北部的调值跟老城区一样，南部的调值跟光山很接近，并且浉河区南部很多年轻人的调值已经变得跟老城区一样。由此表明信阳地区这两种调值类型在以前非常接近，都属于光山_{北向店}这一类型。后来因受周口、驻马店等中原官话的影响，老城区、潢川、固始和商城等地的调值发生变化，向这些地方靠拢了。

浉河区、光山、新县和卡房的遇_{合三}、山_{合三}、山_{合四}、臻_{合三}的知、章、日

① 刘雪霞：《河南方言语音的演变与层次》，博士学位论文，复旦大学，2006年。

组及见系字读 tʂ 组声母、ʅ 类韵母，这些字在平桥区和罗山则读 tɕ 组声母、y 类韵母，而潢川、固始和商城则是见系字读 tɕ 组声母、y 类韵母，知、章、日组字读 ts 组声母，u 类韵母。联系信阳地区的行政沿革，不难发现平桥区、潢川、固始与商城城关以前也有 ʅ 类韵母，后来由于受郑州等方言的影响（跟普通话的影响也有很大关系），ʅ 类韵母才逐渐消失。消失的过程是 ʅ 类韵母先变为 y 类韵母，声母也因此变为 tɕ 组，接着知、章、日组字读为 ts 组声母、u 类韵母，与见系字发生了分化。

信阳地区通摄入声一、三等精组字的读音情况可分为三类：（1）一、三等无别，都读 əu 韵母，如光山和新县；（2）三等字"足"读 ou 韵母，跟一等字无别，其他三等字读 y 韵母，跟一等字有别，如浉河区、平桥区和罗山；（3）一、三等有别，一等读 u 韵母，三等读 y 韵母，如潢川、固始、商城、息县和淮滨。根据信阳地区的政区沿革及周边方言情况，我们不难判断信阳地区一、三等有别的县市当分为两种情况：一种是中古音的遗留，如息县和淮滨，一种是中原官话影响的结果，如潢川、固始和商城。也就是说，除息县和淮滨外，信阳地区原本都是一、三等无别，跟鄂东江淮官话一样。后来受郑州等中原官话的影响，潢川、固始和商城也成了一、三等有别，跟郑州话完成了靠拢，光山和新县因地理位置偏远，现在还未发生变化，而浉河区、平桥区和罗山目前正在向郑州话靠拢。

二　西南官话对信阳地区方言的影响

西南官话对信阳地区方言的影响主要来自武汉。这由两个因素造成的：一是地理因素，信阳地区距离武汉很近，只有几百里地，而距离郑州、开封、洛阳则有千里之遥；二是历史因素，历史上信阳地区曾属楚地，与湖北关系很近，而武汉又一直是湖北的政治和经济中心。不过武汉对信阳地区的影响主要表现在固始与商城两地，对其他地方的影响相对较小。

固始、商城城关的古入声字今调类是清、次浊归阴平、阳平不定，全浊归阳平，商城吴河基本上归阳平。如第五章第二节所述，固始与商城的古入声字原本归阳平，跟武汉话一样。这种一致性显然与武汉话的影响密切相关。

固始、商城的遇、流摄和宕、通摄入声明母字读 -ŋ 尾，跟武汉话完全一致。尽管这种一致性跟语音内部的演变机制关系很大，但武汉话的影响绝对不能忽视。

参 考 文 献

［1］安华林:《固始话的"嵌1词"》,《信阳师范学院学报》1994年第4期。

［2］安华林:《固始话的阴阳平异读》,《中州学刊》(增刊),1997年。

［3］陈保亚:《20世纪中国语言学方法论》,山东教育出版社1999年版。

［4］陈明富:《河南罗山方言的韵母系统及其中古音探源》,《河南科技大学学报》2009年第2期。

［5］陈淑梅:《英山方言志》,华中师范大学出版社1989年版。

［6］陈有恒:《武汉话——普通话字音对应表》,《咸宁师专学报》1986年第1期。

［7］陈忠敏:《吴语及邻近方言鱼韵的读音层次——兼论"金陵切韵"鱼韵的音值》,《语言学论丛》第27辑,商务印书馆2003年版。

［8］董同龢:《汉语音韵学》,中华书局2001年版。

［9］高本汉:《中国音韵学研究》,商务印书馆2003年版。

［10］高晓虹:《官话方言宕江摄阳声韵知系字读音分合类型及其演变关系》,《中国语文》2009年第2期。

［11］葛剑雄:《中国移民史》(第五卷),福建人民出版社1997年版。

［12］耿振生:《20世纪汉语音韵学方法论》,北京大学出版社2004年版。

［13］龚佩琲:《新县方言的语音系统及其与普通话的对应规律》,《信阳师范学院学报》1982年第2期。

［14］固始县志编纂委员会:《固始县志》,中州古籍出版社1994年版。

［15］光山县志编纂委员会:《光山县志》,中州古籍出版社1991年版。

［16］郭丽:《也谈黄孝片方言圆唇舌尖化现象的来源》,《语言研究》2009年第1期。

［17］郭熙:《苏南地区河南话的归属问题》,《东南大学学报》2000年第4期。

［18］何大安:《规律与方向:变迁中的音韵结构》,北京大学出版社2004年版。

［19］河南信阳地区文联:《信阳地区民间文学选》(油印本),1986年。

［20］何自胜:《六安话语音研究》,硕士学位论文,福建师范大学,2005年。

［21］贺巍：《河南山东皖北苏北的官话（稿）》，《方言》1985 年第 3 期。

［22］贺巍：《中原官话的分区（稿）》，《方言》2005 年第 2 期。

［23］侯精一：《现代汉语方言概论》，上海教育出版社 2002 年版。

［24］潢川县志编纂委员会：《潢川县志》，生活·读书·新知三联书店 1992 年版。

［25］李范文：《宋代西北方音》，中国社会科学出版社 1994 年版。

［26］李荣：《论北京话"荣"字的音》，《方言》1982 年第 3 期。

［27］李荣：《官话方言的分区》，《方言》1985 年第 1 期。

［28］李如龙：《汉语方言学》，高等教育出版社 2007 年版。

［29］李新魁：《〈中原音韵〉音系研究》，中州书画社 1983 年版。

［30］李永明：《长沙方言》，湖南出版社 1991 年版。

［31］刘冬冰：《古合口韵在今光山方言中的变异》，《语言研究》1994 年第 6 期。

［32］刘雪霞：《河南方言语音的演变与层次》，博士学位论文，复旦大学，2006 年。

［33］卢甲文：《河南方言述评》，《社会科学述评》1989 年第 5 期。

［34］陆志韦：《释〈中原音韵〉》，《陆志韦集》，中国社会科学出版社 2003 年版。

［35］罗常培：《〈中原音韵〉声类考》，《罗常培语言学论文选集》，商务印书馆 2004 年版。

［36］罗山县志编纂委员会：《罗山县志》，中州古籍出版社 1991 年版。

［37］宁继福：《中原音韵表稿》，吉林文史出版社 1985 年版。

［38］桥本万太郎：《中古汉语的卷舌韵尾（续一）》，《语文研究》1986 年第 1 期。

［39］桥本万太郎：《中古汉语的卷舌韵尾（续完）》，《语文研究》1986 年第 2 期。

［40］乔全生：《晋语与官话非同步发展（一）》，《方言》2003 年第 2 期。

［41］乔全生：《晋方言轻唇音声母的演变》，《语文研究》2005 年第 1 期。

［42］桑宇红：《止开三知庄章组字在近代汉语的两种演变类型》，《语文研究》2007 年第 1 期。

［43］商城县志编纂委员会：《商城县志》，中州古籍出版社 1991 年版。

［44］侍建国：《官话德、陌、麦三韵入声字音变》，《方言》1996 年第 3 期。

［45］宋学、许仰民：《河南省信阳地区九县（市）的声调及其与普通话对应规律》，《信阳师范学院学报》1987年第2期。

［46］孙小花：《山西方言果摄字读音历史层次之推测》，《语文研究》2006年第2期。

［47］田恒金：《汉语方言"泥""来"二母相混类型研究》，《河北师范大学学报》2009年第1期。

［48］王东：《河南罗山方言研究》，中国社会科学出版社2009年版。

［49］王东：《河南罗山朱堂话语音特点探悉》，《信阳师范学院学报》2005年第4期。

［50］王国启：《固始声、韵、调系统及其与普通话对应规律》，《信阳师范学院学报》1982年第3期。

［51］王洪君：《〈中原音韵〉知庄章声母的分合及其在山西方言中的演变》，《语文研究》2007年第1期。

［52］王军虎：《陕西关中方言的ʅ类韵母》，《方言》2001年第3期。

［53］王力：《汉语史稿》（上），中华书局1980年版。

［54］王力：《汉语语音史》，中国社会科学出版社1985年版。

［55］万波：《赣语声母的历史层次研究》，博士学位论文，香港中文大学，1998年。

［56］吴波：《江淮官话语音研究》，博士学位论文，复旦大学，2007年。

［57］新县县志编纂委员会：《新县县志》，河南人民出版社1990年版。

［58］星汉：《前后鼻韵母押韵平议》，《殷都学刊》1999年第1期。

［59］信阳地革委文化局：《大别山民间歌曲选》，河南人民出版社1979年版。

［60］信阳地志编纂委员会：《信阳地区志》，生活·读书·新知三联书店1992年版。

［61］熊正辉：《官话方言分ts tʂ的类型》，《方言》1990年第1期。

［62］徐通锵：《音系的结构格局和内部拟测法（上）——汉语的介音对声母系统的演变和影响》，《语文研究》1994年第3期。

［63］许仰民：《信阳方言的声韵调系统及其特点》，《信阳师范学院学报》1994年第4期。

［64］闫德亮：《罗山方音概述》，《信阳师范学院学报》2004年第3期。

［65］杨耐思：《中原音韵音系》，中国社会科学出版社1981年版。

［66］杨永龙：《河南商城（南司）方言音系》，《方言》2008年第2期。

［67］叶宝奎:《明清官话音系》，厦门大学出版社 2001 年版。

［68］袁家骅:《汉语方言概要》，文字改革出版社 1983 年版。

［69］张光宇:《汉语方言合口介音消失的阶段性》，《中国语文》2006 年第
　　　4 期。

［70］张光宇:《汉语方言的鲁奇规律:古代篇》，《中国语文》2008 年第 4 期。

［71］张启焕、陈天福、程仪:《河南方言研究》，河南大学出版社 1993 年版。

［72］张世方:《北京话古微疑母字声母的逆向音变》，《语文研究》2008 年
　　　第 2 期。

［73］张维佳:《关中方言果摄读音的分化及历史层次》，《方言》2002 年第
　　　3 期。

［74］张维佳:《演化与竞争：关中方言音韵结构的变迁》，陕西人民出版社
　　　2005 年版。

［75］赵学玲:《汉语方言影疑母字声母的分合类型》，《语言研究》2007 年
　　　第 4 期。

［76］赵元任:《湖北方言调查报告》，商务印书馆 1948 年版。

［77］赵元任:《语言问题》，商务印书馆 1980 年版。

［78］郑张尚芳:《方言介音异常的成因及 e>ia、o>ua 音变》，《语言学论丛》
　　　第 26 辑，商务印书馆 2002 年版。

［79］中国社会科学院、澳大利亚人文科学院:《中国语言地图集》，朗文出
　　　版（远东）有限公司 1987 年版。

［80］周杨:《黄孝片方言 ʯ 韵系的历史层次及来源》，《语言研究》2007 年
　　　第 4 期。

［81］朱晓农:《腭近音的日化》，《音韵研究》，商务印书馆 2006 年版。

［82］朱晓农:《汉语元音的高顶出位》，《中国语文》2004 年第 5 期。

信阳地区 12 个方言代表点的字音对照

说明：

1. 本附录对信阳地区 12 个方言代表点的 1102 个常用字进行比较对照。这 12 个代表点依次是：老城区、浉河区谭家河镇、平桥区城阳城、罗山县楠杆镇、光山县北向店乡、新县沙窝镇、新县卡房乡、潢川县白店乡、固始县郭陆滩镇、商城县吴河乡、息县孙庙乡、淮滨县张庄乡。为便于排版，本表没有列出光山县白雀园镇、商城县城关和息县小茔店镇这三个方言点，因此表中的"光山"只指"光山县北向店乡"，"商城"只指"商城县吴河乡"，"息县"只指"息县孙庙乡"。表中的例字按《方言调查字表》中的顺序排列，并注明每个字的中古音韵地位。

2. 新老差异用"/"表示，"/"前为老式口语音，"/"后为新式口语音。文白异读用"—/＝"表示，"—"表白读，"＝"表文读。一字有两音的，用"~"隔开。

	多 果开一 平歌端	拖 果开一 平歌透	他 果开一 平歌透	大 果开一 去箇定	挪 果开一 平歌泥	那 果开一 去箇泥	罗 果开一 平歌来
老城区	₌tuo	₌t'uo	⁼t'a	ta⁼	₌luo	la⁼	₌luo
浉河区	₌to	₌t'o	⁼t'a	ta⁼	₌lo	la⁼	₌lo
平桥区	₌to	₌t'o	⁼t'a	ta⁼	₌lo	la⁼	₌lo
罗 山	₌to	₌t'o	⁼t'a	ta⁼	₌lo	la⁼	₌lo
光 山	₌to	₌t'o	⁼t'a	ta⁼	₌lo	la⁼	₌lo
新 县	₌to	₌t'o	⁼t'a	ta⁼	₌lo	la⁼	₌lo
卡 房	₌to	₌t'o	⁼t'a	ta⁼	₌no	na⁼	₌no
潢 川	₌tuo	₌t'uo	⁼t'a	ta⁼	₌luo	la⁼	₌luo
固 始	₌tuo	₌t'uo	⁼t'a	ta⁼	₌luo	la⁼	₌luo
商 城	₌to	₌t'o	⁼t'a	ta⁼	₌lo	la⁼	₌lo
息 县	₌tuo	₌t'uo	⁼t'a	ta⁼	₌nuo	na⁼	₌luo
淮 滨	₌tuo	₌t'uo	⁼t'a	ta⁼	₌luo	la⁼	₌luo

	左	歌	可	鹅	我	饿	河
	果开一上哿精	果开一平歌见	果开一上哿溪	果开一平歌疑	果开一上哿疑	果开一去箇疑	果开一平歌匣
老城区	ᶜtsuo	₌kɤ	ᶜk'ɤ	₌ŋo	ᶜuo	ŋoᵒ	₌xɤ
浉河区	ᶜtso	₌ko	ᶜk'o	₌ŋo	ᶜuo	ŋoᵒ	₌xo
平桥区	ᶜtso	₌ko	ᶜk'o	₌uo	ᶜuo	uoᵒ	₌xo
罗山	ᶜtso	₌ko	ᶜk'o	₌ŋo	ᶜuo	ŋoᵒ	₌xo
光山	ᶜtso	₌ko	ᶜk'o	₌ŋo	ᶜuo	ŋoᵒ	₌xo
新县	ᶜtso	₌ko	ᶜk'o	₌ŋo	ᶜŋo	ŋoᵒ	₌xo
卡房	ᶜtso	₌ko	ᶜk'o	₌ŋo	ᶜŋo	ŋoᵒ	₌xo
潢川	ᶜtsuo	₌kuo	ᶜk'uo	₌uo	ᶜuo	uoᵒ	₌xuo
固始	ᶜtsuo	₌kɤ	ᶜk'ɤ	₌ɣɤ①	ᶜuo	ɣɤᵒ	₌xɤ
商城	ᶜtso	₌kɤ	ᶜk'ɤ	₌ɣɤ	ᶜuo	ŋoᵒ	₌xo
息县	ᶜtsuo	₌kɤ	ᶜk'ɤ	₌ɣɤ	ᶜuo	ɣɤᵒ	₌xɤ
淮滨	ᶜtsuo	₌kɤ	ᶜk'ɤ	₌ɣɤ	ᶜuo	ɣɤᵒ	₌xɤ

	贺	波	破	婆	磨石磨	骡	坐
	果开一去箇匣	果合一平戈帮	果合一去过滂	果合一平戈並	果合一去过明	果合一平戈来	果合一上果从
老城区	xɤᵒ	₌po	p'oᵒ	₌p'o	moᵒ	₌luo	tsuoᵒ
浉河区	xoᵒ	₌po	p'oᵒ	₌p'o	moᵒ	₌lo	tsoᵒ
平桥区	xoᵒ	₌po	p'oᵒ	₌p'o	moᵒ	₌lo	tsoᵒ
罗山	xoᵒ	₌po	p'oᵒ	₌p'o	moᵒ	₌lo	tsoᵒ
光山	xoᵒ	₌po	p'oᵒ	₌p'o	moᵒ	₌lo	tsoᵒ
新县	xoᵒ	₌po	p'oᵒ	₌p'o	moᵒ	₌lo	tsoᵒ
卡房	xoᵒ	₌po	p'oᵒ	₌p'o	moᵒ	₌no	tsoᵒ
潢川	xuoᵒ	₌po	p'oᵒ	₌p'o	moᵒ	₌luo	tsuoᵒ
固始	xɤᵒ	₌po	p'oᵒ	₌p'o	moᵒ	₌luo	tsoᵒ
商城	xoᵒ	₌po	p'oᵒ	₌p'o	moᵒ	₌lo	tsoᵒ
息县	xɤᵒ	₌po	p'oᵒ	₌p'o	moᵒ	₌luo	tsuoᵒ
淮滨	xɤᵒ	₌po	p'oᵒ	₌p'o	moᵒ	₌luo	tsuoᵒ

① 影、疑母开口一、二等字，平桥区、潢川、固始、商城、息县、淮滨的老式口语音读ɣ声母，新式口语音读零声母。为方便起见，这里只记老式口语音。下同。

	锁	锅	果	课	卧	禾	火
	果合一 上果心	果合一 平戈见	果合一 上果见	果合一 去过溪	果合一 去过疑	果合一 平戈匣	果合一 上果晓
老城区	꜂suo	꜀kuo	꜂kuo	kʰuo꜄	uo꜄	꜁xuo	꜂fo
浉河区	꜂so	꜀ko	꜂ko	kʰo꜄	uo꜄	꜁xo	꜂xo
平桥区	꜂so	꜀ko	꜂ko	kʰo꜄	uo꜄	꜁fo	꜂fo
罗山	꜂so	꜀ko	꜂ko	kʰo꜄	uo꜄	꜁xo	꜂xo
光山	꜂so	꜀ko	꜂ko	kʰo꜄	uo꜄	꜁xo	꜂xo
新县	꜂so	꜀ko	꜂ko	kʰo꜄	uo꜄	꜁xo	꜂xo
卡房	꜂so	꜀ko	꜂ko	kʰo꜄	uo꜄	꜁xo	꜂xo
潢川	꜂suo	꜀kuo	꜂kuo	kʰuo꜄	uo꜄	꜁xuo	꜂xuo
固始	꜂suo	꜀kuo	꜂kuo	kʰuo꜄ /kʰʮ꜄	uo꜄	꜁xʮ	꜂xuo
商城	꜂so	꜀ko	꜂ko	kʰo꜄	uo꜄	꜁xo	꜂xo
息县	꜂suo	꜀kuo	꜂kuo	kʰuo꜄ /kʰʮ꜄	uo꜄	꜁fo	꜂fo
淮滨	꜂suo	꜀kuo	꜂kuo	kuo꜄ /kʰʮ꜄	uo꜄	꜁xuo	꜂xuo

	货	茄	瘸	靴	巴	霸	怕
	果合一 去过晓	果开三 平戈群	果合三 平戈群	果合三 平戈晓	假开二 平麻帮	假开二 去祃帮	假开二 去祃滂
老城区	fo꜄	꜁tɕʰiɛ	꜁tɕʰyɛ	꜀ɕyɛ	꜀pa	pa꜄	pʰa꜄
浉河区	xo꜄	꜁tɕʰiɛ	꜁tɕʰyɛ	꜀ɕyɛ	꜀pa	pa꜄	pʰa꜄
平桥区	fo꜄	꜁tɕʰyɛ	꜁tɕʰyɛ	꜀ɕyɛ	꜀pa	pa꜄	pʰa꜄
罗山	xo꜄	꜁tɕʰie	꜁tɕʰye	꜀ɕye	꜀pa	pa꜄	pʰa꜄
光山	xo꜄	꜁tɕʰiɛ	꜁tʂʰyɛ	꜀ʂyɛ	꜀pa	pa꜄	pʰa꜄
新县	xo꜄	꜁tɕʰie	꜁tʂʰye	꜀ʂye	꜀pa	pa꜄	pʰa꜄
卡房	xo꜄	꜁tɕʰie	꜁tʂʰye	꜀ʂye	꜀pa	pa꜄	pʰa꜄
潢川	xuo꜄	꜁tɕʰyɛ	꜁tɕʰyɛ	꜀ɕyɛ	꜀pa	pa꜄	pʰa꜄
固始	xuo꜄	꜁tɕʰiɛ	꜁tɕʰyɛ	꜀ɕyɛ	꜀pa	pa꜄	pʰa꜄
商城	xo꜄	꜁tɕʰiɛ	꜁tɕʰyɛ	꜀ɕyɛ	꜀pa	pa꜄	pʰa꜄
息县	fo꜄	꜁tɕʰyɛ ①	꜁tɕʰyɛ	꜀ɕyɛ	꜀pa	pa꜄	pʰa꜄
淮滨	xuo꜄	꜁tɕʰiɛ	꜁tɕʰyɛ	꜀ɕyɛ	꜀pa	pa꜄	pʰa꜄

① 个别年纪大的人读 ꜁tɕʰiɛ。

	爬	麻	马	骂	拿	茶	渣
	假开二平麻並	假开二平麻明	假开二上马明	假开二去祃明	假开二平麻泥	假开二平麻澄	假开二平麻庄
老城区	₌pʻa	₌ma	ꜛma	maꜜ	₌la	₌tsʻa	꜀tsa
浉河区	₌pʻa	₌ma	ꜛma	maꜜ	₌la	₌tsʻa	꜀tsa
平桥区	₌pʻa	₌ma	ꜛma	maꜜ	₌la	₌tsʻa	꜀tsa
罗山	₌pʻa	₌ma	ꜛma	maꜜ	₌la	₌tsʻa	꜀tsa
光山	₌pʻa	₌ma	ꜛma	maꜜ	₌la	₌tsʻa	꜀tsa
新县	₌pʻa	₌ma	ꜛma	maꜜ	₌la	₌tsʻa	꜀tsa
卡房	₌pʻa	₌ma	ꜛma	maꜜ	₌na	₌tsʻa	꜀tsa
潢川	₌pʻa	₌ma	ꜛma	maꜜ	₌la	₌tsʻa	꜀tsa
固始	₌pʻa	₌ma	ꜛma	maꜜ	₌la	₌tsʻa	꜀tsa
商城	₌pʻa	₌ma	ꜛma	maꜜ	₌la	₌tsʻa	꜀tsa
息县	₌pʻa	₌ma	ꜛma	maꜜ	₌na	₌tsʻa	꜀tsa
淮滨	₌pʻa	₌ma	ꜛma	maꜜ	₌la	₌tsʻa	꜀tsa

	炸炸弹	差差别	查调查	沙	洒	家	架
	假开二去祃庄	假开二平麻初	假开二平麻崇	假开二平麻生	假开二上马生	假开二平麻见	假开二去祃见
老城区	tsaꜜ	₌tsʻa	₌tsʻa	₌sa	ꜛsa	₌tɕia	tɕiaꜜ
浉河区	tsaꜜ	₌tsʻa	₌tsʻa	₌sa	ꜛsa	₌tɕia	tɕiaꜜ
平桥区	tsaꜜ	₌tsʻa	₌tsʻa	₌sa	ꜛsa	₌tɕia	tɕiaꜜ
罗山	tsaꜜ	₌tsʻa	₌tsʻa	₌sa	ꜛsa	₌tɕia	tɕiaꜜ
光山	tsaꜜ	₌tsʻa	₌tsʻa	₌sa	ꜛsa	₌tɕia	tɕiaꜜ
新县	tsaꜜ	₌tsʻa	₌tsʻa	₌sa	ꜛsa	₌tɕia	tɕiaꜜ
卡房	tsaꜜ	₌tsʻa	₌tsʻa	₌sa	ꜛsa	₌tɕia	tɕiaꜜ
潢川	tsaꜜ	₌tsʻa	₌tsʻa	₌sa	ꜛsua	₌tɕia	tɕiaꜜ
固始	tsaꜜ	₌tsʻa	₌tsʻa	₌sa	ꜛsa	₌tɕia	tɕiaꜜ
商城	tsaꜜ	₌tsʻa	₌tsʻa	₌sa	ꜛsa	₌tɕia	tɕiaꜜ
息县	tsaꜜ	₌tsʻa	₌tsʻa	₌sa	ꜛsa	₌tɕia	tɕiaꜜ
淮滨	tsaꜜ	₌tsʻa	₌tsʻa	₌sa	ꜛsa	₌tɕia	tɕiaꜜ

	牙	夏姓	下下降	鸦	亚	姐	借
	假开二 平麻疑	假开二 上马匣	假开二 去祃匣	假开二 平麻影	假开二 去祃影	假开三 上马精	假开三 去祃精
老城区	ɕia	ɕia	ɕia	ia	ia	tɕie	tɕie
浉河区	ɕia	ɕia	ɕia	ia	ia	tɕie	tɕie
平桥区	ɕia	ɕia	ɕia	ia	ia	tɕie	tɕie
罗 山	ɕia	ɕia	ɕia	ia	ia	tɕie	tɕie
光 山	ɕia	ɕia	ɕia	ia	ia	tɕie	tɕie
新 县	ɕia	ɕia	ɕia	ia	ia	tɕie	tɕie
卡 房	ɕia	ɕia	ɕia	ia	ia	tɕie	tɕie
潢 川	ɕia	ɕia	ɕia	ia	ia	tɕie	tɕie
固 始	ɕia	ɕia	ɕia	ia	ia	tɕie	tɕie
商 城	ɕia	ɕia	ɕia	ia	ia	tɕie	tɕie
息 县	ɕia	ɕia	ɕia	ia	ia	tɕie	tɕie
淮 滨	ɕia	ɕia	ɕia	ia	ia	tɕie	tɕie

	写	泻	邪	谢	车马车	蛇	射
	假开三 上马心	假开三 去祃心	假开三 平麻邪	假开三 去祃邪	假开三 平麻昌	假开三 平麻船	假开三 去祃船
老城区	ɕie	ɕie	ɕie	ɕie	tʂʰɿ	ʂe	ʂe
浉河区	ɕie	ɕie	ɕie	ɕie	tʂʰɿ	ʂe	ʂe
平桥区	ɕie	ɕie	ɕie	ɕie	tʂʰe	ʂe	ʂe
罗 山	ɕie	ɕie	ɕie	ɕie	tʂʰe	ʂe	ʂe
光 山	ɕie	ɕie	ɕie	ɕie	tʂʰe	ʂe	ʂe
新 县	ɕie	ɕie	ɕie	ɕie	tʂʰe	ʂe	ʂe
卡 房	ɕie	ɕie	ɕie	ɕie	tʂʰe	ʂe	ʂe
潢 川	ɕie	ɕie	ɕie	ɕie	tʂʰɿ	ʂe	ʂe
固 始	ɕie	ɕie	ɕie	ɕie	tsʰai	sai	sai
商 城	ɕie	ɕie	ɕie	ɕie	tsʰie	sie	sie
息 县	ɕie	ɕie	ɕie	ɕie	tʂʰɿ①	ʂe	ʂe
淮 滨	ɕie	ɕie	ɕie	ɕie	tʂʰɿ	ʂe	ʂe

①　息县的蟹、止、通合口知三章和止开三章组的字读 ts 组声母，其他知三章一般读 tʂ 组声母，只有少许例外。但由于 tʂ、ts 没有严格的音位对立，为简便起见，本附录和《附录二》把蟹、止、通合口知三章和止开三章以外的知三章组字都记为 tʂ 组声母。

	社	惹	爷	夜	瓜	跨	瓦
	假开三上马禅	假开三上马日	假开三平麻以	假开三去祃以	假合二平麻见	假合二去祃溪	假合二上马疑
老城区	se꜔	꜀zɛ	꜀ie	iɛ꜔	꜀kua	kʰua꜔	꜂ua
浉河区	ʂe꜔	꜀zʅ	꜀ie	iɛ꜔	꜀kua	kʰua꜔	꜂ua
平桥区	se꜔	꜀zɛ	꜀ie	iɛ꜔	꜀kua	kʰua꜔	꜂ua
罗山	se꜔	꜀ze	꜀ie	iɛ꜔	꜀kua	kʰua꜔	꜂ua
光山	ʂe꜔	꜀ʮe	꜀ie	iɛ꜔	꜀kua	kʰua꜔	꜂ua
新县	ʂe꜔	꜀ʮe	꜀ie	iɛ꜔	꜀kua	kʰua꜔	꜂ua
卡房	ʂe꜔	꜀ʮe	꜀ie	iɛ꜔	꜀kua	kʰua꜔	꜂ua
潢川	se꜔	꜀zʅ	꜀iɛ	iɛ꜔	꜀kua	kʰua꜔	꜂ua
固始	sai꜔	꜀zai	꜀ie	iɛ꜔	꜀kua	kʰua꜔	꜂ua
商城	sie꜔	꜀zie	꜀iɛ	iɛ꜔	꜀kua	kʰua꜔	꜂ua
息县	ʂe꜔	꜀zʅ	꜀iɛ	iɛ꜔	꜀kua	kʰua꜔	꜂ua
淮滨	sɛ꜔	꜀zʅ	꜀iɛ	iɛ꜔	꜀kua	kʰua꜔	꜂ua

	花	化	华中华	蛙	补	布	铺铺设
	假合二平麻晓	假合二去祃晓	假合二平麻匣	假合二平麻影	遇合一上姥帮	遇合一去暮帮	遇合一平模滂
老城区	꜀fa	fa꜔	꜀fa	꜀ua	꜂pu	pu꜔	꜀pʰu
浉河区	꜀fa	fa꜔	꜀fa	꜀ua	꜂pu	pu꜔	꜀pʰu
平桥区	꜀fa	fa꜔	꜀fa	꜀ua	꜂pu	pu꜔	꜀pʰu
罗山	꜀fa	fa꜔	꜀fa	꜀ua	꜂pu	pu꜔	꜀pʰu
光山	꜀fa	fa꜔	꜀fa	꜀ua	꜂pu	pu꜔	꜀pʰu
新县	꜀fa	fa꜔	꜀fa	꜀ua	꜂pu	pu꜔	꜀pʰu
卡房	꜀fa	fa꜔	꜀fa	꜀ua	꜂pu	pu꜔	꜀pʰu
潢川	꜀xua	xua꜔	꜀xua	꜀ua	꜂pu	pu꜔	꜀pʰu
固始	꜀xua	xua꜔	꜀xua	꜀ua	꜂pu	pu꜔	꜀pʰu
商城	꜀xua	xua꜔	꜀xua	꜀ua	꜂pu	pu꜔	꜀pʰu
息县	꜀fa	fa꜔	꜀fa	꜀ua	꜂pu	pu꜔	꜀pʰu
淮滨	꜀xua	xua꜔	꜀xua	꜀ua	꜂pu	pu꜔	꜀pʰu

	普	部	模模范	暮	都都是	赌	土
	遇合一上姥滂	遇合一上姥並	遇合一平模明	遇合一去暮明	遇合一平模端	遇合一上姥端	遇合一上姥透
老城区	ꞈpʼu	puꟄ	ꞈmo	muꟄ	ꞈtou	ꞈtou	ꞈtʼou
浉河区	ꞈpʼu	puꟄ	ꞈmo	muꟄ	ꞈtou	ꞈtou	ꞈtʼou
平桥区	ꞈpʼu	puꟄ	ꞈmo	muꟄ	ꞈtu	ꞈtu	ꞈtʼu
罗山	ꞈpʼu	puꟄ	ꞈmo	muꟄ	ꞈtəu	ꞈtəu	ꞈtʼəu
光山	ꞈpʼu	puꟄ	ꞈmo	muꟄ	ꞈtəu	ꞈtəu	ꞈtʼəu
新县	ꞈpʼu	puꟄ	ꞈmo	muꟄ	ꞈtəu	ꞈtəu	ꞈtʼəu
卡房	ꞈpʼu	puꟄ	ꞈmo	muꟄ	ꞈtəu	ꞈtəu	ꞈtʼəu
潢川	ꞈpʼu	puꟄ	ꞈmo	muꟄ	ꞈtou	ꞈtu	ꞈtʼu
固始	ꞈpʼu	puꟄ	ꞈmo	məŋꟄ	ꞈtou	ꞈtu	ꞈtʼu
商城	ꞈpʼu	puꟄ	ꞈmo	məŋꟄ	ꞈtəu	ꞈtəu	ꞈtəu
息县	ꞈpʼu	puꟄ	ꞈmo	muꟄ	ꞈtu	ꞈtu	ꞈtʼu
淮滨	ꞈpʼu	puꟄ	ꞈmo	muꟄ	ꞈtou	ꞈtu	ꞈtʼu

	图	度	努	怒	路	祖	醋
	遇合一平模定	遇合一去暮定	遇合一上姥泥	遇合一去暮泥	遇合一去暮来	遇合一上姥精	遇合一去暮清
老城区	ꞈtʼou	touꟄ	ꞈlou	louꟄ	louꟄ	ꞈtsou	tsʼouꟄ
浉河区	ꞈtʼou	touꟄ	ꞈlou	louꟄ	louꟄ	ꞈtsou	tsʼouꟄ
平桥区	ꞈtʼu	tuꟄ	ꞈlu	luꟄ	luꟄ	ꞈtsu	tsʼuꟄ
罗山	ꞈtʼəu	təuꟄ	ꞈləu	ləuꟄ	ləuꟄ	ꞈtsəu	tsʼəuꟄ
光山	ꞈtʼəu	təuꟄ	ꞈləu	ləuꟄ	ləuꟄ	ꞈtsəu	tsʼəuꟄ
新县	ꞈtʼəu	təuꟄ	ꞈləu	ləuꟄ	ləuꟄ	ꞈtsəu	tsʼəuꟄ
卡房	ꞈtʼəu	təuꟄ	ꞈnəu	nəuꟄ	nəuꟄ	ꞈtsəu	tsʼəuꟄ
潢川	ꞈtʼu	tuꟄ	ꞈlu	luꟄ	luꟄ	ꞈtsu	tsʼuꟄ
固始	ꞈtʼu	tuꟄ	ꞈlou	louꟄ	louꟄ	ꞈtsu	tsʼuꟄ
商城	ꞈtʼəu	təuꟄ	ꞈləu	ləuꟄ	ləuꟄ	ꞈtsəu	tsʼəuꟄ
息县	ꞈtʼu	tuꟄ	ꞈnu	nuꟄ	luꟄ	ꞈtsu	tsʼuꟄ
淮滨	ꞈtʼu	tuꟄ	ꞈlu	luꟄ	luꟄ	ꞈtsu	tsʼuꟄ

	古	苦	吴	虎	互	乌	女
	遇合一 上姥见	遇合一 上姥溪	遇合一 平模疑	遇合一 上姥晓	遇合一 去暮匣	遇合一 平模影	遇合三 上语泥
老城区	ᶜku	ᶜkʰu	₌ɣ	ᶜfu	fuꜛ	₌ɣ	ᶜȵy
浉河区	ᶜku	ᶜkʰu	₌ɣ	ᶜfu	fuꜛ	₌ɣ	ᶜȵʮ
平桥区	ᶜku	ᶜkʰu	₌ɣ	ᶜfu	fuꜛ	₌ɣ	ᶜȵy
罗山	ᶜku	ᶜkʰu	₌ɣ	ᶜfu	fuꜛ	₌ɣ	ᶜȵy
光山	ᶜku	ᶜkʰu	₌ɣ	ᶜfu	fuꜛ	₌ɣ	ᶜȵʮ
新县	ᶜku	ᶜkʰu	₌ɣ	ᶜfu	fuꜛ	₌ɣ	ᶜȵʮ
卡房	ᶜku	ᶜkʰu	₌ɣ	ᶜfu	fuꜛ	₌ɣ	ᶜȵʮ
潢川	ᶜku	ᶜkʰu	₌ɣ	ᶜxu	xuꜛ	₌ɣ	ᶜly
固始	ᶜku	ᶜkʰu	₌ɣ	ᶜxu	xuꜛ	₌ɣ	ᶜly
商城	ᶜku	ᶜkʰu	₌ɣ	ᶜxu	xuꜛ	₌ɣ	ᶜly
息县	ᶜku	ᶜkʰu	₌ɣ	ᶜfu	fuꜛ	₌ɣ	ᶜny
淮滨	ᶜku	ᶜkʰu	₌ɣ	ᶜxu	xuꜛ	₌ɣ	ᶜly

	吕	滤	蛆	徐	猪	除	阻
	遇合三 上语来	遇合三 去御来	遇合三 平鱼清	遇合三 平鱼邪	遇合三 平鱼知	遇合三 平鱼澄	遇合三 上语庄
老城区	ᶜly	lyꜛ	₌tɕʰy	₌ɕy	₌tɕy	₌tɕʰy	ᶜtsou
浉河区	ᶜȵʮ	ȵʮꜛ	₌tɕʰi	₌ɕi/₌ɕy	₌tʂʮ	₌tʂʰʮ	ᶜtsou
平桥区	ᶜly	lyꜛ	₌tɕʰy	₌ɕy	₌tsu	₌tsʰu	ᶜtsu
罗山	ᶜly	lyꜛ	₌tɕʰi	₌ɕi/₌ɕy	₌tɕy	₌tɕʰy	ᶜtsəu
光山	ᶜʮ	liꜛ	₌tɕʰi	₌ɕi/₌ɕy	₌tʂʮ	₌tʂʰʮ	ᶜtsəu
新县	ᶜʮ	liꜛ	₌tʂʰʮ	₌ɕi	₌tʂʮ	₌tʂʰʮ	ᶜtsəu
卡房	ᶜʮ	niꜛ	₌tɕʰi	₌ɕi	₌tʂʮ	₌tʂʰʮ	ᶜtsəu
潢川	ᶜly	lyꜛ	₌tɕʰy	₌ɕy	₌tsu	₌tsʰu	ᶜtsu
固始	ᶜly	lyꜛ	₌tɕʰy	₌ɕy	₌tsu	₌tsʰu	ᶜtsu
商城	ᶜly	lyꜛ	₌tɕʰy	₌ɕy	₌tɕy	₌tɕʰy	ᶜtsəu
息县	ᶜly	lyꜛ	₌tɕʰy	₌ɕy	₌tʂu	₌tʂʰu	ᶜtsu
淮滨	ᶜly	lyꜛ	₌tɕʰy	₌ɕy	₌tsu	₌tsʰu	ᶜtsu

	初	锄	助	所	煮	书	如
	遇合三 平鱼初	遇合三 平鱼崇	遇合三 去御崇	遇合三 上语生	遇合三 上语章	遇合三 平鱼书	遇合三 平鱼日
老城区	₌ts'ou	₌ts'ou	tsou⁻	ᶜsuo	ᶜtɕy	₌ɕy	₌y
浉河区	₌ts'ou	₌ts'ou	tsou⁻	ᶜso	ᶜtʂʅ	₌ʂʅ	₌ʅ
平桥区	₌ts'u	₌ts'u	tso⁻	ᶜso	ᶜtsu	₌su	₌y
罗　山	₌ts'əu	₌ts'əu	tsəu⁻	ᶜso	ᶜtɕy	₌ɕy	₌y
光　山	₌ts'əu	₌ts'əu	tsəu⁻	ᶜso	ᶜtʂʅ	₌ʂʅ	₌ʅ
新　县	₌ts'o	₌ts'o	tsəu⁻	ᶜso	ᶜtʂʅ	₌ʂʅ	₌ʅ
卡　房	₌ts'əu	₌ts'əu	tsəu⁻	ᶜso	ᶜtʂʅ	₌ʂʅ	₌ʅ
潢　川	₌ts'uo	₌ts'uo	tsuo⁻	ᶜsuo	ᶜtsu	₌su	₌y
固　始	₌ts'uo	₌ts'uo	tsu⁻	ᶜsuo	ᶜtsu	₌su	₌zu
商　城	₌ts'o	₌ts'o	tso⁻	ᶜso	ᶜtɕy	₌ɕy	₌y
息　县	₌ts'uo	₌ts'uo	tsuo⁻	ᶜsuo	ᶜtʂu	₌su	₌zu
淮　滨	₌ts'uo	₌ts'uo	tsuo⁻	ᶜsuo	ᶜtsu	₌su	₌zu

	举	去	巨	语	虚	余	夫
	遇合三 上语见	遇合三 去御溪	遇合三 上语群	遇合三 上语疑	遇合三 平鱼晓	遇合三 平鱼以	遇合三 平虞非
老城区	ᶜtɕy	tɕ'y⁻	tɕy⁻	ᶜy	₌ɕy	₌y	₌fu
浉河区	ᶜtʂʅ	tʂʅ⁻	tʂʅ⁻	ᶜʅ	₌ʂʅ	₌ʅ	₌fu
平桥区	ᶜtɕy	tɕ'y⁻	tɕy⁻	ᶜy	₌ɕy	₌y	₌fu
罗　山	ᶜtɕy	tɕ'y⁻	tɕy⁻	ᶜy	₌ɕy	₌y	₌fu
光　山	ᶜtʂʅ	tɕ'i⁻/tʂʅ⁻	tʂʅ⁻	ᶜʅ	₌ʂʅ	₌ʅ	₌fu
新　县	ᶜtʂʅ	tʂʅ⁻	tʂʅ⁻	ᶜʅ	₌ʂʅ	₌ʅ	₌fu
卡　房	ᶜtʂʅ	tʂʅ⁻	tʂʅ⁻	ᶜʅ	₌ʂʅ	₌ʅ	₌fu
潢　川	ᶜtɕy	tɕ'y⁻	tɕy⁻	ᶜy	₌ɕy	₌y	₌xu
固　始	ᶜtɕy	tɕ'y⁻	tɕy⁻	ᶜy	₌ɕy	₌y	₌fu
商　城	ᶜtɕy	tɕ'y⁻	tɕy⁻	ᶜy	₌ɕy	₌y	₌fu
息　县	ᶜtɕy	tɕ'y⁻	tɕy⁻	ᶜy	₌ɕy	₌y	₌fu
淮　滨	ᶜtɕy	tɕ'y⁻	tɕy⁻	ᶜy	₌ɕy	₌y	₌xu①

① 淮滨的古非组字老式口语音读 x 声母，新式口语音读 f 声母。为方便起见，这里只记老式口语音。下同。

	父	雾	取	聚	需	驻	厨
	遇合三上麌奉	遇合三去遇微	遇合三上麌清	遇合三上麌从	遇合三平虞心	遇合三去遇知	遇合三平虞澄
老城区	fu³	ʮ³	ᶜtɕʰy	tɕy³	꜀ɕy	tɕy³	꜁tɕʰy
浉河区	fu³	ʮ³	ᶜtʂʰʅ	tʂʅ³	꜀ɕy	tʂʅ³	꜁tʂʰʅ
平桥区	fu³	ʮ³	ᶜtɕʰy	tɕy³	꜀ɕy	tsu³	꜁tsʰu
罗 山	fu³	ʮ³	ᶜtɕʰi	tɕi³	꜀ɕy	tɕy³	꜁tɕʰy
光 山	fu³	ʮ³	ᶜtɕʰi	tɕi³	꜀ɕi/꜀ɕy	tʂʅ³	꜁tʂʰʅ
新 县	fu³	ʮ³	ᶜtɕʰi	tɕi³	꜀ɕi	tʂʅ³	꜁tʂʰʅ
卡 房	fu³	ʮ³	ᶜtɕʰi	tɕi³	꜀ɕi	tʂʅ³	꜁tʂʰʅ
潢 川	xu³	ʮ³	ᶜtɕʰy	tɕy³	꜀ɕy	tsu³	꜁tsʰu
固 始	fu³	ʮ³	ᶜtɕʰy	tɕy³	꜀ɕy	tsu³	꜁tsʰu
商 城	fu³	ʮ³	ᶜtɕʰy	tɕy³	꜀ɕy	tɕy³	꜁tɕʰy
息 县	xu³	ʮ³	ᶜtɕʰy	tɕy³	꜀ɕy	tʂu³	꜁tʂʰʅ
淮 滨	xu³	ʮ³	ᶜtɕʰy	tɕy³	꜀ɕy	tsu³	꜁tsʰu

	住	主	树	儒	句	区	具
	遇合三去遇澄	遇合三上麌章	遇合三去遇禅	遇合三平虞日	遇合三去遇见	遇合三平虞溪	遇合三去遇群
老城区	tɕy³	ᶜtɕy	ɕy³	꜀y	tɕy³	꜀tɕʰy	tɕy³
浉河区	tʂʅ³	ᶜtʂʅ	ʂʅ³	꜀ʅ	tʂʅ³	꜀tʂʰʅ	tʂʅ³
平桥区	tsu³	ᶜtsu	su³	꜀y	tɕy³	꜀tɕʰy	tɕy³
罗 山	tɕy³	ᶜtɕy	ɕy³	꜀y	tɕy³	꜀tɕʰy	tɕy³
光 山	tʂʅ³	ᶜtʂʅ	ʂʅ³	꜁ʅ	tʂʅ³	꜀tʂʰʅ	tʂʅ³
新 县	tʂʅ³	ᶜtʂʅ	ʂʅ³	꜁ʅ	tʂʅ³	꜀tʂʰʅ	tʂʅ³
卡 房	tʂʅ³	ᶜtʂʅ	ʂʅ³	꜁ʅ	tʂʅ³	꜀tʂʰʅ	tʂʅ³
潢 川	tsu³	ᶜtsu	su³	꜀y	tɕy³	꜀tɕʰy	tɕy³
固 始	tsu³	ᶜtsu	su³	꜀zu	tɕy³	꜀tɕʰy	tɕy³
商 城	tɕy³	ᶜtɕy	ɕy³	꜀y	tɕy³	꜀tɕʰy	tɕy³
息 县	tʂu³	ᶜtʂu	ʂu³	꜀y	tɕy³	꜀tɕʰy	tɕy³
淮 滨	tsu³	ᶜtsu	su³	꜀zu	tɕy³	꜀tɕʰy	tɕy³

	遇	雨	贝	带	胎	代	来
	遇合三 去遇疑	遇合三 上麌云	蟹开一 去泰帮	蟹开一 去泰端	蟹开一 平咍透	蟹开一 去代定	蟹开一 平咍来
老城区	y⁼	ꜛy	pei⁼	tai⁼	꜀t'ai	tai⁼	₌lai
浉河区	ʮ⁼	ꜛʮ	pei⁼	tai⁼	꜀t'ai	tai⁼	₌lai
平桥区	y⁼	ꜛy	pei⁼	tai⁼	꜀t'ai	tai⁼	₌lai
罗山	y⁼	ꜛy	pei⁼	tai⁼	꜀t'ai	tai⁼	₌lai
光山	ʮ⁼	ꜛʮ	pi⁼/pei⁼	tai⁼	꜀t'ai	tai⁼	₌lai
新县	ʮ⁼	ꜛʮ	pi⁼/pei⁼	tai⁼	꜀t'ai	tai⁼	₌lai
卡房	ʮ⁼	ꜛʮ	pi⁼/pei⁼	tai⁼	꜀t'ai	tai⁼	₌nai
潢川	y⁼	ꜛy	pei⁼	tɛ⁼	꜀t'ɛ	tɛ⁼	₌lɛ
固始	y⁼	ꜛy	pei⁼	tai⁼	꜀t'ai	tai⁼	₌lai
商城	y⁼	ꜛy	pei⁼	tɛi⁼	꜀t'ɛi	tɛi⁼	₌lɛi
息县	y⁼	ꜛy	pei⁼	tɛ⁼	꜀t'ɛ	tɛ⁼	₌lɛ
淮滨	y⁼	ꜛy	pei⁼	tɛ⁼	꜀t'ɛ	tɛ⁼	₌lɛ

	栽	菜	财	盖	开	海	爱
	蟹开一 平咍精	蟹开一 去代清	蟹开一 平咍从	蟹开一 去泰见	蟹开一 平咍溪	蟹开一 上海晓	蟹开一 去代影
老城区	꜀tsai	ts'ai⁼	₌ts'ai	kai⁼	꜀k'ai	ꜛxai	ŋai⁼
浉河区	꜀tsai	ts'ai⁼	₌ts'ai	kai⁼	꜀k'ai	ꜛxai	ŋai⁼
平桥区	꜀tsai	ts'ai⁼	₌ts'ai	kai⁼	꜀k'ai	ꜛxai	ŋai⁼
罗山	꜀tsai	ts'ai⁼	₌ts'ai	kai⁼	꜀k'ai	ꜛxai	ŋai⁼
光山	꜀tsai	ts'ai⁼	₌ts'ai	kai⁼	꜀k'ai	ꜛxai	ŋai⁼
新县	꜀tsai	ts'ai⁼	₌ts'ai	kai⁼	꜀k'ai	ꜛxai	ŋai⁼
卡房	꜀tsai	ts'ai⁼	₌ts'ai	kai⁼	꜀k'ai	ꜛxai	ŋai⁼
潢川	꜀tsɛ	ts'ɛ⁼	₌ts'ɛ	kɛ⁼	꜀k'ɛ	ꜛxɛ	ŋɛ⁼
固始	꜀tsai	ts'ai⁼	₌ts'ai	kai⁼	꜀k'ai	ꜛxai	ŋai⁼
商城	꜀tsɛi	ts'ɛi⁼	₌ts'ɛi	kɛi⁼	꜀k'ɛi	ꜛxɛi	ŋɛi⁼
息县	꜀tsɛ	ts'ɛ⁼	₌ts'ɛ	kɛ⁼	꜀k'ɛ	ꜛxɛ	ŋɛ⁼
淮滨	꜀tsɛ	ts'ɛ⁼	₌ts'ɛ	kɛ⁼	꜀k'ɛ	ꜛxɛ	ŋɛ⁼

	拜	埋	斋	阶	介	谐	派
	蟹开二去怪帮	蟹开二平皆明	蟹开二平皆庄	蟹开二平皆见	蟹开二去怪见	蟹开二平皆匣	蟹开二去卦滂
老城区	pai ᵓ	₌mai	₌tsai	₌tɕiai	tɕiai ᵓ	₌ɕiai	pʰai ᵓ
浉河区	pai ᵓ	₌mai	₌tsai	₌tɕiai	tɕiai ᵓ	₌ɕiai	pʰai ᵓ
平桥区	pai ᵓ	₌mai	₌tsai	₌tɕiai	tɕiai ᵓ	₌ɕiai	pʰai ᵓ
罗山	pai ᵓ	₌mai	₌tsai	₌tɕiai	tɕiai ᵓ	₌ɕiai	pʰai ᵓ
光山	pai ᵓ	₌mai	₌tsai	₌kai/ ₌tɕiai	kai ᵓ/tɕiai ᵓ	₌ɕiai	pʰai ᵓ
新县	pai ᵓ	₌mai	₌tsai	₌kai/ ₌tɕiai	kai ᵓ /tɕiai ᵓ	₌ɕiai	pʰai ᵓ
卡房	pai ᵓ	₌mai	₌tsai	₌kai/ ₌tɕiai	kai ᵓ /tɕiai ᵓ	₌ɕiai	pʰai ᵓ
潢川	pe ᵓ	₌mɛ	₌tsɛ	₌tɕie	tɕie ᵓ	₌ɕie	pʰɛ ᵓ
固始	pai ᵓ	₌mai	₌tsai	₌tɕie	tɕie ᵓ	₌ɕie	pʰai ᵓ
商城	pei ᵓ	₌mɛi	₌tsɜi	₌tɕiɛi	tɕiɛi ᵓ	₌ɕiɛi	pʰɛi ᵓ
息县	pe ᵓ	₌mɛ	₌tsɛ	₌tɕie	tɕie ᵓ	₌ɕie	pʰɛ ᵓ
淮滨	pe ᵓ	₌mɛ	₌tsɛ	₌tɕie	tɕie ᵓ	₌ɕie	pʰɛ ᵓ

	派	买	奶	债	柴	街	鞋
	蟹开二去卦滂	蟹开二上蟹明	蟹开二上蟹泥	蟹开二去卦庄	蟹开二平佳崇	蟹开二平佳见	蟹开二平佳匣
老城区	pʰai ᵓ	ᶜmai	ᶜlai	tsai ᵓ	₌tsʰai	₌tɕiai	₌ɕiai
浉河区	pʰai ᵓ	ᶜmai	ᶜlai	tsai ᵓ	₌tsʰai	₌tɕiai	₌ɕiai
平桥区	pʰai ᵓ	ᶜmai	ᶜlai	tsai ᵓ	₌tsʰai	₌tɕiai	₌ɕiai
罗山	pʰai ᵓ	ᶜmai	ᶜlai	tsai ᵓ	₌tsʰai	₌tɕiai	₌ɕiai
光山	pʰai ᵓ	ᶜmai	ᶜlai	tsai ᵓ	₌tsʰai	₌kai/ ₌tɕiai	₌ɕiai
新县	pʰai ᵓ	ᶜmai	ᶜlai	tsai ᵓ	₌tsʰai	₌kai/ ₌tɕiai	₌ɕiai
卡房	pʰai ᵓ	ᶜmai	ᶜnai	tsai ᵓ	₌tsʰai	₌kai/ ₌tɕiai	₌xai/ ₌ɕiai
潢川	pʰɛ ᵓ	ᶜmɛ	ᶜlɛ	tsɛ ᵓ	₌tsʰɛ	₌tɕie	₌ɕie
固始	pʰai ᵓ	ᶜmai	ᶜlai	tsai ᵓ	₌tsʰai	₌tɕie	₌ɕie
商城	pʰɛi ᵓ	ᶜmɛi	ᶜlɛi	tsɛi ᵓ	₌tsʰɛi	₌tɕiɛi	₌ɕiɛi
息县	pʰɛ ᵓ	ᶜmɛ	ᶜnɛ	tsɛ ᵓ	₌tsʰɛ	₌tɕie	₌ɕie
淮滨	pʰɛ ᵓ	ᶜmɛ	ᶜlɛ	tsɛ ᵓ	₌tsʰɛ	₌tɕie	₌ɕie

	矮	例	制	世	闭	米	梯
	蟹开二 上蟹影	蟹开三 去祭来	蟹开三 去祭章	蟹开三 去祭书	蟹开四 去霁帮	蟹开四 上荠明	蟹开四 平齐透
老城区	ᶜŋai	liᵓ	tʂʅ	ʂʅ	piᵓ	ᶜmi	ˍtʰi
浉河区	ᶜŋai	liᵓ	tʂʅ	ʂʅ	piᵓ	ᶜmi	ˍtʰi
平桥区	ᶜŋai	liᵓ	tʂʅ	ʂʅ	piᵓ	ᶜmi	ˍtʰi
罗　山	ᶜŋai	liᵓ	tʂʅ	ʂʅ	piᵓ	ᶜmi	ˍtʰi
光　山	ᶜŋai	liᵓ	tʂʅ	ʂʅ	piᵓ	ᶜmi	ˍtʰi
新　县	ᶜŋai	liᵓ	tʂʅ	ʂʅ	piᵓ	ᶜmi	ˍtʰi
卡　房	ᶜŋai	niᵓ	tʂʅ	ʂʅ	piᵓ	ᶜmi	ˍtʰi
潢　川	ᶜɣɛ	liᵓ	tʂʅ	ʂʅ	piᵓ	ᶜmi	ˍtʰi
固　始	ᶜɣai	liᵓ	tʂʅ	ʂʅ	piᵓ	ᶜmi	ˍtʰi
商　城	ᶜɣei	liᵓ	tʂʅ	ʂʅ	piᵓ	ᶜmi	ˍtʰi
息　县	ᶜɣɛ	liᵓ	tʂʅ	ʂʅ	piᵓ	ᶜmi	ˍtʰi
淮　滨	ᶜɣɛ	liᵓ	tʂʅ	ʂʅ	piᵓ	ᶜmi	ˍtʰi

	弟	泥	妻	细	溪	杯	每
	蟹开四 上荠定	蟹开四 平齐泥	蟹开四 平齐清	蟹开四 去霁心	蟹开四 平齐溪	蟹合一 平灰帮	蟹合一 上贿明
老城区	tiᵓ	ˍni	ˍtɕʰi	ɕiᵓ	ˍɕi	ˍpei	ᶜmei
浉河区	tiᵓ	ˍni	ˍtɕʰi	ɕiᵓ	ˍɕi	ˍpei	ᶜmei
平桥区	tiᵓ	ˍni	ˍtɕʰi	ɕiᵓ	ˍɕi	ˍpei	ᶜmei
罗　山	tiᵓ	ˍni	ˍtɕʰi	ɕiᵓ	ˍɕi	ˍpei	ᶜmei
光　山	tiᵓ	ˍni	ˍtɕʰi	ɕiᵓ	ˍɕi	ˍpei	ᶜmi/ᶜmei
新　县	tiᵓ	ˍni	ˍtɕʰi	ɕiᵓ	ˍɕi	ˍpei	ᶜmi/ᶜmei
卡　房	tiᵓ	ˍni	ˍtɕʰi	ɕiᵓ	ˍɕi	ˍpei	ᶜmi/ᶜmei
潢　川	tiᵓ	ˍli	ˍtɕʰi	ɕiᵓ	ˍɕi	ˍpei	ᶜmei
固　始	tiᵓ	ˍli	ˍtɕʰi	ɕiᵓ	ˍɕi	ˍpei	ᶜmei
商　城	tiᵓ	ˍli	ˍtɕʰi	ɕiᵓ	ˍɕi	ˍpei	ᶜmei
息　县	tiᵓ	ˍni	ˍtɕʰi	ɕiᵓ	ˍɕi	ˍpei	ᶜmei
淮　滨	tiᵓ	ˍli	ˍtɕʰi	ɕiᵓ	ˍɕi	ˍpei	ᶜmei

	对	腿	队	雷	罪	块	灰
	蟹合一去对端	蟹合一上贿透	蟹合一去对定	蟹合一平灰来	蟹合一上贿从	蟹合一去队溪	蟹合一平灰晓
老城区	tei⌐	ᶜtʻei	tei⌐	₌lei	tsei⌐	kuai	₌fei
浉河区	tei⌐	ᶜtʻi/ᶜtʻei	tei⌐	₌li/₌lei	tsei⌐	kuai	₌fei
平桥区	tei⌐	ᶜtʻei	tei⌐	₌lei	tsuei⌐	kuai	₌fei
罗山	tei⌐	ᶜtʻi/ᶜtʻei	tei⌐	₌li/₌lei	tsei⌐	kuai	₌fei
光山	tei⌐	ᶜtʻi/ᶜtʻei	tei⌐	₌li/₌lei	tɕi⌐/tsei⌐	kuai	₌fei
新县	tei⌐	ᶜtʻi/ᶜtʻei	tei⌐	₌li/₌lei	tɕi⌐/tsei⌐	kuai	₌xuei
卡房	tei⌐	ᶜtʻi/ᶜtʻei	tei⌐	₌ni/₌nei	tɕi⌐/tsei⌐	kuai	₌fei
潢川	tei⌐	ᶜtʻei	tei⌐	₌lei	tsei⌐	kuɛ	₌xuei
固始	tei⌐	ᶜtʻei	tei⌐	₌lei	tsei⌐	kuai	₌xuei
商城	tei⌐	ᶜtʻei	tei⌐	₌lei	tsei⌐	kuɛi	₌xuei
息县	tei⌐	ᶜtʻei	tei⌐	₌lei	tsuei⌐	kuɛ	₌fei
淮滨	tei⌐	ᶜtʻei	tei⌐	₌lei	tsei⌐	kuɛ	₌xuei

	最	外	会开会	怪	坏	拐	话
	蟹合一去泰精	蟹合一去泰疑	蟹合一去泰匣	蟹合二去怪见	蟹合二去怪见	蟹合二上蟹见	蟹合二去夬匣
老城区	tsei⌐	uai⌐	fei⌐	kuai⌐	fai⌐	ᶜkuai	fa⌐
浉河区	tsei⌐	uai⌐	fei⌐	kuai⌐	fai⌐	ᶜkuai	fa⌐
平桥区	tsuei⌐	uai⌐	fei⌐	kuai⌐	fai⌐	ᶜkuai	fa⌐
罗山	tsei⌐	uai⌐	fei⌐	kuai⌐	fai⌐	ᶜkuai	fa⌐
光山	tsei⌐	uai⌐	fei⌐	kuai⌐	fai⌐	ᶜkuai	xua⌐
新县	tsei⌐	uai⌐	xuei⌐	kuai⌐	xuai⌐	ᶜkuai	xua⌐
卡房	tsei⌐	uai⌐	fei⌐	kuai⌐	fai⌐	ᶜkuai	fa⌐
潢川	tsei⌐	uɛ⌐	xuei⌐	kuɛ⌐	xuɛ⌐	ᶜkuɛ	xua⌐
固始	tsei⌐	uai⌐	xuei⌐	kuai⌐	xuai⌐	ᶜkuai	xua⌐
商城	tsei⌐	uɛi⌐	xuei⌐	kuɛi⌐	xuai⌐	ᶜkuɛi	xua⌐
息县	tsuei⌐	uɛ⌐	fei⌐	kuɛ⌐	fɛ⌐	ᶜkuɛ	fa⌐
淮滨	tsei⌐	uɛ⌐	xuei⌐	kuɛ⌐	xuɛ⌐	ᶜkuɛ	xua⌐

	岁	税	废	奎	桂	皮	被被迫
	蟹合三 去祭心	蟹合三 去祭书	蟹合三 去废非	蟹合四 去齐溪	蟹合四 去霁见	止开三 平支并	止开三 去真并
老城区	seiᵓ	seiᵓ	feiᵓ	₌kʻuei	kueiᵓ	₌pʻi	pei
浉河区	seiᵓ	seiᵓ	feiᵓ	₌kʻuei	kueiᵓ	₌pʻi	piᵓ /pei
平桥区	sueiᵓ	sueiᵓ	feiᵓ	₌kʻuei	kueiᵓ	₌pʻi	pei
罗　山	seiᵓ	seiᵓ	feiᵓ	₌kʻuei	kueiᵓ	₌pʻi	piᵓ /pei
光　山	seiᵓ	seiᵓ	feiᵓ	₌kʻuei	kueiᵓ	₌pʻi	piᵓ /pei
新　县	seiᵓ	seiᵓ	feiᵓ	₌kʻuei	kueiᵓ	₌pʻi	piᵓ /peiᵓ
卡　房	seiᵓ	seiᵓ	feiᵓ	₌kʻuei	kueiᵓ	₌pʻi/ ₌pʻei	piᵓ /pei
潢　川	seiᵓ	seiᵓ ~sueiᵓ	xueiᵓ	₌kʻuei	kueiᵓ	₌pʻi	pei
固　始	seiᵓ	seiᵓ ~sueiᵓ	feiᵓ	₌kʻuei	kueiᵓ	₌pʻi	pei
商　城	seiᵓ	syeiᵓ	feiᵓ	₌kʻuei	kueiᵓ	₌pʻi	pei
息　县	sueiᵓ	sueiᵓ	feiᵓ	₌kʻuei	kueiᵓ	₌pʻi	pei
淮　滨	seiᵓ	sueiᵓ	xueiᵓ	₌kʻuei	kueiᵓ	₌pʻi	pei

	刺	知	纸	是	儿	寄	蚁
	止开三 去真清	止开三 平支知	止开三 上纸章	止开三 上纸禅	止开三 平支日	止开三 去真见	止开三 上纸疑
老城区	tsʻɿᵓ	₌tʂɿ	⸢tʂɿ	ʂɿᵓ	₌ɚ	tɕiᵓ	⸢i
浉河区	tsʻɿᵓ	₌tʂɿ	⸢tʂɿ	ʂɿᵓ	₌ɚ	tɕiᵓ	⸢i
平桥区	tsʻɿᵓ	₌tʂɿ	⸢tʂɿ	ʂɿᵓ	₌ɚ	tɕiᵓ	⸢i
罗　山	tsʻɿᵓ	₌tʂɿ	⸢tʂɿ	ʂɿᵓ	₌ɚ	tɕiᵓ	⸢n̠i/ ⸢i
光　山	tsʻɿᵓ	₌tʂɿ	⸢tʂɿ	ʂɿᵓ	₌ɚ	tɕiᵓ	⸢n̠i/ ⸢i
新　县	tsʻɿᵓ	₌tʂɿ	⸢tʂɿ	ʂɿᵓ	₌ɚ	tɕiᵓ	⸢n̠i/ ⸢i
卡　房	tsʻɿᵓ	₌tʂɿ	⸢tʂɿ	ʂɿᵓ	₌ʅ	tɕiᵓ	⸢n̠i/ ⸢i
潢　川	tsʻɿᵓ	₌tʂɿ	⸢tʂɿ	ʂɿᵓ	₌ɚ	tɕiᵓ	⸢i
固　始	tsʻɿᵓ	₌tʂɿ	⸢tʂɿ	ʂɿᵓ	₌ai①	tɕiᵓ	⸢i
商　城	tsʻɿᵓ	₌tʂɿ	⸢tʂɿ	ʂɿᵓ	₌ɚ	tɕiᵓ	⸢i
息　县	tsʻɿᵓ	₌tʂɿ	⸢tʂɿ	ʂɿᵓ	₌ɚ	tɕiᵓ	⸢i
淮　滨	tsʻɿᵓ	₌tʂɿ	⸢tʂɿ	ʂɿᵓ	₌ɚ	tɕiᵓ	⸢i

① 固始还有一个更土的音 ₌ʅ，但已不多见。

	戏	移	悲	美	梨	资	次
	止开三 去寘晓	止开三 平支以	止开三 平脂帮	止开三 上旨明	止开三 平脂来	止开三 平脂精	止开三 去至清
老城区	ɕi꜓	꜖ɕi	꜖pei	꜒mei	꜖li	꜖tsɿ	tsʰɿ꜓
浉河区	ɕi꜓	꜖ɕi	꜖pei	꜒mei	꜖li	꜖tsɿ	tsʰɿ꜓
平桥区	ɕi꜓	꜖ɕi	꜖pei	꜒mei	꜖li	꜖tsɿ	tsʰɿ꜓
罗山	ɕi꜓	꜖ɕi	꜖pei	꜒mei	꜖li	꜖tsɿ	tsʰɿ꜓
光山	ɕi꜓	꜖ɕi	꜖pei	꜒mei	꜖li	꜖tsɿ	tsʰɿ꜓
新县	ɕi꜓	꜖ɕi	꜖pei	꜒mei	꜖li	꜖tsɿ	tsʰɿ꜓
卡房	ɕi꜓	꜖ɕi	꜖pei	꜒mei	꜖ni	꜖tsɿ	tsʰɿ꜓
潢川	ɕi꜓	꜖ɕi	꜖pei	꜒mei	꜖li	꜖tsɿ	tsʰɿ꜓
固始	ɕi꜓	꜖ɕi	꜖pei	꜒mei	꜖lei	꜖tsɿ	tsʰɿ꜓
商城	ɕi꜓	꜖ɕi	꜖pei	꜒mei	꜖li	꜖tsɿ	tsʰɿ꜓
息县	ɕi꜓	꜖ɕi	꜖pei	꜒mei	꜖li	꜖tsɿ	tsʰɿ꜓
淮滨	ɕi꜓	꜖ɕi	꜖pei	꜒mei	꜖li	꜖tsɿ	tsʰɿ꜓

	四	迟	旨	屎	饥	器	姨
	止开三 去至心	止开三 平脂澄	止开三 上旨章	止开三 上旨书	止开三 平脂见	止开三 去至溪	止开三 平脂以
老城区	sɿ꜓	꜖tsʰʅ	꜒tsʅ	꜒sʅ	꜖tɕi	tɕʰi꜓	꜖ɕi
浉河区	sɿ꜓	꜖tʂʰʅ	꜒tsʅ	꜒ʂʅ	꜖tɕi	tɕʰi꜓	꜖ɕi
平桥区	sɿ꜓	꜖tsʰʅ	꜒tsʅ	꜒sʅ	꜖tɕi	tɕʰi꜓	꜖ɕi
罗山	sɿ꜓	꜖tsʰʅ	꜒tsʅ	꜒sʅ	꜖tɕi	tɕʰi꜓	꜖ɕi
光山	sɿ꜓	꜖tʂʰʅ	꜒tʂʅ	꜒ʂʅ	꜖tɕi	tɕʰi꜓	꜖ɕi
新县	sɿ꜓	꜖tʂʰʅ	꜒tʂʅ	꜒sʅ	꜖tɕi	tɕʰi꜓	꜖ɕi
卡房	sɿ꜓	꜖tʂʰʅ	꜒tʂʅ	꜒ʂʅ	꜖tɕi	tɕʰi꜓	꜖ɕi
潢川	sɿ꜓	꜖tsʰʅ	꜒tsʅ	꜒sʅ	꜖tɕi	tɕʰi꜓	꜖ɕi
固始	sɿ꜓	꜖tsʰʅ	꜒tsʅ	꜒sʅ	꜖tɕi	tɕʰi꜓	꜖ɕi
商城	sɿ꜓	꜖tsʰʅ	꜒tsʅ	꜒sʅ	꜖tɕi	tɕʰi꜓	꜖ɕi
息县	sɿ꜓	꜖tʂʰʅ	꜒tsʅ	꜒sʅ	꜖tɕi	tɕʰi꜓	꜖ɕi
淮滨	sɿ꜓	꜖tsʰʅ	꜒tsʅ	꜒sʅ	꜖tɕi	tɕʰi꜓	꜖ɕi

	你	里	字	词	寺	耻	治
	止开三 上止泥	止开三 上止来	止开三 去志从	止开三 平之邪	止开三 去志邪	止开三 上止彻	止开三 去志澄
老城区	ⁿȵ/⁻ni	⁻li	tsɿ꜄	꜁tsɿ	sɿ꜄	⁻tsʰɿ	tsɿ꜄
浉河区	ⁿȵ/⁻ni	⁻li	tʂɿ꜄	꜁tsɿ	sɿ꜄	⁻tʂʰɿ	tʂɿ꜄
平桥区	ⁿȵ/⁻ni	⁻li	tsɿ꜄	꜁tsɿ	sɿ꜄	⁻tsʰɿ	tsɿ꜄
罗山	ⁿȵ/⁻ni	⁻li	tsɿ꜄	꜁tsɿ	sɿ꜄	⁻tsʰɿ	tsɿ꜄
光山	ⁿȵ/⁻ni	⁻li	tsɿ꜄	꜁tsɿ	sɿ꜄	⁻tʂʰɿ	tʂɿ꜄
新县	ⁿȵ/⁻ni	⁻li	tsɿ꜄	꜁tsɿ	sɿ꜄	⁻tsʰɿ	tʂɿ꜄
卡房	ⁿȵ/⁻ni	⁻ni	tsɿ꜄	꜁tsɿ	sɿ꜄	⁻tʂʰɿ	tʂɿ꜄
潢川	⁻ȵ/⁻li	⁻li	tsɿ꜄	꜁tsɿ	sɿ꜄	⁻tsʰɿ	tsɿ꜄
固始	⁻ȵ/⁻lin	⁻li	tsɿ꜄	꜁tsɿ	sɿ꜄	⁻tsʰɿ	tsɿ꜄
商城	⁻ȵ/⁻li	⁻li	tsɿ꜄	꜁tsɿ	sɿ꜄	⁻tsʰɿ	tsɿ꜄
息县	⁻ȵ/⁻ni	⁻li	tsɿ꜄	꜁tsɿ	sɿ꜄	⁻tsʰɿ	tʂɿ꜄
淮滨	⁻ȵ/⁻li	⁻li	tsɿ꜄	꜁tsɿ	sɿ꜄	⁻tsʰɿ	tsɿ꜄

	事	史	齿	诗	耳	基	欺
	止开三 去志崇	止开三 上止生	止开三 上止昌	止开三 平之书	止开三 上止日	止开三 平之见	止开三 平之溪
老城区	sɿ꜄	⁻sɿ	⁻tsʰɿ	꜁sɿ	⁻ɚ	꜀tɕi	꜀tɕʰi
浉河区	sɿ꜄	⁻sɿ	⁻tʂʰɿ	꜁sɿ	⁻ɚ	꜀tɕi	꜀tɕʰi
平桥区	sɿ꜄	⁻sɿ	⁻tsʰɿ	꜁sɿ	⁻ɚ	꜀tɕi	꜀tɕʰi
罗山	sɿ꜄	⁻sɿ	⁻tsʰɿ	꜁sɿ	⁻ɚ	꜀tɕi	꜀tɕʰi
光山	sɿ꜄	⁻sɿ	⁻tʂʰɿ	꜁ʂɿ	⁻ʐɿ	꜀tɕi	꜀tɕʰi
新县	sɿ꜄	⁻sɿ	⁻tʂʰɿ	꜁ʂɿ	⁻ɚ	꜀tɕi	꜀tɕʰi
卡房	sɿ꜄	⁻sɿ	⁻tʂʰɿ	꜁ʂɿ	⁻ʅ	꜀tɕi	꜀tɕʰi
潢川	sɿ꜄	⁻sɿ	⁻tsʰɿ	꜁sɿ	⁻ɚ	꜀tɕi	꜀tɕʰi
固始	sɿ꜄	⁻sɿ	⁻tsʰɿ	꜁sɿ	⁻ai	꜀tɕi	꜀tɕʰi
商城	sɿ꜄	⁻sɿ	⁻tsʰɿ	꜁sɿ	⁻ɚ	꜀tɕi	꜀tɕʰi
息县	sɿ꜄	⁻sɿ	⁻tsʰɿ	꜁sɿ	⁻ɚ	꜀tɕi	꜀tɕʰi
淮滨	sɿ꜄	⁻sɿ	⁻tsʰɿ	꜁sɿ	⁻ɚ	꜀tɕi	꜀tɕʰi

	旗	疑	喜	意	机	气	毅
	止开三平之群	止开三平之疑	止开三上止晓	止开三去志影	止开三平微见	止开三去未溪	止开三去未疑
老城区	꜀tɕʻi	꜁i	꜂ɕi	iˀ	꜀tɕi	tɕʻiˀ	iˀ
浉河区	꜀tɕʻi	꜁i	꜂ɕi	iˀ	꜀tɕi	tɕʻiˀ	iˀ
平桥区	꜀tɕʻi	꜁i	꜂ɕi	iˀ	꜀tɕi	tɕʻiˀ	iˀ
罗 山	꜀tɕʻi	꜁ȵi	꜂ɕi	iˀ	꜀tɕi	tɕʻiˀ	꜁i
光 山	꜀tɕʻi	꜁ȵi	꜂ɕi	iˀ	꜀tɕi	tɕʻiˀ	iˀ
新 县	꜀tɕʻi	꜁ȵi	꜂ɕi	iˀ	꜀tɕi	tɕʻiˀ	iˀ
卡 房	꜀tɕʻi	꜁ȵi	꜂ɕi	iˀ	꜀tɕi	tɕʻiˀ	iˀ
潢 川	꜀tɕʻi	꜁i	꜂ɕi	iˀ	꜀tɕi	tɕʻiˀ	꜁i
固 始	꜀tɕʻi	꜁i	꜂ɕi	iˀ	꜀tɕi	tɕʻiˀ	꜁i
商 城	꜀tɕʻi	꜁i	꜂ɕi	iˀ	꜀tɕi	tɕʻiˀ	iˀ
息 县	꜀tɕʻi	꜁i	꜂ɕi	iˀ	꜀tɕi	tɕʻiˀ	꜁i
淮 滨	꜀tɕʻi	꜁i	꜂ɕi	iˀ	꜀tɕi	tɕʻiˀ	꜁i

	希	衣	累连累	嘴	吹	睡	规
	止开三平微晓	止开三平微影	止合三去真来	止合三上纸精	止合三平支昌	止合三去真禅	止合三平支见
老城区	꜀ɕi	꜀i	leiˀ	꜂tsei	꜀tsʻei	seiˀ	꜀kuei
浉河区	꜀ɕi	꜀i	leiˀ	꜂tsei	꜀tsʻei	seiˀ	꜀kuei
平桥区	꜀ɕi	꜀i	leiˀ	꜂tsuei	꜀tsʻuei	seiˀ ~sueiˀ	꜀kuei
罗 山	꜀ɕi	꜀i	leiˀ	꜂tsei	꜀tsʻei	seiˀ	꜀kuei
光 山	꜀ɕi	꜀i	liˀ /leiˀ	꜂tsei	꜀tsʻei	seiˀ	꜀kuei
新 县	꜀ɕi	꜀i	liˀ /leiˀ	꜂tsei	꜀tsʻei	seiˀ	꜀kuei
卡 房	꜀ɕi	꜀i	niˀ /neiˀ	꜂tsei	꜀tsʻei	seiˀ	꜀kuei
潢 川	꜀ɕi	꜀i	leiˀ	꜂tsei	꜀tsʻuei	seiˀ	꜀kuei
固 始	꜀ɕi	꜀i	leiˀ	꜂tsei	꜀tsʻuei	seiˀ	꜀kuei
商 城	꜀ɕi	꜀i	leiˀ	꜂tsei	꜀tɕʻyei	seiˀ	꜀kuei
息 县	꜀ɕi	꜀i	leiˀ	꜂tsuei	꜀tsʻuei	seiˀ	꜀kuei
淮 滨	꜀ɕi	꜀i	leiˀ	꜂tsei	꜀tsʻuei	seiˀ	꜀kuei

	跪	毁	委	为作为	泪	醉	虽
	止合三上纸群	止合三上纸晓	止合三上纸影	止合三平支云	止合三去至来	止合三去至精	止合三平脂心
老城区	kuei꜔	ꜛfei	ꜛuei	꜕uei	lei꜔	tsei꜔	꜕sei
浉河区	kuei꜔	ꜛfei	ꜛuei	꜕uei	lei꜔	tsei꜔	꜕sei
平桥区	kuei꜔	ꜛfei	ꜛuei	꜕uei	lei꜔	tsuei꜔	꜕suei
罗　山	kuei꜔	ꜛfei	ꜛuei	꜕uei	lei꜔	tsei꜔	꜕sei
光　山	kuei꜔	ꜛfei	ꜛuei	꜕uei	li꜔ /lei꜔	tsei꜔	꜕sei
新　县	kuei꜔	ꜛfei	ꜛuei	꜕uei	li꜔ /lei꜔	tsei꜔	꜕sei
卡　房	kuei꜔	ꜛfei	ꜛuei	꜕uei	ni꜔ /nei꜔	tsei꜔	꜕sei
潢　川	kuei꜔	ꜛxuei	ꜛuei	꜕uei	lei꜔	tsei꜔	꜕sei
固　始	kuei꜔	ꜛxuei	ꜛuei	꜕uei	lei꜔	tsei꜔	꜕sei
商　城	kuei꜔	ꜛxuei	ꜛuei	꜕uei	lei꜔	tsei꜔	꜕sei
息　县	kuei꜔	ꜛfei	ꜛuei	꜕uei	lei꜔	tsuei꜔	꜕suei
淮　滨	kuei꜔	ꜛxuei	ꜛuei	꜕uei	lei꜔	tsei꜔	꜕sei

	追	锤	衰	帅	锥	谁	水
	止合三平脂知	止合三平脂澄	止合三平脂生	止合三去至生	止合三平脂章	止合三平脂禅	止合三上旨书
老城区	꜀tsei	꜕tsʻei	꜀sai	sai꜔	꜀tsei	꜕sei	ꜛsei
浉河区	꜀tsei	꜕tsʻei	꜀sai	sai꜔	꜀tsei	꜕sei	ꜛsei
平桥区	꜀tsuei	꜕tsʻuei	꜀suai	suai꜔	꜀tsuei	꜕sei~ ꜕suei	ꜛsei~ ꜛsuei
罗　山	꜀tsei	꜕tsʻei	꜀sai	sai꜔	꜀tsei	꜕sei	ꜛsei
光　山	꜀tsei	꜕tsʻei	꜀sai	sai꜔	꜀tsei	꜕sei	ꜛsei
新　县	꜀tsei	꜕tsʻei	꜀sai	sai꜔	꜀tsei	꜕sei	ꜛsei
卡　房	꜀tsei	꜕tsʻei	꜀sai	sai꜔	꜀tsei	꜕sei	ꜛsei
潢　川	꜀tsuei	꜕tsʻuei	꜀suɛ	suɛ꜔	꜀tsuei	꜕sei	ꜛsei
固　始	꜀tsuei	꜕tsʻuei	꜀suai	suai꜔	꜀tsuei	꜕sei	ꜛsei
商　城	꜀tɕyei	꜕tɕʻyei	꜀ɕyɛi	ɕyɛi꜔	꜀tɕyei	꜕sei	ꜛsei
息　县	꜀tsuei	꜕tsʻuei	꜀suɛ	suɛ꜔	꜀tsuei	꜕sei	ꜛsei
淮　滨	꜀tsuei	꜕tsʻuei	꜀suɛ	suɛ꜔	꜀tsuei	꜕sei	ꜛsei

	龟	葵	位	唯	非	费费用	尾
	止合三平脂见	止合三平脂群	止合三去至云	止合三上旨以	止合三平微非	止合三去未敷	止合三上尾微
老城区	꜀kuei	꜀k'uei	uei꜔	ꜛuei	꜀fei	fei꜔	ꜛi / ꜛuei
浉河区	꜀kuei	꜀k'uei	uei꜔	ꜛuei	꜀fei	fei꜔	ꜛi / ꜛuei
平桥区	꜀kuei	꜀k'uei	uei꜔	ꜛuei	꜀fei	fei꜔	ꜛi / ꜛuei
罗　山	꜀kuei	꜀k'uei	uei꜔	ꜛuei	꜀fei	fei꜔	ꜛi / ꜛuei
光　山	꜀kuei	꜀k'uei	uei꜔	ꜛuei	꜀fei	fei꜔	ꜛi / ꜛuei
新　县	꜀kuei	꜀k'uei	uei꜔	ꜛuei	꜀fei	fei꜔	ꜛi / ꜛuei
卡　房	꜀kuei	꜀k'uei	uei꜔	ꜛuei	꜀fei	fei꜔	ꜛȵi / ꜛuei
潢　川	꜀kuei	꜀k'uei	uei꜔	ꜛuei	꜀xuei	xuei꜔	ꜛi / ꜛuei
固　始	꜀kuei	꜀k'uei	uei꜔	ꜛuei	꜀fei	fei꜔	ꜛi / ꜛuei
商　城	꜀kuei	꜀k'uei	uei꜔	ꜛuei	꜀fei	fei꜔	ꜛi / ꜛuei
息　县	꜀kuei	꜀k'uei	uei꜔	ꜛuei	꜀fei	fei꜔	ꜛi / ꜛuei
淮　滨	꜀kuei	꜀k'uei	uei꜔	ꜛuei	꜀xuei	xuei꜔	ꜛi / ꜛuei

	贵	挥	胃	保	暴	毛	到
	止合三去未见	止合三平微晓	止合三去未云	效开一上皓帮	效开一去号并	效开一平豪明	效开一去号端
老城区	kuei꜔	꜀fei	uei꜔	ꜛpau	pau꜔	꜀mau	tau꜔
浉河区	kuei꜔	꜀fei	uei꜔	ꜛpau	pau꜔	꜀mau	tau꜔
平桥区	kuei꜔	꜀fei	uei꜔	ꜛpau	pau꜔	꜀mau	tau꜔
罗　山	kuei꜔	꜀fei	uei꜔	ꜛpau	pau꜔	꜀mau	tau꜔
光　山	kuei꜔	꜀fei	uei꜔	ꜛpau	pau꜔	꜀mau	tau꜔
新　县	kuei꜔	꜀fei	uei꜔	ꜛpau	pau꜔	꜀mau	tau꜔
卡　房	kuei꜔	꜀fei	uei꜔	ꜛpau	pau꜔	꜀mau	tau꜔
潢　川	kuei꜔	꜀xuei	uei꜔	ꜛpau	pau꜔	꜀mau	tau꜔
固　始	kuei꜔	꜀xuei	uei꜔	ꜛpau	pau꜔	꜀mau	tau꜔
商　城	kuei꜔	꜀xuei	uei꜔	ꜛpau	pau꜔	꜀mau	tau꜔
息　县	kuei꜔	꜀fei	uei꜔	ꜛpau	pau꜔	꜀mau	tau꜔
淮　滨	kuei꜔	꜀xuei	uei꜔	ꜛpau	pau꜔	꜀mau	tau꜔

	讨	稻	脑	劳	遭	草	曹
	效开一 上皓透	效开一 上皓定	效开一 上皓泥	效开一 平豪来	效开一 平豪精	效开一 上皓清	效开一 平豪从
老城区	ᶜtʻau	tauᵓ	ᶜlau	₌lau	₋tsau	ᶜtsʻau	₌tsʻau
浉河区	ᶜtʻau	tauᵓ	ᶜlau	₌lau	₋tsau	ᶜtsʻau	₌tsʻau
平桥区	ᶜtʻau	tauᵓ	ᶜlau	₌lau	₋tsau	ᶜtsʻau	₌tsʻau
罗山	ᶜtʻau	tauᵓ	ᶜlau	₌lau	₋tsau	ᶜtsʻau	₌tsʻau
光山	ᶜtʻau	tauᵓ	ᶜlau	₌lau	₋tsau	ᶜtsʻau	₌tsʻau
新县	ᶜtʻau	tauᵓ	ᶜlau	₌lau	₋tsau	ᶜtsʻau	₌tsʻau
卡房	ᶜtʻau	tauᵓ	ᶜnau	₌nau	₋tsau	ᶜtsʻau	₌tsʻau
潢川	ᶜtʻau	tauᵓ	ᶜlau	₌lau	₋tsau	ᶜtsʻau	₌tsʻau
固始	ᶜtʻau	tauᵓ	ᶜlau	₌lau	₋tsau	ᶜtsʻau	₌tsʻau
商城	ᶜtʻau	tauᵓ	ᶜlau	₌lau	₋tsau	ᶜtsʻau	₌tsʻau
息县	ᶜtʻau	tauᵓ	ᶜnau	₌lau	₋tsau	ᶜtsʻau	₌tsʻau
淮滨	ᶜtʻau	tauᵓ	ᶜlau	₌lau	₋tsau	ᶜtsʻau	₌tsʻau

	嫂	高	考	傲	好 好坏	豪	袄
	效开一 上皓心	效开一 平豪见	效开一 上皓溪	效开一 去号疑	效开一 上皓晓	效开一 平豪匣	效开一 上皓影
老城区	ᶜsau	₋kau	ᶜkʻau	ŋauᵓ	ᶜxau	₌xau	ᶜɣau
浉河区	ᶜsau	₋kau	ᶜkʻau	ŋauᵓ	ᶜxau	₌xau	ᶜŋau
平桥区	ᶜsau	₋kau	ᶜkʻau	ɣauᵓ	ᶜxau	₌xau	ᶜɣau
罗山	ᶜsau	₋kau	ᶜkʻau	ŋauᵓ	ᶜxau	₌xau	ᶜŋau
光山	ᶜsau	₋kau	ᶜkʻau	ŋauᵓ	ᶜxau	₌xau	ᶜŋau
新县	ᶜsau	₋kau	ᶜkʻau	ŋauᵓ	ᶜxau	₌xau	ᶜŋau
卡房	ᶜsau	₋kau	ᶜkʻau	ŋauᵓ	ᶜxau	₌xau	ᶜŋau
潢川	ᶜsau	₋kau	ᶜkʻau	ɣauᵓ	ᶜxau	₌xau	ᶜɣau
固始	ᶜsau	₋kau	ᶜkʻau	ɣauᵓ	ᶜxau	₌xau	ᶜɣau
商城	ᶜsau	₋kau	ᶜkʻau	ɣauᵓ	ᶜxau	₌xau	ᶜɣau
息县	ᶜsau	₋kau	ᶜkʻau	ɣauᵓ	ᶜxau	₌xau	ᶜɣau
淮滨	ᶜsau	₋kau	ᶜkʻau	ɣauᵓ	ᶜxau	₌xau	ᶜɣau

	饱	抛	跑	貌	闹	罩	抓
	效开二上巧帮	效开二平肴滂	效开二平肴並	效开二去效明	效开二去效泥	效开二去效知	效开二平肴庄
老城区	ᶜpau	₌p'au	p'au	mau⁼	lau⁼	tsau⁼	₌tsua
浉河区	ᶜpau	₌p'au	p'au	mau⁼	lau⁼	tsau⁼	₌tsa
平桥区	ᶜpau	₌p'au	p'au	mau⁼	lau⁼	tsau⁼	₌tsua
罗山	ᶜpau	₌p'au	p'au	mau⁼	lau⁼	tsau⁼	₌tsa
光山	ᶜpau	₌p'au	p'au	mau⁼	lau⁼	tsau⁼	₌tsa
新县	ᶜpau	₌p'au	p'au	mau⁼	lau⁼	tsau⁼	₌tsa
卡房	ᶜpau	₌p'au	ᶜp'au	mau⁼	nau⁼	tsau⁼	₌tsa
潢川	ᶜpau	₌p'au	ᶜp'au	mau⁼	lau⁼	tsau⁼	₌tsua
固始	ᶜpau	₌p'au	ᶜp'au	mau⁼	lau⁼	tsau⁼	₌tsua
商城	ᶜpau	₌p'au	ᶜp'au	mau⁼	lau⁼	tsau⁼	₌tsua
息县	ᶜpau	₌p'au	ᶜp'au	mau⁼	nau⁼	tsau⁼	₌tsua
淮滨	ᶜpau	₌p'au	ᶜp'au	mau⁼	lau⁼	tsau⁼	₌tsua

	吵	巢	梢	教教育	巧	咬	孝
	效开二上巧初	效开二平肴崇	效开二平肴生	效开二去效见	效开二上巧溪	效开二上巧疑	效开二去效晓
老城区	ᶜts'au	₌ts'au	₌sau	tɕiau⁼	ᶜtɕ'iau	ᶜiau	ɕiau⁼
浉河区	ᶜts'au	₌ts'au	₌sau	tɕiau⁼	ᶜtɕ'iau	ᶜiau	ɕiau⁼
平桥区	ᶜts'au	₌ts'au	₌sau	tɕiau⁼	ᶜtɕ'iau	ᶜiau	ɕiau⁼
罗山	ᶜts'au	₌ts'au	₌sau	tɕiau⁼	ᶜtɕ'iau	ᶜiau	ɕiau⁼
光山	ᶜts'au	₌ts'au	₌sau	tɕiau⁼	ᶜtɕ'iau	ᶜŋau/ ᶜiau	ɕiau⁼
新县	ᶜts'au	₌ts'au	₌sau	tɕiau⁼	ᶜtɕ'iau	ᶜŋau/ ᶜiau	ɕiau⁼
卡房	ᶜts'au	₌ts'au	₌sau	tɕiau⁼	ᶜtɕ'iau	ᶜŋau/ ᶜiau	ɕiau⁼
潢川	ᶜts'au	₌ts'au	₌sau	tɕiau⁼	ᶜtɕ'iau	ᶜiau	ɕiau⁼
固始	ᶜts'au	₌ts'au	₌sau	tɕiau⁼	ᶜtɕ'iau	ᶜiau	ɕiau⁼
商城	ᶜts'au	₌ts'au	₌sau	tɕiau⁼	ᶜtɕ'iau	ᶜiau	ɕiau⁼
息县	ᶜts'au	₌ts'au	₌sau	tɕiau⁼	ᶜtɕ'iau	ᶜiau	ɕiau⁼
淮滨	ᶜts'au	₌ts'au	₌sau	tɕiau⁼	ᶜtɕ'iau	ᶜiau	ɕiau⁼

	效	表	票	苗	疗	焦	锹
	效开二 去效匣	效开三 上小帮	效开三 去笑滂	效开三 平宵明	效开三 去笑来	效开三 平宵精	效开三 平宵清
老城区	ɕiau⁼	ꜛpiau	pʰiau⁼	₌miau	ɕiau	₌tɕiau	₌tɕʰiau
浉河区	ɕiau⁼	ꜛpiau	pʰiau⁼	₌miau	₌liau	₌tɕiau	₌tɕʰiau
平桥区	ɕiau⁼	ꜛpiau	pʰiau⁼	₌miau	₌liau	₌tɕiau	₌tɕʰiau
罗 山	ɕiau⁼	ꜛpiau	pʰiau⁼	₌miau	₌liau	₌tɕiau	₌tɕʰiau
光 山	ɕiau⁼	ꜛpiau	pʰiau⁼	₌miau	₌liau	₌tɕiau	₌tɕʰiau
新 县	ɕiau⁼	ꜛpiau	pʰiau⁼	₌miau	₌liau	₌tɕiau	₌tɕʰiau
卡 房	ɕiau²	ꜛpiau	pʰiau⁼	₌miau	₌niau	₌tɕiau	₌tɕʰiau
潢 川	ɕiau⁼	ꜛpiau	pʰiau⁼	₌miau	₌liau	₌tɕiau	₌tɕʰiau
固 始	ɕiau⁼	ꜛpiau	pʰiau⁼	₌miau	₌liau	₌tɕiau	₌tɕʰiau
商 城	ɕiau⁼	ꜛpiau	pʰiau⁼	₌miau	₌liau	₌tɕiau	₌tɕʰiau
息 县	ɕiau⁼	ꜛpiau	pʰiau⁼	₌miau	₌liau	₌tɕiau	₌tɕʰiau
淮 滨	ɕiau⁼	ꜛpiau	pʰiau⁼	₌miau	₌liau	₌tɕiau	₌tɕʰiau

	瞧	小	超	赵	招	烧	扰
	效开三 平宵从	效开三 上小心	效开三 平宵彻	效开三 上小澄	效开三 平宵章	效开三 平宵书	效开三 上小日
老城区	₌tɕʰiau	ꜛɕiau	₌tsʰau	tsau⁼	₌tsau	₌sau	ꜛzau
浉河区	₌tɕʰiau	ꜛɕiau	₌tʂʰau	tʂau⁼	₌tʂau	₌ʂau	ꜛʐau
平桥区	₌tɕʰiau	ꜛɕiau	₌tsʰau	tsau⁼	₌tsau	₌sau	ꜛzau
罗 山	₌tɕʰiau	ꜛɕiau	₌tsʰau	tsau⁼	₌tsau	₌sau	ꜛzau
光 山	₌tɕʰiau	ꜛɕiau	₌tʂʰau	tʂau⁼	₌tʂau	₌ʂau	ꜛʐau
新 县	₌tɕʰiau	ꜛɕiau	₌tʂʰau	tʂau⁼	₌tʂau	₌ʂau	ꜛʐau
卡 房	₌tɕʰiau	ꜛɕiau	₌tʂʰau	tʂau⁼	₌tʂau	₌ʂau	ꜛʐau
潢 川	₌tɕʰiau	ꜛɕiau	₌tsʰau	tsau⁼	₌tsau	₌sau	ꜛzau
固 始	₌tɕʰiau	ꜛɕiau	₌tsʰau	tsau⁼	₌tsau	₌sau	ꜛzau
商 城	₌tɕʰiau	ꜛɕiau	₌tsʰau	tsau⁼	₌tsau	₌sau	ꜛzau
息 县	₌tɕʰiau	ꜛɕiau	₌tʂʰau	tʂau⁼	₌tʂau	₌ʂau	ꜛʐau
淮 滨	₌tɕʰiau	ꜛɕiau	₌tsʰau	tsau⁼	₌tsau	₌sau	ꜛzau

	骄	轿	腰	舀	鸟	钓	挑
	效开三 平宵见	效开三 去笑群	效开三 平宵影	效开三 上小以	效开四 上篠端	效开四 去啸端	效开四 平萧透
老城区	₌tɕiau	tɕiauᵎ	₌iau	ᶜiau	ᶜȵiau	tiauᵎ	₌tʰiau
浉河区	₌tɕiau	tɕiauᵎ	₌iau	ᶜiau	ᶜȵiau	tiauᵎ	₌tʰiau
平桥区	₌tɕiau	tɕiauᵎ	₌iau	ᶜiau	ᶜȵiau	tiauᵎ	₌tʰiau
罗山	₌tɕiau	tɕiauᵎ	₌iau	ᶜiau	ᶜȵiau	tiauᵎ	₌tʰiau
光山	₌tɕiau	tɕiauᵎ	₌iau	ᶜiau	ᶜȵiau	tiauᵎ	₌tʰiau
新县	₌tɕiau	tɕiauᵎ	₌iau	ᶜiau	ᶜȵiau	tiauᵎ	₌tʰiau
卡房	₌tɕiau	tɕiauᵎ	₌iau	ᶜiau	ᶜȵiau	tiauᵎ	₌tʰiau
潢川	₌tɕiau	tɕiauᵎ	₌iau	ᶜiau	ᶜliau	tiauᵎ	₌tʰiau
固始	₌tɕiau	tɕiauᵎ	₌iau	ᶜiau	ᶜliau	tiauᵎ	₌tʰiau
商城	₌tɕiau	tɕiauᵎ	₌iau	ᶜiau	ᶜliau	tiauᵎ	₌tʰiau
息县	₌tɕiau	tɕiauᵎ	₌iau	ᶜiau	ᶜliau	tiauᵎ	₌tʰiau
淮滨	₌tɕiau	tɕiauᵎ	₌iau	ᶜiau	ᶜliau	tiauᵎ	₌tʰiau

	掉	尿	聊	萧	浇	母	贸
	效开四 去啸定	效开四 去啸泥	效开四 平萧来	效开四 平萧心	效开四 平萧见	流开一 上厚明	流开一 去候明
老城区	tiauᵎ	ȵiauᵎ	₌liau	₌ɕiau	₌tɕiau	ᶜmu	mauᵎ
浉河区	tiauᵎ	ȵiauᵎ	₌liau	₌ɕiau	₌tɕiau	ᶜmu	mauᵎ
平桥区	tiauᵎ	ȵiauᵎ	₌liau	₌ɕiau	₌tɕiau	ᶜmu	mauᵎ
罗山	tiauᵎ	ȵiauᵎ	₌liau	₌ɕiau	₌tɕiau	ᶜmu	mauᵎ
光山	tiauᵎ	ȵiauᵎ	₌liau	₌ɕiau	₌tɕiau	ᶜmu	mauᵎ
新县	tiauᵎ	ȵiauᵎ	₌liau	₌ɕiau	₌tɕiau	ᶜmu	mauᵎ
卡房	tiauᵎ	ȵiauᵎ	₌niau	₌ɕiau	₌tɕiau	ᶜmu	mauᵎ
潢川	tiauᵎ	liauᵎ	₌liau	₌ɕiau	₌tɕiau	ᶜmu	mauᵎ
固始	tiauᵎ	liauᵎ	₌liau	₌ɕiau	₌tɕiau	ᶜmən	mauᵎ
商城	tiauᵎ	liauᵎ	₌liau	₌ɕiau	₌tɕiau	ᶜmən	mauᵎ
息县	tiauᵎ	niauᵎ	₌liau	₌ɕiau	₌tɕiau	ᶜmu	mauᵎ
淮滨	tiauᵎ	liauᵎ	₌liau	₌ɕiau	₌tɕiau	ᶜmu	mauᵎ

	兜	透	头	楼	走	凑	狗
	流开一平侯端	流开一去候透	流开一平侯定	流开一平侯来	流开一上厚精	流开一去候清	流开一上厚见
老城区	ˌtou	t'ouˀ	ˌsʈ'ou	ˌlou	˥tʂou	ts'ouˀ	˥kou
浉河区	ˌtou	t'ouˀ	ˌsʈ'ou	ˌlou	˥tsou	ts'ouˀ	˥kou
平桥区	ˌtou	t'ouˀ	ˌsʈ'ou	ˌlou	˥tsou	ts'ouˀ	˥kou
罗　山	ˌtəu	t'əuˀ	ˌsʈ'əu	ˌləu	˥tsəu	ts'əuˀ	˥kəu
光　山	ˌtəu	t'əuˀ	ˌsʈ'əu	ˌləu	˥tsəu	ts'əuˀ	˥kəu
新　县	ˌtəu	t'əuˀ	ˌsʈ'əu	ˌnəu	˥tsəu	ts'əuˀ	˥kəu
卡　房	ˌtəu	t'əuˀ	ˌsʈ'əu	ˌnəu	˥tsəu	ts'əuˀ	˥kəu
潢　川	ˌtou	t'ouˀ	ˌsʈ'ou	ˌlou	˥tsou	ts'ouˀ	˥kou
固　始	ˌtou	t'ouˀ	ˌsʈ'ou	ˌlou	˥tsou	ts'ouˀ	˥kou
商　城	ˌtəu	t'əuˀ	ˌsʈ'əu	ˌnəu	˥tsəu	ts'əuˀ	˥kəu
息　县	ˌtou	t'ouˀ	ˌsʈ'ou	ˌlou	˥tsou	ts'ouˀ	˥kou
淮　滨	ˌtou	t'ouˀ	ˌsʈ'ou	ˌlou	˥tsou	ts'ouˀ	˥kou

	口	藕	后	沤	富	副	负
	流开一上厚溪	流开一上厚疑	流开一上厚匣	流开一去候影	流开三去宥非	流开三去宥敷	流开三上有奉
老城区	˥k'ou	˥ŋou	xouˀ	ŋouˀ	fuˀ	fuˀ	fuˀ
浉河区	˥k'ou	˥ŋou	xouˀ	ŋouˀ	fuˀ	fuˀ	fuˀ
平桥区	˥k'ou	˥ɣou	xouˀ	ɣouˀ	fuˀ	fuˀ	fuˀ
罗　山	˥k'əu	˥ŋəu	xəuˀ	ŋəuˀ	fuˀ	fuˀ	fuˀ
光　山	˥k'əu	˥ŋəu	xəuˀ	ŋəuˀ	fuˀ	fuˀ	fuˀ
新　县	˥k'əu	˥ŋəu	xəuˀ	ŋəuˀ	fuˀ	fuˀ	fuˀ
卡　房	˥k'əu	˥ŋəu	xəuˀ	ŋəuˀ	fuˀ	fuˀ	fuˀ
潢　川	˥k'ou	˥ɣou	xouˀ	ɣouˀ	xuˀ	xuˀ	xuˀ
固　始	˥k'ou	˥ɣou	xouˀ	ɣouˀ	fuˀ	fuˀ	fuˀ
商　城	˥k'əu	˥ɣəu	xəuˀ	ɣəuˀ	fuˀ	fuˀ	fuˀ
息　县	˥k'ou	˥ɣou	xouˀ	ɣouˀ	fuˀ	fuˀ	fuˀ
淮　滨	˥k'ou	˥ɣou	xouˀ	ɣouˀ	xuˀ	xuˀ	xuˀ

	谋	刘	酒	秋	就	修	袖
	流开三平尤明	流开三平尤来	流开三上有精	流开三平尤清	流开三去宥从	流开三平尤心	流开三去宥邪
老城区	ꜛmo	₌liou	ꜛtɕiou	₌tɕʰiou	tɕiou꜒	₌ɕiou	ɕiou꜒
浉河区	₌mou	₌liou	ꜛtɕiou	₌tɕʰiou	tɕiou꜒	₌ɕiou	ɕiou꜒
平桥区	₌mou	₌liou	ꜛtɕiou	₌tɕʰiou	tɕiou꜒	₌ɕiou	ɕiou꜒
罗 山	₌mu	₌liəu	ꜛtɕiəu	₌tɕʰiəu	tɕiəu꜒	₌ɕiəu	ɕiəu꜒
光 山	₌məu	₌liəu	ꜛtɕiəu	₌tɕʰiəu	tɕiəu꜒	₌ɕiəu	ɕiəu꜒
新 县	₌mau	₌liəu	ꜛtɕiəu	₌tɕʰiəu	tɕiəu꜒	₌ɕiəu	ɕiəu꜒
卡 房	₌məu	₌niəu	ꜛtɕiəu	₌tɕʰiəu	tɕiəu꜒	₌ɕiəu	ɕiəu꜒
潢 川	ꜛmo	₌liou	ꜛtɕiou	₌tɕʰiou	tɕiou꜒	₌ɕiou	ɕiou꜒
固 始	₌mau	₌liou	ꜛtɕiou	₌tɕʰiou	tɕiou꜒	₌ɕiou	ɕiou꜒
商 城	₌mau	₌liəu	ꜛtɕiəu	₌tɕʰiəu	tɕiəu꜒	₌ɕiəu	ɕiəu꜒
息 县	₌mau	₌liou	ꜛtɕiou	₌tɕʰiou	tɕiou꜒	₌ɕiou	ɕiou꜒
淮 滨	₌mau	₌liou	ꜛtɕiou	₌tɕʰiou	tɕiou꜒	₌ɕiou	ɕiou꜒

	昼	丑	稠	瞅	愁	瘦	周
	流开三去宥知	流开三上有彻	流开三平尤澄	流开三上有初	流开三平尤崇	流开三去宥生	流开三平尤章
老城区	tsou꜒	ꜛtsʰou	₌tsʰou	ꜛtsʰou	₌tsʰou	sou꜒	₌tsou
浉河区	tʂou꜒	ꜛtʂʰou	₌tʂʰou	ꜛtsʰou	₌tsʰou	sou꜒	₌tʂou
平桥区	tsou꜒	ꜛtsʰou	₌tsʰou	ꜛtsʰou	₌tsʰou	sou꜒	₌tsou
罗 山	tsəu꜒	ꜛtsʰəu	₌tsʰəu	ꜛtsʰəu	₌tsʰəu	səu꜒	₌tsəu
光 山	tʂəu꜒	ꜛtʂʰəu	₌tʂʰəu	ꜛtsʰəu	₌tsʰəu	səu꜒	₌tʂəu
新 县	tʂəu꜒	ꜛtʂʰəu	₌tʂʰəu	ꜛtsʰəu	₌tsʰəu	səu꜒	₌tʂəu
卡 房	tʂəu꜒	ꜛtʂʰəu	₌tʂʰəu	ꜛtsʰəu	₌tsʰəu	səu꜒	₌tʂəu
潢 川	tsou꜒	ꜛtsʰou	₌tsʰou	ꜛtsʰou	₌tsʰou	sou꜒	₌tsou
固 始	tsou꜒	ꜛtsʰou	₌tsʰou	ꜛtsʰou	₌tsʰou	sou꜒	₌tsou
商 城	tsəu꜒	ꜛtsʰəu	₌tsʰəu	ꜛtsʰəu	₌tsʰəu	səu꜒	₌tsəu
息 县	tʂou꜒	ꜛtʂʰou	₌tʂʰou	ꜛtsʰou	₌tsʰou	sou꜒	₌tʂou
淮 滨	tsou꜒	ꜛtsʰou	₌tsʰou	ꜛtsʰou	₌tsʰou	sou꜒	₌tsou

	丑美丑	手	寿	柔	九	丘	求
	流开三上有昌	流开三上有书	流开三去宥禅	流开三平尤日	流开三上有见	流开三平尤溪	流开三平尤群
老城区	ꜛtsʻou	ꜛsou	souꜜ	꜊zou	ꜛtɕiou	꜊tɕʻiou	꜊tɕʻiou
浉河区	ꜛtʂʻou	ꜛʂou	ʂouꜜ	꜊zou	ꜛtɕiou	꜊tɕʻiou	꜊tɕʻiou
平桥区	ꜛtsʻou	ꜛsou	souꜜ	꜊zou	ꜛtɕiou	꜊tɕʻiou	꜊tɕʻiou
罗山	ꜛtsʻəu	ꜛsəu	səuꜜ	꜊zəu	ꜛtɕiəu	꜊tɕʻiəu	꜊tɕʻiəu
光山	ꜛtʂʻəu	ꜛʂəu	ʂəuꜜ	꜊zəu	ꜛtɕiəu	꜊tɕʻiəu	꜊tɕʻiəu
新县	ꜛtʂʻəu	ꜛʂəu	ʂəuꜜ	꜊zəu	ꜛtɕiəu	꜊tɕʻiəu	꜊tɕʻiəu
卡房	ꜛtʂʻəu	ꜛʂəu	ʂəuꜜ	꜊zəu	ꜛtɕiəu	꜊tɕʻiəu	꜊tɕʻiəu
潢川	ꜛtsʻou	ꜛsou	souꜜ	꜊zou	ꜛtɕiou	꜊tɕʻiou	꜊tɕʻiou
固始	ꜛtsʻou	ꜛsou	souꜜ	꜊zou	ꜛtɕiou	꜊tɕʻiou	꜊tɕʻiou
商城	ꜛtsʻəu	ꜛsəu	səuꜜ	꜊zəu	ꜛtɕiəu	꜊tɕʻiəu	꜊tɕʻiəu
息县	ꜛtʂʻou	ꜛʂou	souꜜ	꜊zou	ꜛtɕiou	꜊tɕʻiou	꜊tɕʻiou
淮滨	ꜛtsʻou	ꜛsou	souꜜ	꜊zou	ꜛtɕiou	꜊tɕʻiou	꜊tɕʻiou

	牛	休	优	有	游	丢	纠
	流开三平尤疑	流开三平尤晓	流开三平尤影	流开三上有云	流开三平尤以	流开三平幽端	流开三平幽见
老城区	꜊ȵiou	꜊ɕiou	꜊iou	ꜛiou	꜊iou	꜊tiou	꜊tɕiou
浉河区	꜊ȵiou	꜊ɕiou	꜊iou	ꜛiou	꜊iou	꜊tiou	꜊tɕiou
平桥区	꜊ȵiou	꜊ɕiou	꜊iou	ꜛiou	꜊iou	꜊tiou	꜊tɕiou
罗山	꜊ȵiəu	꜊ɕiəu	꜊iəu	ꜛiəu	꜊iəu	꜊tiəu	꜊tɕiəu
光山	꜊ȵiəu	꜊ɕiəu	꜊iəu	ꜛiəu	꜊iəu	꜊tiəu	꜊tɕiəu
新县	꜊ȵiəu	꜊ɕiəu	꜊iəu	ꜛiəu	꜊iəu	꜊tiəu	꜊tɕiəu
卡房	꜊ȵiəu	꜊ɕiəu	꜊iəu	ꜛiəu	꜊iəu	꜊tiəu	꜊tɕiəu
潢川	꜊ɣou	꜊ɕiou	꜊iou	ꜛiou	꜊iou	꜊tiou	꜊tɕiou
固始	꜊ɣou	꜊ɕiou	꜊iou	ꜛiou	꜊iou	꜊tiou	꜊tɕiou
商城	꜊ɣəu	꜊ɕiəu	꜊iəu	ꜛiəu	꜊iəu	꜊tiəu	꜊tɕiəu
息县	꜊ɣou	꜊ɕiou	꜊iou	ꜛiou	꜊iou	꜊tiou	꜊tɕiou
淮滨	꜊ɣou	꜊ɕiou	꜊iou	ꜛiou	꜊iou	꜊tiou	꜊tɕiou

	幼	贪	潭	参	蚕	感	含
	流开三去幼影	咸开一平覃透	咸开一平覃定	咸开一平覃清	咸开一平覃从	咸开一上感见	咸开一平覃匣
老城区	iou꜓	꜀t'an	꜁t'an	꜀ts'an	꜁ts'an	꜂kan	꜁xan
浉河区	iou꜓	꜀t'an	꜁t'an	꜀ts'an	꜁ts'an	꜂kan	꜁xan
平桥区	iou꜓	꜀t'an	꜁t'an	꜀ts'an	꜁ts'an	꜂kan	꜁xan
罗　山	iəu꜓	꜀t'an	꜁t'an	꜀ts'an	꜁ts'an	꜂kan	꜁xan
光　山	iəu꜓	꜀t'an	꜁t'an	꜀ts'an	꜁ts'an	꜂kan	꜁xan
新　县	iəu꜓	꜀t'an	꜁t'an	꜀ts'an	꜁ts'an	꜂kan	꜁xan
卡　房	iəu꜓	꜀t'an	꜁t'an	꜀ts'an	꜁ts'an	꜂kan	꜁xan
潢　川	iou꜓	꜀t'an	꜁t'an	꜀ts'an	꜁ts'an	꜂kan	꜁xan
固　始	iou꜓	꜀t'an	꜁t'an	꜀ts'an	꜁ts'an	꜂kan	꜁xan
商　城	iəu꜓	꜀t'an	꜁t'an	꜀ts'an	꜁ts'an	꜂kan	꜁xan
息　县	iou꜓	꜀t'an	꜁t'an	꜀ts'an	꜁ts'an	꜂kan	꜁xan
淮　滨	iou꜓	꜀t'an	꜁t'an	꜀ts'an	꜁ts'an	꜂kan	꜁xan

	暗	答	搭	踏	纳	拉	杂
	咸开一去勘影	咸开一入合端	咸开一入合端	咸开一入合透	咸开一入合泥	咸开一入合来	咸开一入合从
老城区	ŋan꜓	꜁ta	꜀ta	꜀t'a	꜁la	꜁la	꜁tsa
浉河区	ŋan꜓	꜁ta	꜀ta	꜀t'a	꜁la	꜁la	꜁tsa
平桥区	ɣan꜓	꜁ta	꜀ta	꜀t'a	꜁la	꜁la	꜁tsa
罗　山	ŋan꜓	꜀ta	꜀ta	꜀t'a	꜁la	꜁la	꜁tsa
光　山	ŋan꜓	꜀ta	꜀ta	꜀t'a	꜁la	꜁la	꜁tsa
新　县	ŋan꜓	꜀ta	꜀ta	꜀t'a	꜁la	꜁la	꜁tsa
卡　房	ŋan꜓	ta	ta	t'a	na	na	꜁tsa
潢　川	ɣan꜓	꜀ta	꜀ta	꜀t'a	꜁la	꜁la	꜁tsa
固　始	ɣan꜓	꜁ta	꜀ta	꜀t'a	꜁la	꜁la	꜁tsa
商　城	ɣan꜓	꜁ta	꜀ta	꜀t'a	꜁la	꜁la	꜁tsa
息　县	ɣan꜓	꜁ta	꜀ta	꜀t'a	꜁la	꜁la	꜁tsa
淮　滨	ɣan꜓	꜁ta	꜀ta	꜀t'a	꜁la	꜁la	꜁tsa

	鸽	喝	盒烟盒	担担任	毯	淡	蓝
	咸开一入合溪	咸开一入合晓	咸开一入合匣	咸开一平谈端	咸开一上敢透	咸开一上敢定	咸开一平谈来
老城区	⊂kɤ	⊂xɤ	⊆xɤ	⊂tan	ᶜtʻan	tanᵓ	⊆lan
浉河区	⊂ko	⊂xo	⊆xo	⊂tan	ᶜtʻan	tanᵓ	⊆lan
平桥区	⊂ko	⊂xo	⊆xo	⊂tan	ᶜtʻan	tanᵓ	⊆lan
罗山	⊂ko	⊂xo	⊆xo	⊂tan	ᶜtʻan	tanᵓ	⊆lan
光山	⊂ko	⊂xo	⊆xo	⊂tan	ᶜtʻan	tanᵓ	⊆lan
新县	⊂ko	⊂xo	⊆xo	⊂tan	ᶜtʻan	tanᵓ	⊆lan
卡房	koᵓ	xoᵓ	xoᵓ	⊂tan	ᶜtʻan	tanᵓ	⊆nan
潢川	⊂kuo	⊂xuo	⊆xuo	⊂tan	ᶜtʻan	tanᵓ	⊆lan
固始	⊂kɤ	⊂xɤ	⊆xɤ	⊂tan	ᶜtʻan	tanᵓ	⊆lan
商城	⊆kɤ	⊆xo	⊆xo	⊂tan	ᶜtʻan	tanᵓ	⊆lan
息县	⊂kɤ	⊂xɤ	⊆xɤ	⊂tan	ᶜtʻan	tanᵓ	⊆lan
淮滨	⊂kɤ	⊂xɤ	⊆xɤ	⊂tan	ᶜtʻan	tanᵓ	⊆lan

	暂	三	敢	喊	塔	蜡	磕
	咸开一去阚从	咸开一平谈心	咸开一上敢见	咸开一上敢晓	咸开一入盍透	咸开一入盍来	咸开一入盍溪
老城区	tsanᵓ	⊂san	ᶜkan	ᶜxan	⊂tʻa	⊆la	⊂kʻɤ
浉河区	tsanᵓ	⊂san	ᶜkan	ᶜxan	⊂tʻa	⊆la	⊂kʻo
平桥区	tsanᵓ	⊂san	ᶜkan	ᶜxan	⊂tʻa	⊆la	⊂kʻo
罗山	tsanᵓ	⊂san	ᶜkan	ᶜxan	⊂tʻa	⊆la	kʻoᵓ
光山	tsanᵓ	⊂san	ᶜkan	ᶜxan	⊂tʻa	⊆la	⊂kʻo
新县	tsanᵓ	⊂san	ᶜkan	ᶜxan	⊂tʻa	⊆la	kʻoᵓ
卡房	tsanᵓ	⊂san	ᶜkan	ᶜxan	tʻaᵓ	naᵓ	kʻoᵓ
潢川	tsanᵓ	⊂san	ᶜkan	ᶜxan	⊂tʻa	⊆la	⊂kʻuo
固始	tsanᵓ	⊂san	ᶜkan	ᶜxan	⊂tʻa	⊆la	⊂kʻɤ
商城	tsanᵓ	⊂san	ᶜkan	ᶜxan	⊆tʻa	⊆la	kʻɤᵓ
息县	tsanᵓ	⊂san	ᶜkan	ᶜxan	⊂tʻa	⊆la	⊂kʻɤ
淮滨	tsanᵓ	⊂san	ᶜkan	ᶜxan	⊂tʻa	⊆la	⊂kʻɤ

	站	斩	减	咸	劄	眨	插
	咸开二 去陷知	咸开二 上赚庄	咸开二 上赚见	咸开二 平咸匣	咸开二 去陷知	咸开二 入洽庄	咸开二 入洽初
老城区	tsanᵓ	꜀tsan	꜀tɕian	꜁ɕian	꜀tsa	꜀tsa	꜀tsʰa
浉河区	tsanᵓ	꜀tsan	꜀tɕian	꜁ɕian	꜀tsa	꜁tsa	꜁tsʰa
平桥区	tsanᵓ	꜀tsan	꜀tɕian	꜁ɕian	꜀tsa	꜀tsa	꜀tsʰa
罗山	tsanᵓ	꜀tsan	꜀tɕian	꜁ɕian	꜀tsa	꜀tɕia	꜀tsʰa
光山	tsanᵓ	꜀tsan	꜀tɕian	꜁ɕian	꜀tsa	꜀tɕia	꜀tsʰa
新县	tsanᵓ	꜀tsan	꜀tɕian	꜁ɕian	꜀tsa	꜀tɕia	꜀tsʰa
卡房	tsanᵓ	꜀tsan	꜀tɕian	꜁ɕian	tsa꜄	tɕia꜄	tsʰa꜄
潢川	tsanᵓ	꜀tsan	꜀tɕian	꜁ɕian	꜀tsa	꜀tsa	꜀tsʰa
固始	tsanᵓ	꜀tsan	꜀tɕian	꜁ɕian	꜀tsa	꜀tsa	꜀tsʰa
商城	tsanᵓ	꜀tsan	꜀tɕian	꜁ɕian	꜀tsa	꜀tsa	꜁tsʰa
息县	tsanᵓ	꜀tsan	꜀tɕian	꜁ɕian	꜀tsa	꜀tsa	꜀tsʰa
淮滨	tsanᵓ	꜀tsan	꜀tɕian	꜁ɕian	꜀tsa	꜀tsa	꜀tsʰa

	闸	夹	掐	峡	衫	监	岩
	咸开二 入洽崇	咸开二 入洽见	咸开二 入洽溪	咸开二 入洽匣	咸开二 平衔生	咸开二 平衔见	咸开二 平衔疑
老城区	꜁tsa	꜀tɕia	꜀tɕʰia	꜁ɕia	꜀san	꜀tɕian	꜁ian
浉河区	꜁tsa	꜀tɕia	꜀tɕʰia	꜁ɕia	꜀san	꜀tɕian	꜁iai
平桥区	꜁tsa	꜀tɕia	꜀tɕʰia	꜁ɕia	꜀san	꜀tɕian	꜁ian
罗山	꜁tsa	꜀tɕia	꜀tɕʰia	꜁ɕia	꜀san	꜀tɕian	꜁iai
光山	꜁tsa	꜀tɕia	꜀kʰa/ ꜀tɕʰia	꜁ɕia	꜀san	꜀tɕian	꜁ian
新县	꜁tsa	꜀tɕia	꜀tɕʰia	꜁ɕia	꜀san	꜀tɕian	꜁ian
卡房	tsa꜄	꜀tɕia	tɕʰia꜄	ɕia꜄	꜀san	꜀tɕian	꜁ȵian
潢川	꜁tsa	꜀tɕia	꜀tɕʰia	꜁ɕia	꜀san	꜀tɕian	꜁ian
固始	꜁tsa	꜀tɕia	꜀tɕʰia	꜁ɕia	꜀san	꜀tɕian	꜁ian
商城	꜁tsa	꜀tɕia	꜀tɕʰia	꜁ɕia	꜀san	꜀tɕian	꜁ian
息县	꜁tsa	꜀tɕia	꜀tɕʰia	꜁ɕia	꜀san	꜀tɕian	꜁ian
淮滨	꜁tsa	꜀tɕia	꜀tɕʰia	꜁ɕia	꜀san	꜀tɕian	꜁ian

	衔	甲	匣	鸭	镰	尖	渐
	咸开二平衔匣	咸开二入狎见	咸开二入狎匣	咸开二入狎影	咸开三平盐来	咸开三平盐精	咸开三上琰从
老城区	ɕian	tɕia	ɕia	ia	lian	tɕian	tɕian
浉河区	ɕian	tɕia	ɕia	ia	lian	tɕian	tɕian
平桥区	ɕian	tɕia	ɕia	ia	lian	tɕian	tɕian
罗　山	ɕian	tɕia	ɕia	ia	lian	tɕian	tɕian
光　山	ɕian	tɕia	ɕia	ia	lian	tɕian	tɕian
新　县	ɕian	tɕia	ɕia	ia	lian	tɕian	tɕian
卡　房	ɕian	tɕia	ɕia	ia	nian	tɕian	tɕian
潢　川	ɕian	tɕia	ɕia	ia	lian	tɕian	tɕian
固　始	ɕian	tɕia	ɕia	ia	lian	tɕian	tɕian
商　城	ɕian	tɕia	ɕia	ia	lian	tɕian	tɕian
息　县	ɕian	tɕia	ɕia	ia	lian	tɕian	tɕian
淮　滨	ɕian	tɕia	ɕia	ia	lian	tɕian	tɕian

	沾	占占领	闪	染	检	钳	验
	咸开三平盐知	咸开三去艳章	咸开三上琰书	咸开三上琰日	咸开三上琰见	咸开三平盐群	咸开三去艳疑
老城区	tsan	tsan	san	zan	tɕian	tɕʻian	ian
浉河区	tʂan	tʂan	ʂan	ʐan	tɕian	tɕʻian	ian
平桥区	tsan	tsan	san	zan	tɕian	tɕʻian	ian
罗　山	tsan	tsan	san	zan	tɕian	tɕʻian	ȵian
光　山	tʂan	tʂan	ʂan	ʐan	tɕian	tɕʻian	ȵian
新　县	tʂan	tʂan	ʂan	zan	tɕian	tɕʻian	ȵian
卡　房	tʂan	tʂan	ʂan	zan	tɕian	tɕʻian	ȵian
潢　川	tsan	tsan	san	zan	tɕian	tɕʻian	ian
固　始	tsan	tsan	san	zan	tɕian	tɕʻian	ian
商　城	tsan	tsan	san	zan	tɕian	tɕʻian	ian
息　县	tʂan	tʂan	ʂan	ʐan	tɕian	tɕʻian	ian
淮　滨	tsan	tsan	san	zan	tɕian	tɕʻian	ian

	险	淹	炎	艳	聂	猎	接
	咸开三 上琰晓	咸开三 平盐影	咸开三 平盐云	咸开三 去艳以	咸开三 入叶泥	咸开三 入叶来	咸开三 入叶精
老城区	ꟲɕian	₌ian	₌ian	ianꜛ	₌n̠ie	₌ʅe	₌tɕie
浉河区	ꟲɕian	₌ian	₌ian	ianꜛ	₌n̠ie	₌ʅe	₌tɕie
平桥区	ꟲɕian	₌ian	₌ian	ianꜛ	₌n̠ie	₌ʅe	₌tɕie
罗 山	ꟲɕian	₌ian	₌ian	ianꜛ	₌n̠ie	₌le	₌tɕie
光 山	ꟲɕian	₌ian	₌ian	ianꜛ	₌n̠ie	₌ʅe	₌tɕie
新 县	ꟲɕian	₌ian	₌ian	ianꜛ	₌n̠ie	₌le	₌tɕie
卡 房	ꟲɕian	₌ian	₌ian	ianꜛ	n̠ieꜛ	neꜛ	tɕieꜛ
潢 川	ꟲɕian	₌ian	₌ian	ianꜛ	₌lie	₌ʅe	₌tɕie
固 始	ꟲɕian	₌ian	₌ian	ianꜛ	₌lie	₌lie	₌tɕie
商 城	ꟲɕian	₌ian	₌ian	ianꜛ	₌lie	₌lie	₌tɕie
息 县	ꟲɕian	₌ian	₌ian	ianꜛ	₌nie	₌ʅe	₌tɕie
淮 滨	ꟲɕian	₌ian	₌ian	ianꜛ	₌lie	₌ʅe	₌tɕie

	姜	捷	叶	剑	严	劫	怯
	咸开三 入叶清	咸开三 入叶从	咸开三 入叶以	咸开三 去酽见	咸开三 平严疑	咸开三 入业见	咸开三 入业溪
老城区	tɕʰieꜛ	₌tɕie	₌ie	tɕianꜛ	₌ian	₌tɕie	tɕʰieꜛ
浉河区	tɕʰieꜛ	₌tɕie	₌ie	tɕianꜛ	₌ian	tɕieꜛ	tɕʰieꜛ
平桥区	tɕʰieꜛ	₌tɕie	₌ie	tɕianꜛ	₌ian	₌tɕie	tɕʰieꜛ
罗 山	₌tɕʰie	₌tɕie	₌ie	tɕianꜛ	₌n̠ian/₌ian	₌tɕie	₌tɕʰye
光 山	tɕʰieꜛ	₌tɕie	₌ie	tɕianꜛ	₌n̠ian/₌ian	₌tɕie	₌tɕʰie
新 县	tɕʰieꜛ	₌tɕie	₌ie	tɕianꜛ	₌n̠ian/₌ian	₌tɕʰie	₌tɕʰie
卡 房	tɕʰieꜛ	tɕieꜛ	ieꜛ	tɕianꜛ	₌n̠ian/₌ian	tɕieꜛ	tɕʰieꜛ
潢 川	tɕʰieꜛ	₌tɕie	₌ie	tɕianꜛ	₌ian	₌tɕie	tɕʰieꜛ
固 始	tɕʰieꜛ	₌tɕie	₌ie	tɕianꜛ	₌ian	₌tɕie	tɕʰieꜛ
商 城	tɕʰieꜛ	₌tɕie	₌ie	tɕianꜛ	₌ian	₌tɕie	tɕʰieꜛ
息 县	tɕʰieꜛ	₌tɕie	₌ie	tɕianꜛ	₌ian	₌tɕie	tɕʰieꜛ
淮 滨	tɕʰieꜛ	₌tɕie	₌ie	tɕianꜛ	₌ian	₌tɕie	tɕʰieꜛ

	业	胁	腌	店	添	甜	念
	咸开三入业疑	咸开三入业晓	咸开三入业影	咸开四去端	咸开四平添透	咸开四平添定	咸开四去泥
老城区	꜀ie	꜁ɕie	꜀ian	tianᵓ	꜀tʰian	꜁tʰian	nianᵓ
浉河区	꜀ie	꜁ɕie	꜀ian	tianᵓ	꜀tʰian	꜁tʰian	nianᵓ
平桥区	꜀ie	꜁ɕie	꜀ian	tianᵓ	꜀tʰian	꜁tʰian	nianᵓ
罗 山	꜀ȵie	꜁ɕie	꜀ian	tianᵓ	꜀tʰian	꜁tʰian	nianᵓ
光 山	꜀ȵie	꜁ɕie	꜀ian	tianᵓ	꜁tʰian	꜁tʰian	nianᵓ
新 县	꜀ȵie	꜁ɕie	꜀ian	tianᵓ	꜁tʰian	꜁tʰian	nianᵓ
卡 房	ȵie꜄	ɕie꜄	꜀ian	tianᵓ	꜁tʰian	꜁tʰian	nianᵓ
潢 川	꜀ie	꜁ɕie	꜀ian	tianᵓ	꜁tʰian	꜁tʰian	lianᵓ
固 始	꜂ie	꜁ɕie	꜀ian	tianᵓ	꜀tʰian	꜁tʰian	lianᵓ
商 城	꜀iɛ	꜁ɕie	꜀ian	tianᵓ	꜁tʰian	꜁tʰian	lianᵓ
息 县	꜀ie	꜁ɕie	꜀ian	tianᵓ	꜁tʰian	꜁tʰian	nianᵓ
淮 滨	꜀ie	꜁ɕie	꜀ian	tianᵓ	꜀tʰian	꜁tʰian	lianᵓ

	谦	嫌	跌	贴	碟	协	泛
	咸开四平添溪	咸开四平添匣	咸开四入帖端	咸开四入帖透	咸开四入帖定	咸开四入帖匣	咸合三去梵敷
老城区	꜀tɕʰian	꜁ɕian	꜁tie	꜁tʰie	꜁tie	꜁ɕie	fanᵓ
浉河区	꜀tɕʰian	꜁ɕian	꜁tie	꜁tʰie	꜁tie	꜁ɕie	fanᵓ
平桥区	꜀tɕʰian	꜁ɕian	꜁tie	꜁tʰie	꜁tie	꜁ɕie	fanᵓ
罗 山	꜀tɕʰian	꜁ɕian	꜁tie	꜁tʰie	꜁tie	꜁ɕie	fanᵓ
光 山	꜀tɕʰian	꜁ɕian	꜁tie	꜁tʰie	꜁tie	꜁ɕie	fanᵓ
新 县	꜀tɕʰian	꜁ɕian	꜁tie	꜁tʰie	꜁tie	꜁ɕie	fanᵓ
卡 房	꜀tɕʰian	꜁ɕian	tie꜄	tʰie꜄	꜁tie	ɕie꜄	fanᵓ
潢 川	꜀tɕʰian	꜁ɕian	꜁tie	꜁tʰie	꜁tie	꜁ɕie	xuanᵓ
固 始	꜀tɕʰian	꜁ɕian	꜁tie	꜁tʰie	꜁tie	꜁ɕie	fanᵓ
商 城	꜀tɕʰian	꜁ɕian	꜁tie	꜁tʰie	꜁tie	꜁ɕie	fanᵓ
息 县	꜀tɕʰian	꜁ɕian	꜁tie	꜁tʰie	꜁tie	꜁ɕie	fanᵓ
淮 滨	꜀tɕʰian	꜁ɕian	꜁tiɛ	꜁tʰie	꜁tie	꜁ɕie	xuanᵓ

	范	法方法	乏	品	林	侵	心
	咸合三上范奉	咸合三入乏非	咸合三入乏奉	深开三上寝滂	深开三平侵来	深开三平侵清	深开三平侵心
老城区	fanꜜ	₌fa	₌fa	ꜛpʼin	₌lin	₌tɕin	₌ɕin
浉河区	fanꜜ	₌fa	₌fa	ꜛpʼin	₌lin	₌tɕʼin	₌ɕin
平桥区	fanꜜ	₌fa	₌fa	ꜛpʼin	₌lin	₌tɕin	₌ɕin
罗山	fanꜜ	₌fa	₌fa	ꜛpʼin	₌lin	₌tɕin	₌ɕin
光山	fanꜜ	₌fa	₌fa	ꜛpʼin	₌lin	₌tɕin	₌ɕin
新县	fanꜜ	₌fa	₌xua	ꜛpʼin	₌lin	₌tɕin	₌ɕin
卡房	fanꜜ	faꜜ	₌fa	ꜛpʼin	₌nin	₌tɕin	₌ɕin
潢川	xuanꜜ	₌xua	₌xua	ꜛpʼin	₌lin	₌tɕin	₌ɕin
固始	fanꜜ	₌fa	₌fa	ꜛpʼin	₌lin	₌tɕin	₌ɕin
商城	fanꜜ	₌fa	₌fa	ꜛpʼin	₌lin	₌tɕin	₌ɕin
息县	fanꜜ	₌fa	₌fa	ꜛpʼin	₌lin	₌tɕin	₌ɕin
淮滨	xuanꜜ	₌xua	₌xua	ꜛpʼiŋ	₌liŋ	₌tɕiŋ	₌ɕiŋ

	寻	沉	森	枕	深	任责任	金
	深开三平侵邪	深开三平侵澄	深开三平侵生	深开三上寝章	深开三平侵书	深开三去沁日	深开三平侵见
老城区	₌ɕin	₌tʂʼən	₌sən	ꜛtsən	₌tʂʼən/₌sən	zənꜜ	₌tɕin
浉河区	₌ɕyn	₌tʂʼen	₌sen	ꜛtʂen	₌tʂʼen/₌sen	zenꜜ	₌tɕin
平桥区	₌ɕyn	₌tʂʼən	₌sən	ꜛtsən	₌tʂʼən/₌sən	zənꜜ	₌tɕin
罗山	₌ɕin	₌tsʼən	₌sən	ꜛtsən	₌tʂʼən/₌sən	zənꜜ	₌tɕin
光山	₌ɕin	₌tʂʼen	₌sen	ꜛtʂen	₌tʂʼen/₌sen	zenꜜ	₌tɕin
新县	₌ɕin	₌tʂʼen	₌sen	ꜛtʂen	₌tʂʼen/₌sen	ȵenꜜ	₌tɕin
卡房	₌ɕin	₌tʂʼen	₌sen	ꜛtʂen	₌tʂʼen/₌sen	zenꜜ	₌tɕin
潢川	₌ɕyn	₌tsʼən	₌sən	ꜛtsən	₌tsʼən/₌sən	zənꜜ	₌tɕin
固始	₌ɕyn	₌tsʼən	₌sən	ꜛtsən	₌tsʼən/₌sən	zənꜜ	₌tɕin
商城	₌ɕyn	₌tsʼən	₌sən	ꜛtsən	₌tsʼən/₌sən	zənꜜ	₌tɕin
息县	₌ɕyn	₌tʂʼən	sənꜜ	ꜛtʂən	₌tʂʼən/₌sən	zənꜜ	₌tɕin
淮滨	₌ɕyŋ	₌tsʼəŋ	₌səŋ	ꜛtsəŋ	₌tsʼəŋ/₌səŋ	zəŋꜜ	₌tɕiŋ

	钦	琴	音	淫	立	集	习
	深开三平侵溪	深开三平侵群	深开三平侵影	深开三平侵以	深开三入缉来	深开三入缉从	深开三入缉邪
老城区	₋tɕʰin	₌tɕʰin	₋in	₌in	₌li	₌tɕi	₌ɕi
浉河区	₋tɕʰin	₌tɕʰin	₋in	₌in	li˧	tɕi˥	₌ɕi
平桥区	₋tɕʰin	₌tɕʰin	₋in	₌in	₌li	₌tɕi	₌ɕi
罗山	₋tɕʰin	₌tɕʰin	₋in	₌in	li˧	tɕi˥	₌ɕi
光山	₋tɕʰin	₌tɕʰin	₋in	₌in	li˧	₌tɕi	₌ɕi
新县	₋tɕʰin	₌tɕʰin	₋in	₌in	li˧	₌tɕi	₌ɕi
卡房	₋tɕʰin	₌tɕʰin	₋in	in˩	ni˩	tɕi˩	ɕi˩
潢川	₋tɕʰin	₌tɕʰin	₋in	₌in	₌li	₌tɕi	₌ɕi
固始	₋tɕʰin	₌tɕʰin	₋in	₌in	li˧	₌tɕi	₌ɕi
商城	₋tɕʰin	₌tɕʰin	₋in	₌in	li˧	₌tɕi	₌ɕi
息县	₋tɕʰin	₌tɕʰin	₋in	₌in	li˧	₌tɕi	₌ɕi
淮滨	₋tɕʰiŋ	₌tɕʰiŋ	₋iŋ	₌iŋ	li˧	₌tɕi	₌ɕi

	涩	执	湿	十	入	急	及
	深开三入缉生	深开三入缉章	深开三入缉书	深开三入缉禅	深开三入缉日	深开三入缉见	深开三入缉群
老城区	₌sɛ	₋tʂʅ	₋ʂʅ	₌ʂʅ	₋y	₌tɕi	₌tɕi
浉河区	₌sɛ	₌tʂʅ	₌ʂʅ	₌ʂʅ	ʯ˥	₌tɕi	₌tɕi
平桥区	₌sɛ	₌tʂʅ	₌ʂʅ	₌ʂʅ	₋y	₌tɕi	₌tɕi
罗山	₌se	₌tʂʅ	₌ʂʅ	₌ʂʅ	₋y	₌tɕi	₌tɕi
光山	₌se	₌tʂʅ	₌ʂʅ	₌ʂʅ	ʯ˥	₌tɕi	₌tɕi
新县	₌se	₌tʂʅ	₌ʂʅ	₌ʂʅ	₋ʯ	₌tɕi	₌tɕi
卡房	se˩	tʂʅ˩	ʂʅ˩	₌ʂʅ	ʯ˩	tɕi˩	tɕi˩
潢川	₌sɛ	₌tʂʅ	₌ʂʅ	₌ʂʅ	₋y	₌tɕi	₌tɕi
固始	₌sɛ	₌tʂʅ	₌ʂʅ	₌ʂʅ	₌zu	₌tɕi	₌tɕi
商城	₌siɛ	₌tʂʅ	₌ʂʅ	₌ʂʅ	₌y	₌tɕi	₌tɕi
息县	₌sɛ	₌tʂʅ	₌ʂʅ	₌ʂʅ	₌zu	₌tɕi	₌tɕi
淮滨	₌sɛ	₌tʂʅ	₌ʂʅ	₌ʂʅ	₌zu	₌tɕi	₌tɕi

	吸	摄作摄	单单独	炭	蛋	难难易	兰
	深开三入缉晓	深开三入缉影	山开一平寒端	山开一去翰透	山开一去翰定	山开一平寒泥	山开一平寒来
老城区	₌ɕi	₌i	₌tan	tʻanˀ	tanˀ	₌lan	₌lan
浉河区	₌ɕi	₌i	₌tan	tʻanˀ	tanˀ	₌lan	₌lan
平桥区	₌ɕi	₌i	₌tan	tʻanˀ	tanˀ	₌lan	₌lan
罗山	₌tɕi	₌i	₌tan	tʻanˀ	tanˀ	₌lan	₌lan
光山	₌ɕi	₌i	₌tan	tʻanˀ	tanˀ	₌lan	₌lan
新县	₌ɕi	₌i	₌tan	tʻanˀ	tanˀ	₌lan	₌lan
卡房	ɕi₋	i₋	₌tan	tʻanˀ	tanˀ	₌nan	₌nan
潢川	₌ɕi	₌i	₌tan	tʻanˀ	tanˀ	₌lan	₌lan
固始	₌ɕi	₌i	₌tan	tʻanˀ	tanˀ	₌lan	₌lan
商城	₌ɕi	₌i	₌tan	tʻanˀ	tanˀ	₌lan	₌lan
息县	₌ɕi	₌i	₌tan	tʻanˀ	tanˀ	₌nan	₌lan
淮滨	₌ɕi	₌i	₌tan	tʻanˀ	tanˀ	₌lan	₌lan

	赞	残	伞	干干湿	看看见	岸	汉
	山开一去翰精	山开一平寒从	山开一上旱心	山开一平寒见	山开一去翰溪	山开一去翰疑	山开一去翰晓
老城区	tsanˀ	₌tsʻan	ˁsan	₌kan	kʻanˀ	ŋanˀ	xanˀ
浉河区	tsanˀ	₌tsʻan	ˁsan	₌kan	kʻanˀ	ŋanˀ	xanˀ
平桥区	tsanˀ	₌tsʻan	ˁsan	₌kan	kʻanˀ	ɣanˀ	xanˀ
罗山	tsanˀ	₌tsʻan	ˁsan	₌kan	kʻanˀ	ŋanˀ	xanˀ
光山	tsanˀ	₌tsʻan	ˁsan	₌kan	kʻanˀ	ŋanˀ	xanˀ
新县	tsanˀ	₌tsʻan	ˁsan	₌kan	kʻanˀ	ŋanˀ	xanˀ
卡房	tsanˀ	₌tsʻan	ˁsan	₌kan	kʻanˀ	ŋanˀ	xanˀ
潢川	tsanˀ	₌tsʻan	ˁsan	₌kan	kʻanˀ	ɣanˀ	xanˀ
固始	tsanˀ	₌tsʻan	ˁsan	₌kan	kʻanˀ	ɣanˀ	xanˀ
商城	tsanˀ	₌tsʻan	ˁsan	₌kan	kʻanˀ	ɣanˀ	xanˀ
息县	tsanˀ	₌tsʻan	ˁsan	₌kan	kʻanˀ	ɣanˀ	xanˀ
淮滨	tsanˀ	₌tsʻan	ˁsan	₌kan	kʻanˀ	ɣanˀ	xanˀ

	寒	按	獭	达	捺	辣	擦
	山开一平寒匣	山开一去翰影	山开一入曷透	山开一入曷定	山开一入曷泥	山开一入曷来	山开一入曷清
老城区	₌xan	ŋanˀ	₌tʰa	₌ta	laˀ	₌la	₌tsʰa
浉河区	₌xan	ŋanˀ	₌tʰa	₌ta	₌la	₌la	₌tsʰa
平桥区	₌xan	ɣanˀ	tʰaˀ	₌ta	₌la	₌la	₌tsʰa
罗山	₌xan	ŋanˀ	₌tʰa	₌ta	₌la	₌la	₌tsʰa
光山	₌xan	ŋanˀ	₌tʰa	₌ta	₌la	₌la	₌tsʰa
新县	₌xan	ŋanˀ	₌tʰa	₌ta	₌la	₌la	₌tsʰa
卡房	₌xan	ŋanˀ	tʰaˀ	taˀ	₌na	naˀ	tsʰaˀ
潢川	₌xan	ɣanˀ	₌tʰa	₌ta	₌la	₌la	₌tsʰa
固始	₌xan	ɣanˀ	₌tʰa	₌ta	₌la	₌la	₌tsʰa
商城	₌xan	ɣanˀ	₌tʰa	₌ta	₌la	₌la	₌tsʰa
息县	₌xan	ɣanˀ	₌tʰa	₌ta	₌na	₌la	₌tsʰa
淮滨	₌xan	ɣanˀ	₌tʰa	₌ta	₌la	₌la	₌tsʰa

	撒	割	渴	喝 喝彩	扮	盼	盏
	山开一入曷心	山开一入曷见	山开一入曷溪	山开一入曷晓	山开二去裥帮	山开二去裥滂	山开二上产庄
老城区	ˀsa	₌kɣ	₌kʰɣ	₌xɣ	panˀ	pʰanˀ	ˀtsan
浉河区	ˀsa	₌ko	₌kʰo	₌xo	panˀ	pʰanˀ	ˀtsan
平桥区	ˀsa	₌ko	₌kʰo	₌xo	panˀ	pʰanˀ	ˀtsan
罗山	ˀsa	₌ko	₌kʰo	₌xo	panˀ	pʰanˀ	ˀtsan
光山	ˀsa	₌ko	₌kʰo	₌xo	panˀ	pʰanˀ	ˀtsan
新县	ˀsa	₌ko	₌kʰo	₌xo	panˀ	pʰanˀ	ˀtsan
卡房	ˀsaˀ	koˀ	kʰoˀ	xoˀ	panˀ	pʰanˀ	ˀtsan
潢川	ˀsa	₌kɣ	₌kʰɣ	xɣˀ	panˀ	pʰanˀ	ˀtsan
固始	ˀsa	₌kɣ	₌kʰɣ	xɣˀ	panˀ	pʰanˀ	ˀtsan
商城	ˀsa	₌kɣ	₌kʰɣ	xoˀ	panˀ	pʰanˀ	ˀtsan
息县	ˀsa	₌kɣ	₌kʰɣ	xɣˀ	panˀ	pʰanˀ	ˀtsan
淮滨	ˀsa	₌kɣ	₌kʰɣ	xɣˀ	panˀ	pʰanˀ	ˀtsan

	铲	山	间中间	眼	限	八	拔
	山开二 上产初	山开二 平山生	山开二 平山见	山开二 上产疑	山开二 上产匣	山开二 入黠帮	山开二 入黠並
老城区	ᶜtsʻan	₋san	₋tɕian	ᶜian	çianᵓ	₋pa	₌pa
浉河区	ᶜtsʻan	₋san	₋tɕian	ᶜian	çianᵓ	₋pa	₌pa
平桥区	ᶜtsʻan	₋san	₋tɕian	ᶜian	çianᵓ	₋pa	₌pa
罗山	ᶜtsʻan	₋san	₋tɕian	ᶜian	çianᵓ	₋pa	₌pa
光山	ᶜtsʻan	₋san	₋tɕian	ᶜian	çianᵓ	₋pa	₌pa
新县	ᶜtsʻan	₋san	₋tɕian	ᶜian	çianᵓ	₋pa	₌pa
卡房	ᶜtsʻan	₋san	₋tɕian	ᶜian	çianᵓ	paᵓ	paᵓ
潢川	ᶜtsʻan	₋san	₋tɕian	ᶜian	çianᵓ	₋pa	₌pa
固始	ᶜtsʻan	₋san	₋tɕian	ᶜian	çianᵓ	₋pa	₌pa
商城	ᶜtsʻan	₋san	₋tɕian	ᶜian	çianᵓ	₋pa	₌pa
息县	ᶜtsʻan	₋san	₋tɕian	ᶜian	çianᵓ	₋pa	₌pa
淮滨	ᶜtsʻan	₋san	₋tɕian	ᶜian	çianᵓ	₋pa	₌pa

	抹抹布	察	杀	轧	板	攀	慢
	山开二 入黠明	山开二 入黠初	山开二 入黠生	山开二 入黠影	山开二 上清帮	山开二 平删滂	山开二 去谏明
老城区	₌ma	₋tsʻa	₋sa	iaᵓ	ᶜpan	₋pʻan	manᵓ
浉河区	₌ma	₋tsʻa	₋sa	iaᵓ	ᶜpan	₋pʻan	manᵓ
平桥区	₌ma	₋tsʻa	₋sa	iaᵓ	ᶜpan	₋pʻan	manᵓ
罗山	₌ma	₋tsʻa	₋sa	iaᵓ	ᶜpan	₋pʻan	manᵓ
光山	₌ma	₋tsʻa	₋sa	iaᵓ	ᶜpan	₋pʻan	manᵓ
新县	₌ma	₋tsʻa	₋sa	₋ia	ᶜpan	₋pʻan	manᵓ
卡房	maᵓ	tsʻaᵓ	saᵓ	iaᵓ	ᶜpan	₋pʻan	manᵓ
潢川	₌ma	₋tsʻa	₋sa	iaᵓ	ᶜpan	₋pʻan	manᵓ
固始	₌ma	₋tsʻa	₋sa	iaᵓ	ᶜpan	₋pʻan	manᵓ
商城	₌ma	₋tsʻa	₋sa	iaᵓ	ᶜpan	₋pʻan	manᵓ
息县	₌ma	₋tsʻa	₋sa	iaᵓ	ᶜpan	₋pʻan	manᵓ
淮滨	₌ma	₋tsʻa	₋sa	iaᵓ	ᶜpan	₋pʻan	manᵓ

	奸	雁	铡	瞎	辖	变	偏
	山开二平删见	山开二去谏疑	山开二入辖崇	山开二入辖晓	山开二入辖匣	山开三去线帮	山开三平仙滂
老城区	₌tɕian	ian⁼	₌tsa	₌ɕia	₌ɕia	pian⁼	₌pʰian
浉河区	₌tɕian	ian⁼	₌tsa	₌ɕia	₌ɕia	pian⁼	₌pʰian
平桥区	₌tɕian	ian⁼	₌tsa	₌ɕia	₌ɕia	pian⁼	₌pʰian
罗 山	₌tɕian	ian⁼	₌tsa	₌ɕia	₌ɕia	pian⁼	₌pʰian
光 山	₌tɕian	ian⁼	₌tsa	₌ɕia	₌ɕia	pian⁼	₌pʰian
新 县	₌tɕian	ian⁼	₌tsa	₌ɕia	₌ɕia	pian⁼	₌pʰian
卡 房	₌tɕian	ian⁼	tsaɂ	ɕiaɂ	ɕiaɂ	pian⁼	₌pʰian
潢 川	₌tɕian	ian⁼	₌tsa	₌ɕia	₌ɕia	pian⁼	₌pʰian
固 始	₌tɕian	ian⁼	₌tsa	₌ɕia	₌ɕia	pian⁼	₌pʰian
商 城	₌tɕian	ian⁼	₌tsa	₌ɕia	₌ɕia	pian⁼	₌pʰian
息 县	₌tɕian	ian⁼	₌tsa	₌ɕia	₌ɕia	pian⁼	₌pʰian
淮 滨	₌tɕian	ian⁼	₌tsa	₌ɕia	₌ɕia	pian⁼	₌pʰian

	辨	面	连	剪	浅	钱	线
	山开三上狝并	山开三去线明	山开三平仙来	山开三上狝精	山开三上狝清	山开三平仙从	山开三去线心
老城区	pian⁼	mian⁼	₌lian	ꞈtɕian	ꞈtɕʰian	₌tɕʰian	ɕian⁼
浉河区	pian⁼	mian⁼	₌lian	ꞈtɕian	ꞈtɕʰian	₌tɕʰian	ɕian⁼
平桥区	pian⁼	mian⁼	₌lian	ꞈtɕian	ꞈtɕʰian	₌tɕʰian	ɕian⁼
罗 山	pian⁼	mian⁼	₌lian	ꞈtɕian	ꞈtɕʰian	₌tɕʰian	ɕian⁼
光 山	pian⁼	mian⁼	₌lian	ꞈtɕian	ꞈtɕʰian	₌tɕʰian	ɕian⁼
新 县	pian⁼	mian⁼	₌lian	ꞈtɕian	ꞈtɕʰian	₌tɕʰian	ɕian⁼
卡 房	pian⁼	mian⁼	₌nian	ꞈtɕian	ꞈtɕʰian	₌tɕʰian	ɕian⁼
潢 川	pian⁼	mian⁼	₌lian	ꞈtɕian	ꞈtɕʰian	₌tɕʰian	ɕian⁼
固 始	pian⁼	mian⁼	₌lian	ꞈtɕian	ꞈtɕʰian	₌tɕʰian	ɕian⁼
商 城	pian⁼	mian⁼	₌lian	ꞈtɕian	ꞈtɕʰian	₌tɕʰian	ɕian⁼
息 县	pian⁼	mian⁼	₌lian	ꞈtɕian	ꞈtɕʰian	₌tɕʰian	ɕian⁼
淮 滨	pian⁼	mian⁼	₌lian	ꞈtɕian	ꞈtɕʰian	₌tɕʰian	ɕian⁼

	展	缠	战	扇	善	然	件
	山开三上獮知	山开三平仙澄	山开三去线章	山开三去线书	山开三上獮禅	山开三平仙日	山开三上獮群
老城区	ᶜtsan	₌tsʻan	tsanᵓ	sanᵓ	sanᵓ	ᶜzan	tɕianᵓ
浉河区	ᶜtʂan	₌tʂʻan	tʂanᵓ	ʂanᵓ	ʂanᵓ	₌zạn	tɕianᵓ
平桥区	ᶜtsan	₌tsʻan	tsanᵓ	sanᵓ	sanᵓ	₌zan	tɕianᵓ
罗山	ᶜtsan	₌tsʻan	tsanᵓ	sanᵓ	sanᵓ	₌zan	tɕianᵓ
光山	ᶜtʂan	₌tʂʻan	tʂanᵓ	ʂanᵓ	ʂanᵓ	₌ɥan	tɕianᵓ
新县	ᶜtʂan	₌tʂʻan	tʂanᵓ	ʂanᵓ	ʂanᵓ	₌ɥan	tɕianᵓ
卡房	ᶜtʂan	₌tʂʻan	tʂanᵓ	ʂanᵓ	ʂanᵓ	₌ɥan	tɕianᵓ
潢川	ᶜtsan	₌tsʻan	tsanᵓ	sanᵓ	sanᵓ	₌zan	tɕianᵓ
固始	ᶜtsan	₌tsʻan	tsanᵓ	sanᵓ	sanᵓ	ᶜzan	tɕianᵓ
商城	ᶜtsan	₌tsʻan	tsanᵓ	sanᵓ	sanᵓ	ᶜzan	tɕianᵓ
息县	ᶜtʂan	₌tʂʻan	tʂanᵓ	ʂanᵓ	ʂanᵓ	ᶜzan	tɕianᵓ
淮滨	ᶜtsan	₌tsʻan	tsanᵓ	sanᵓ	sanᵓ	ᶜzan	tɕianᵓ

	谚	演	别	灭	列	薛	哲
	山开三去线疑	山开三上獮以	山开三入薛帮	山开三入薛明	山开三入薛来	山开三入薛心	山开三入薛知
老城区	ianᵓ	ᶜian	₌pie	₌mie	₌le	₌ɕyɛ	₌tse
浉河区	ianᵓ	ᶜian	₌pie	₌mie	₌lɛ	·ɕie	₌tʂe
平桥区	ianᵓ	ᶜian	₌pie	₌mie	₌lɛ	₌ɕyɛ	₌tse
罗山	ianᵓ	ᶜian	₌pie	₌mie	₌le	₌ɕie	₌tse
光山	ianᵓ	ᶜian	₌pie	₌mie	₌le	₌ɕie	₌tʂe
新县	ianᵓ	ᶜian	₌pie	₌mie	₌le	₌ɕie	₌tʂe
卡房	ianᵓ	ᶜian	pieᵓ	mieᵓ	neᵓ	ɕieᵓ	tʂeᵓ
潢川	ianᵓ	ᶜian	₌pie	₌mie	₌lɛ	₌ɕyɛ	₌tse
固始	ianᵓ	ᶜian	₌pie	₌mie	₌lie	₌ɕyɛ	₌tsai
商城	ianᵓ	ᶜian	₌pie	₌mie	₌lie	₌ɕyɛ	₌tsie
息县	ianᵓ	ᶜian	₌pie	₌mie	₌le	₌ɕyɛ	₌tʂe
淮滨	ianᵓ	ᶜian	₌pie	₌mie	₌le	₌ɕyɛ	₌tse

	彻	辙	浙	舌	设	热	杰
	山开三入薛彻	山开三入薛澄	山开三入薛章	山开三入薛船	山开三入薛书	山开三入薛日	山开三入薛群
老城区	₌tsʻɛ	₌tse	₌tse	₌se	se⊃	₌ze	₌tɕie
浉河区	₌tʂʻɛ	₌tʂe	₌tʂe	₌ʂe	ʂe⊃	₌ʐe	₌tɕie
平桥区	₌tsʻɛ	₌tse	₌tse	₌se	⸤se	₌ze	₌tɕie
罗山	₌tsʻe	₌tse	₌tse	₌se	se⊃	₌ze	₌tɕie
光山	tʂʻe⊃	₌tʂe	₌tʂe	₌ʂe	₌ʂe	₌ʅe	₌tɕie
新县	tʂʻe⊃	₌tʂe	₌tʂe	₌ʂe	₌ʂe	₌ʅe	₌tɕie
卡房	tʂʻe꜕	tʂe꜕	tʂe꜕	ʂe꜕	ʂe⊃	ʅe꜕	tɕie꜕
潢川	tʂʻɛ⊃	₌tʂe	₌tʂe	₌ʂe	⸤ʂe	₌ʐe	₌tɕie
固始	tsʻai⊃	₌tsai	₌tsai	₌sai	⸤sai	₌zai	₌tɕie
商城	tsʻiɛ⊃	₌tsie	₌tsie	₌sie	₌sie	₌zie	₌tɕie
息县	tʂʻɛ⊃	₌tʂe	₌tʂe	₌ʂe	₌ʂe	₌ʐʅ	₌tɕie
淮滨	₌tsʻɛ	₌tse	₌tse	₌se	⸤se	₌ze	₌tɕie

	建	言	献	堰	揭	歇	边
	山开三去愿见	山开三平元疑	山开三去愿晓	山开三去愿影	山开三入月见	山开三入月晓	山开四平先帮
老城区	tɕian⊃	₌ian	ɕian⊃	ian⊃	₌tɕie	₌ɕie	₌pian
浉河区	tɕian⊃	₌ian	ɕian⊃	ian⊃	₌tɕie	₌ɕie	₌pian
平桥区	tɕian⊃	₌ian	ɕian⊃	ian⊃	₌tɕie	₌ɕie	₌pian
罗山	tɕian⊃	₌ian	ɕian⊃	ian⊃	₌tɕie	₌ɕie	₌pian
光山	tɕian⊃	₌ian	ɕian⊃	ian⊃	₌tɕie	₌ɕie	₌pian
新县	tɕian⊃	₌ian	ɕian⊃	ian⊃	₌tɕie	₌ɕie	₌pian
卡房	tɕian⊃	₌ian	ɕian⊃	ian⊃	tɕie⊃	ɕie꜕	₌pian
潢川	tɕian⊃	₌ian	ɕian⊃	ian⊃	₌tɕie	₌ɕie	₌pian
固始	tɕian⊃	₌ian	ɕian⊃	ian⊃	₌tɕie	₌ɕie	₌pian
商城	tɕian⊃	₌ian	ɕian⊃	ian⊃	₌tɕie	₌ɕie	₌pian
息县	tɕian⊃	₌ian	ɕian⊃	ian⊃	₌tɕie	₌ɕie	₌pian
淮滨	tɕian⊃	₌ian	ɕian⊃	ian⊃	₌tɕie	₌ɕie	₌pian

	片	眠	典	天	电	年	怜
	山开四 去霰滂	山开四 平先明	山开四 上铣端	山开四 平先透	山开四 去霰定	山开四 平先泥	山开四 平先来
老城区	pʰianᵓ	₌mian	ꜛtian	₌tʰian	tianᵓ	₌n̠ian	₌lian
浉河区	pʰianᵓ	₌mian	ꜛtian	₌tʰian	tianᵓ	₌n̠ian	₌lian
平桥区	pʰianᵓ	₌mian	ꜛtian	₌tʰian	tianᵓ	₌n̠ian	₌lian
罗山	pʰianᵓ	₌mian	ꜛtian	₌tʰian	tianᵓ	₌n̠ian	₌lian
光山	pʰianᵓ	₌mian	ꜛtian	₌tʰian	tianᵓ	₌n̠ian	₌lian
新县	pʰianᵓ	₌mian	ꜛtian	₌tʰian	tianᵓ	₌n̠ian	₌lian
卡房	pʰianᵓ	₌mian	ꜛtian	₌tʰian	tianᵓ	₌n̠ian	₌nian
潢川	pʰianᵓ	₌mian	ꜛtian	₌tʰian	tianᵓ	₌lian	₌lian
固始	pʰianᵓ	₌mian	ꜛtian	₌tʰian	tianᵓ	₌lian	₌lian
商城	pʰianᵓ	₌mian	ꜛtian	₌tʰian	tianᵓ	₌lian	₌lian
息县	pʰianᵓ	₌mian	ꜛtian	₌tʰian	tianᵓ	₌nian	₌lian
淮滨	pʰianᵓ	₌mian	ꜛtian	₌tʰian	tianᵓ	₌lian	₌lian

	千	前	先	见	牵	研	显
	山开四 平先清	山开四 平先从	山开四 平先心	山开四 去霰见	山开四 平先溪	山开四 平先疑	山开四 上铣晓
老城区	₌tɕʰian	₌tɕʰian	₌ɕian	tɕianᵓ	₌tɕʰian	ꜛian	ꜛɕian
浉河区	₌tɕʰian	₌tɕʰian	₌ɕian	tɕianᵓ	₌tɕʰian	₌ian	ꜛɕian
平桥区	₌tɕʰian	₌tɕʰian	₌ɕian	tɕianᵓ	₌tɕʰian	₌ian	ꜛɕian
罗山	₌tɕʰian	₌tɕʰian	₌ɕian	tɕianᵓ	₌tɕʰian	₌n̠ian/ꜛian	ꜛɕian
光山	₌tɕʰian	₌tɕʰian	₌ɕian	tɕianᵓ	₌tɕʰian	₌n̠ian/ꜛian	ꜛɕian
新县	₌tɕʰian	₌tɕʰian	₌ɕian	tɕianᵓ	₌tɕʰian	₌n̠ian/ꜛian	ꜛɕian
卡房	₌tɕʰian	₌tɕʰian	₌ɕian	tɕianᵓ	₌tɕʰian	₌n̠ian/ꜛian	ꜛɕian
潢川	₌tɕʰian	₌tɕʰian	₌ɕian	tɕianᵓ	₌tɕʰian	ꜛian	ꜛɕian
固始	₌tɕʰian	₌tɕʰian	₌ɕian	tɕianᵓ	₌tɕʰian	ꜛian	ꜛɕian
商城	₌tɕʰian	₌tɕʰian	₌ɕian	tɕianᵓ	₌tɕʰian	ꜛian	ꜛɕian
息县	₌tɕʰian	₌tɕʰian	₌ɕian	tɕianᵓ	₌tɕʰian	ꜛian	ꜛɕian
淮滨	₌tɕʰian	₌tɕʰian	₌ɕian	tɕianᵓ	₌tɕʰian	ꜛian	ꜛɕian

	现	烟	憋	撇	篾 竹篾	铁	捏
	山开四 去霰匣	山开四 平先影	山开四 入屑帮	山开四 入屑滂	山开四 入屑明	山开四 入屑透	山开四 入屑泥
老城区	ɕian²	ɕian	₋pie	₋pʰie	₋mie	₋tʰie	₋nie
浉河区	ɕian²	ɕian	₋pie	₋pʰie	₋mie	₋tʰie	₋ȵie
平桥区	ɕian²	ɕian	₋pie	₋pʰie	₋mie	₋tʰie	₋ȵie
罗山	ɕian²	ɕian	₋pie	₋pʰie	₋mie	₋tʰie	₋ȵie
光山	ɕian²	ɕian	₋pie	₋pʰie	₋mie	₋tʰie	₋ȵie
新县	ɕian²	ɕian	₋pie	₋pʰie	₋mie	₋tʰie	₋ȵie
卡房	ɕian²	ɕian	pie₋	pʰie₋	mie₋	tʰie₋	ȵie₋
潢川	ɕian²	ɕian	₋pie	₋pʰie	₋mie	₋tʰie	ˍlie
固始	ɕian²	ɕian	₋pie	₋pʰie	₋mie	₋tʰie	ˍlie
商城	ɕian²	ɕian	₋pie	₋pʰie	₋mie	₋tʰie	ˍlie
息县	ɕian²	ɕian	₋pie	₋pʰie	₋mie	₋tʰie	₋ȵie
淮滨	ɕian²	ɕian	₋pie	₋pʰie	₋mie	₋tʰie	ˍlie

	节	切 切开	截	楔	结	噎	搬
	山开四 入屑精	山开四 入屑清	山开四 入屑从	山开四 入屑心	山开四 入屑见	山开四 入屑影	山合一 平桓帮
老城区	₋tɕie	₋tɕʰie	ˍtɕie	₋ɕie	₋tɕie	₋ie	₋pan
浉河区	₋tɕie	₋tɕʰie	ˍtɕie	₋ɕie	₋tɕie	₋ie	₋pan
平桥区	₋tɕie	₋tɕʰie	ˍtɕie	₋ɕie	₋tɕie	₋ie	₋pan
罗山	₋tɕie	₋tɕʰie	ˍtɕie	₋ɕie	₋tɕie	₋ie	₋pan
光山	₋tɕie	₋tɕʰie	ˍtɕie	₋ɕie	₋tɕie	₋ie	₋pan
新县	₋tɕie	₋tɕʰie	ˍtɕie	₋ɕie	₋tɕie	₋ie	₋pan
卡房	tɕie₋	tɕʰie₋	tɕie₋	ɕie₋	tɕie₋	ie₋	₋pan
潢川	ˍtɕie	ˍtɕʰie	ˍtɕie	₋ɕie	ˍtɕie	₋ie	₋pan
固始	ˍtɕie	₋tɕʰie	ˍtɕie	₋ɕie	ˍtɕie	₋ie	₋pan
商城	ˍtɕie	ˍtɕʰie	ˍtɕie	₋ɕie	ˍtɕie	₋ie	₋pan
息县	ˍtɕie	ˍtɕʰie	ˍtɕie	₋ɕie	ˍtɕie	₋ie	₋pan
淮滨	ˍtɕie	ˍtɕʰie	ˍtɕie	₋ɕie	ˍtɕie	₋ie	₋pan

	判	盘	满	短	段	乱	钻动词
	山合一去换滂	山合一平桓并	山合一上缓明	山合一上缓端	山合一去换定	山合一去换来	山合一平桓精
老城区	p'anˀ	₌p'an	⸢man	⸢tan	tanˀ	lanˀ	₌tsan
浉河区	p'anˀ	₌p'an	⸢man	⸢tan	tanˀ	lanˀ	₌tsan
平桥区	p'anˀ	₌p'an	⸢man	⸢tan ~ ⸢tuan	tanˀ ~ tuanˀ	lanˀ ~ luanˀ	₌tsuan
罗 山	p'anˀ	₌p'an	⸢man	⸢tan	tanˀ	lanˀ	₌tsan
光 山	p'anˀ	₌p'an	⸢man	⸢tan	tanˀ	lanˀ	₌tsan
新 县	p'anˀ	₌p'an	⸢man	⸢tan	tanˀ	lanˀ	₌tsan
卡 房	p'anˀ	₌p'an	⸢man	⸢tan	tanˀ	nanˀ	₌tsan
潢 川	p'anˀ	₌p'an	⸢man	⸢tan	tanˀ	luanˀ	₌tsuan
固 始	p'anˀ	₌p'an	⸢man	⸢tuan	tuanˀ	luanˀ	₌tsuan
商 城	p'anˀ	₌p'an	⸢man	⸢tan	tanˀ	lanˀ	₌tsan
息 县	p'anˀ	₌p'an	⸢man	⸢tuan	tuanˀ	luanˀ	₌tsuan
淮 滨	p'anˀ	₌p'an	⸢man	⸢tuan	tuanˀ	luanˀ	₌tsuan

	酸	官	宽	欢	换	碗	拨
	山合一平桓心	山合一平桓见	山合一平桓溪	山合一平桓晓	山合一去换匣	山合一上缓影	山合一入末帮
老城区	₌san	₌kuan	₌kuan	₌fan	fanˀ	⸢uan	₌po
浉河区	₌san	₌kuan	₌kuan	₌fan	fanˀ	⸢uan	₌po
平桥区	₌suan	₌kuan	₌kuan	₌fan	fanˀ	⸢uan	₌po
罗 山	₌san	₌kuan	₌kuan	₌fan	fanˀ	⸢uan	₌po
光 山	₌san	₌kuan	₌kuan	₌fan	fanˀ	⸢uan	₌po
新 县	₌san	₌kuan	₌kuan	₌xuan	xuanˀ	⸢uan	₌po
卡 房	₌san	₌kuan	₌kuan	₌fan	fanˀ	⸢uan	poˀ
潢 川	₌suan	₌kuan	₌kuan	₌xuan	xuanˀ	⸢uan	₌po
固 始	₌suan	₌kuan	₌kuan	₌xuan	xuanˀ	⸢uan	₌po
商 城	₌san	₌kuan	₌kuan	₌xuan	xuanˀ	⸢uan	₌po
息 县	₌suan	₌kuan	₌kuan	₌fan	fanˀ	⸢uan	₌po
淮 滨	₌suan	₌kuan	₌kuan	₌xuan	xuanˀ	⸢uan	₌po

	泼	沫	脱	夺	括 (包括)	阔	豁
	山合一 入末滂	山合一 入末明	山合一 入末透	山合一 入末定	山合一 入末见	山合一 入末溪	山合一 入末晓
老城区	₋pʻo	₌mo	₋tʻuo	₌tuo	₋kʻuo	₋kʻuo	₌fo
浉河区	₋pʻo	₌mo	₋tʻo	₌to	₌kʻo	₌kʻo	₌xo
平桥区	₋pʻo	₌mo	₋tʻo	₌to	₌kʻo	₌kʻo	₌fo
罗　山	₋pʻo	₌mo	₋tʻo	₌to	₌kʻo	₌kʻo	₌xo
光　山	₋pʻo	₌mo	₋tʻo	₌to	₌kʻo	₌kʻo	₌xo
新　县	₋pʻo	₌mo	₋tʻo	₌to	₋kʻo	₌kʻo	₌xo
卡　房	pʻo₋	mo₌	tʻo₋	to₌	kʻo₋	kʻo₋	xo₋
潢　川	₋pʻo	₌mo	₋tʻuo	₌tuo	₌kʻuo	₌kʻuo	₌xuo
固　始	₋pʻo	₌mo	₋tʻuo	₌tuo	₌kʻuo	₌kʻuo	₌xuo
商　城	₋pʻo	₌mo	₋tʻo	₌to	₌kʻo	₌kʻo	₌xo
息　县	₋pʻo	₌mo	₋tʻuo	₌tuo	₋kʻuo	₌kʻuo	₌xo
淮　滨	₋pʻo	₌mo	₋tʻuo	₌tuo	₌kʻuo	₌kʻuo	₌xuo

	活	顽	幻	滑	挖	撰	拴
	山合一 入末匣	山合二 平山疑	山合二 去裥匣	山合二 入黠匣	山合二 入黠影	山合二 上潸崇	山合二 平删生
老城区	₌fo	₌uan	fan⁻	₌fa	₋ua	tsan⁻	₌san
浉河区	₌fo	₌uan	fan⁻	₌fa	₋ua	tsan⁻	₌san
平桥区	₌fo	₌uan	fan⁻	₌fa	₋ua	tsuan⁻	₌suan
罗　山	₌xo	₌uan	fan⁻	₌fa	₋ua	tsan⁻	₌san
光　山	₌xo	₌uan	fan⁻	₌xua	₋ua	tsan⁻	₌san
新　县	₌xo	₌uan	fan⁻	₌xua	₋ua	tsan⁻	₌san
卡　房	xo₋	₌uan	fan⁻	₌fa	ua₋	tsan⁻	san
潢　川	₌xuo	₌uan	xuan⁻	₌xua	₋ua	tsuan⁻	₌suan
固　始	₌xuo	₌uan	xuan⁻	₌xua	₋ua	tsuan⁻	₌suan
商　城	₌xo	₌uan	xuan⁻	₌xua	₋ua	tɕyan⁻	₌ɕyan
息　县	₌fo	₌uan	fan⁻	₌fa	₋ua	tsuan⁻	₌suan
淮　滨	₌xuo	₌uan	xuan⁻	₌xua	₋ua	tsuan⁻	₌suan

	关	环	弯	刷	刮	全	宣
	山合二平删见	山合二平删匣	山合二平删影	山合二入辖生	山合二入辖见	山合三平仙从	山合三平仙心
老城区	₌kuan	₌fan	₌uan	₌sa	₌kua	₌tɕyan	₌ɕyan
浉河区	₌kuan	₌fan	₌uan	₌sa	₌kua	₌tʂʯan	₌ɕyan
平桥区	₌kuan	₌fan	₌uan	₌sua	₌kua	₌tɕyan	₌ɕyan
罗 山	₌kuan	₌fan	₌uan	₌sa	₌kua	₌tɕian	₌ɕyan
光 山	₌kuan	₌fan	₌uan	₌sa	₌kua	₌tɕian	₌ɕian
新 县	₌kuan	₌xuan	₌uan	₌sa	₌kua	₌tɕian	₌ɕian
卡 房	₌kuan	₌fan	₌uan	sa₎	kua₎	₌tɕian	₌ɕian
潢 川	₌kuan	₌xuan	₌uan	₌sua	₌kua	₌tɕyan	₌ɕyan
固 始	₌kuan	₌xuan	₌uan	₌sua	₌kua	₌tɕyan	₌ɕyan
商 城	₌kuan	₌xuan	₌uan	₌ɕya	₌kua	₌tɕyan	₌ɕyan
息 县	₌kuan	₌fan	₌uan	₌sua	₌kua	₌tɕyan	₌ɕyan
淮 滨	₌kuan	₌xuan	₌uan	₌sua	₌kua	₌tɕyan	₌ɕyan

	旋	转转眼	篆	砖	穿	船	软
	山合三平仙邪	山合三上狝知	山合三上狝澄	山合三平仙章	山合三平仙昌	山合三平仙船	山合三上狝日
老城区	₌ɕyan	ꜛtɕyan	tɕyan꜒	₌tɕyan	₌tɕʰyan	₌tɕʰyan	ꜛyan
浉河区	₌ɕyan	ꜛtʂʯan	tʂʯan꜒	₌tʂʯan	₌tʂʰʯan	₌tʂʰʯan	ꜛʯan
平桥区	₌ɕyan	ꜛtsuan	tsuan꜒	₌tsuan	₌tsʰuan	₌tsʰuan	ꜛzuan
罗 山	₌ɕian	ꜛtɕyan	tɕyan꜒	₌tɕyan	₌tɕʰyan	₌tɕʰyan	ꜛȵyan
光 山	₌ɕian	ꜛtʂʯan	tʂʯan꜒	₌tʂʯan	₌tʂʰʯan	₌tʂʰʯan	ꜛʯan
新 县	₌ɕian	ꜛtʂʯan	tʂʯan꜒	₌tʂʯan	₌tʂʰʯan	₌tʂʰʯan	ꜛʯan
卡 房	₌ɕian	ꜛtʂʯan	tʂʯan꜒	₌tʂʯan	₌tʂʰʯan	₌tʂʰʯan	ꜛʯan
潢 川	₌ɕyan	ꜛtsuan	tsuan꜒	₌tsuan	₌tsʰuan	₌tsʰuan	ꜛzuan
固 始	₌ɕyan	ꜛtsuan	tsuan꜒	₌tsuan	₌tsʰuan	₌tsʰuan	ꜛzuan
商 城	₌ɕian	ꜛtɕyan	tɕyan꜒	₌tɕyan	₌tɕʰyan	₌tɕʰyan	ꜛyan
息 县	₌ɕyan	ꜛtʂuan	tʂuan꜒	₌tʂuan	₌tʂʰuan	₌tʂʰuan	ꜛzuan
淮 滨	₌ɕyan	ꜛtsuan	tsuan꜒	₌tsuan	₌tsʰuan	₌tsʰuan	ꜛzuan

	圈圆圈	倦	员	劣	绝	雪	说
	山合三平仙溪	山合三去线群	山合三平仙云	山合三入薛来	山合三入薛从	山合三入薛心	山合三入薛书
老城区	₌tɕʰyan	tɕyan⁻	₌yan	₌le	₌tɕye	₌ɕye	₌ɕye
浉河区	₌tʂʰʮan	tʂʮan⁻	₌ʮan	₌le	₌tʂʮɛ	₌ʂʮɛ	₌ɕye
平桥区	₌tɕʰyan	tɕyan⁻	₌yan	₌le	₌tɕye	₌ɕye	₌ɕye
罗　山	₌tɕʰyan	tɕyan⁻	₌yan	₌le	₌tɕie	₌ɕie	₌ɕye
光　山	₌tʂʰʮan	tʂʮan⁻	₌ʮan	₌le	₌tɕie	₌ɕie	₌ʂʮɛ
新　县	₌tʂʰʮan	tʂʮan⁻	₌ʮan	₌le	₌tɕie	₌ɕie	₌ʂʮɛ
卡　房	₌tʂʰʮan	tʂʮan⁻	₌ʮan	₌ne	₌tɕie	₌ɕie	₌ʂʮɛ
潢　川	₌tɕʰyan	tɕyan⁻	₌yan	₌lie	₌tɕye	₌ɕye	₌ɕye
固　始	₌tɕʰyan	tɕyan⁻	₌yan	₌lie	₌tɕye	₌ɕye	₌ɕye
商　城	₌tɕʰyan	tɕyan⁻	₌yan	₌lie	₌tɕiɛ	₌ɕye	₌ɕye
息　县	₌tɕʰyan	tɕyan⁻	₌yan	₌le	₌tɕye	₌ɕye	₌ʂʮɛ
淮　滨	₌tɕʰyan	tɕyan⁻	₌yan	₌lie	₌tɕye	₌ɕye	₌ɕye

	阅	反	翻	饭	晚	劝	愿
	山合三入薛以	山合三上阮非	山合三平元敷	山合三去愿奉	山合三上阮微	山合三去愿溪	山合三去愿疑
老城区	₌yɛ	⁻fan	₌fan	fan⁻	⁻uan	tɕʰyan⁻	yan⁻
浉河区	₌ʮɛ	⁻fan	₌fan	fan⁻	⁻uan	tʂʰʮan⁻	ʮan⁻
平桥区	yɛ⁻	⁻fan	₌fan	fan⁻	⁻uan	tɕʰyan⁻	yan⁻
罗　山	₌ye	⁻fan	₌fan	fan⁻	⁻uan	tɕʰyan⁻	yan⁻
光　山	₌ʮe	⁻fan	₌fan	fan⁻	⁻uan	tʂʰʮan⁻	ʮan⁻
新　县	₌ʮe	⁻fan	₌fan	fan⁻	⁻uan	tʂʰʮan⁻	ʮan⁻
卡　房	₌ʮe	⁻fan	₌fan	fan⁻	⁻uan	tʂʰʮan⁻	ʮan⁻
潢　川	₌yɛ	⁻xuan	₌xuan	xuan⁻	⁻uan	tɕʰyan⁻	yan⁻
固　始	₌yɛ	⁻fan	₌fan	fan⁻	⁻uan	tɕʰyan⁻	yan⁻
商　城	₌yɛ	⁻fan	₌fan	fan⁻	⁻uan	tɕʰyan⁻	yan⁻
息　县	₌yɛ	⁻fan	₌fan	fan⁻	⁻uan	tɕʰyan⁻	yan⁻
淮　滨	₌yɛ	⁻xuan	₌xuan	xuan⁻	⁻uan	tɕʰyan⁻	yan⁻

	冤	远	发发财	罚	袜	掘	月
	山合三平元影	山合三上阮云	山合三入月非	山合三入月奉	山合三入月微	山合三入月群	山合三入月疑
老城区	₌yan	ˀyan	₌fa	₌fa	₌ua	₌tɕyɛ	₌yɛ
浉河区	₌ʮan	ˀʮan	₌fa	₌fa	₌ua	₌tʂʮɛ	₌ʮɛ
平桥区	₌yan	ˀyan	₌fa	₌fa	₌ua	₌tɕyɛ	₌yɛ
罗山	₌yan	ˀyan	₌fa	₌fa	₌ua	₌tɕyɛ	₌yɛ
光山	₌ʮan	ˀʮan	₌fa	₌fa	₌ua	₌tʂʮɛ	₌ʮɛ
新县	₌ʮan	ˀʮan	₌fa	₌fa	₌ua	₌tʂʮɛ	₌ʮɛ
卡房	₌ʮan	ˀʮan	fa⁼	₌fa	ua⁼	tʂʮɛ⁼	ʮɛ⁼
潢川	₌yan	ˀyan	₌xua	₌xua	₌ua	₌tɕyɛ	₌yɛ
固始	₌yan	ˀyan	₌fa	₌fa	₌ua	₌tɕyɛ	₌yɛ
商城	₌yan	ˀyan	₌fa	₌fa	₌ua	₌tɕyɛ	₌yɛ
息县	₌yan	ˀyan	₌fa	₌fa	₌ua	₌tɕyɛ	₌yɛ
淮滨	₌yan	ˀyan	₌xua	₌xua	₌ua	₌tɕyɛ	₌yɛ

	日	悬	渊	决	缺	血	穴
	山合三入月云	山合四平先匣	山合四平先影	山合四入屑见	山合四入屑溪	山合四入屑晓	山合四入屑匣
老城区	₌yɛ	₌ɕyan	₌yan	₌tɕyɛ	₌tɕʻyɛ	₌ɕiɛ	₌ɕyɛ
浉河区	₌ʮɛ	₌ʂʮan	₌ʮan	₌tʂʮɛ	₌tʂʻʮɛ	₌ɕiɛ	₌ʂʮɛ
平桥区	₌yɛ	₌ɕyan	₌yan	₌tɕyɛ	₌tɕʻyɛ	₌ɕiɛ	₌ɕyɛ
罗山	₌yɛ	₌ɕyan	₌yan	₌tɕyɛ	₌tɕʻyɛ	₌ɕiɛ	₌ɕyɛ
光山	₌yɛ	₌ʂʮan	₌ʮan	₌tʂʮɛ	₌tʂʻʮɛ	₌ɕiɛ	ʂʮɛ⁼
新县	₌yɛ	₌ʂʮan	₌ʮan	₌tʂʮɛ	₌tʂʻʮɛ	₌ɕiɛ	ʂʮɛ⁼
卡房	ʮɛ⁼	₌ʂʮan	₌ʮan	₌tʂʮɛ	₌tʂʻʮɛ	₌ɕiɛ	ʂʮɛ⁼
潢川	₌yɛ	₌ɕyan	₌yan	₌tɕyɛ	₌tɕʻyɛ	₌ɕiɛ	₌ɕyɛ
固始	₌yɛ	₌ɕyan	₌yan	₌tɕyɛ	₌tɕʻyɛ	₌ɕiɛ	₌ɕyɛ
商城	₌yɛ	₌ɕyan	₌yan	₌tɕyɛ	₌tɕʻyɛ	₌ɕiɛ	₌ɕyɛ
息县	₌yɛ	₌ɕyan	₌yan	₌tɕyɛ	₌tɕʻyɛ	₌ɕiɛ	₌ɕyɛ
淮滨	₌yɛ	₌ɕyan	₌yan	₌tɕyɛ	₌tɕʻyɛ	₌ɕiɛ	₌ɕyɛ

	吞	根	恳	很	恩	宾	贫
	臻开一 平痕透	臻开一 平痕见	臻开一 上很溪	臻开一 上很匣	臻开一 平痕影	臻开三 平真帮	臻开三 平真並
老城区	₌tʰən	₌kən	Ꞌkʰən	Ꞌxən	₌ŋən	₌pin	₌pʰin
浉河区	₌tʰen	₌ken	Ꞌkʰen	Ꞌxen	₌ŋen	₌pin	₌pʰin
平桥区	₌tʰuən	₌kən	Ꞌkʰən	Ꞌxən	₌ŋən	₌pin	₌pʰin
罗山	₌tʰən	₌kən	Ꞌkʰən	Ꞌxən	₌ŋən	₌pin	₌pʰin
光山	₌tʰen	₌ken	Ꞌkʰen	Ꞌxen	₌ŋen	₌pin	₌pʰin
新县	₌tʰen	₌ken	Ꞌkʰen	Ꞌxen	₌ŋen	₌pin	₌pʰin
卡房	₌tʰen	₌ken	Ꞌkʰen	Ꞌxen	₌ŋen	₌pin	₌pʰin
潢川	₌tʰən	₌kən	Ꞌkʰən	Ꞌxən	₌ŋən	₌pin	₌pʰin
固始	₌tʰən	₌kən	Ꞌkʰən	Ꞌxən	₌ŋən	₌pin	₌pʰin
商城	₌tʰən	₌kən	Ꞌkʰən	Ꞌxən	₌ŋən	₌pin	₌pʰin
息县	₌tʰən	₌kən	Ꞌkʰən	Ꞌxən	₌ŋən	₌pin	₌pʰin
淮滨	₌tʰəŋ	₌kəŋ	Ꞌkʰəŋ	Ꞌxəŋ	₌ŋəŋ	₌piŋ	₌pʰiŋ

	民	邻	进	亲	秦	信	珍
	臻开三 平真明	臻开三 平真来	臻开三 去震精	臻开三 平真清	臻开三 平真从	臻开一 去震心	臻开三 平真知
老城区	₌min	₌lin	tɕin⁻	₌tɕʰin	₌ɕin	ɕin⁻	₌tʂən
浉河区	₌min	₌lin	tɕin⁻	₌tɕʰin	₌ɕin	ɕin⁻	₌tʂen
平桥区	₌min	₌lin	tɕin⁻	₌tɕʰin	₌ɕin	ɕin⁻	₌tʂən
罗山	₌min	₌lin	tɕin⁻	₌tɕʰin	₌ɕin	ɕin⁻	₌tʂən
光山	₌min	₌lin	tɕin⁻	₌tɕʰin	₌ɕin	ɕin⁻	₌tʂən
新县	₌min	₌lin	tɕin⁻	₌tɕʰin	₌ɕin	ɕin⁻	₌tʂen
卡房	₌min	₌nin	tɕin⁻	₌tɕʰin	₌ɕin	ɕin⁻	₌tʂen
潢川	₌min	₌lin	tɕin⁻	₌tɕʰin	₌ɕin	ɕin⁻	₌tʂən
固始	₌min	₌lin	tɕin⁻	₌tɕʰin	₌ɕin	ɕin⁻	₌tʂən
商城	₌min	₌lin	tɕin⁻	₌tɕʰin	₌ɕin	ɕin⁻	₌tʂən
息县	₌min	₌lin	tɕin⁻	₌tɕʰin	₌ɕin	ɕin⁻	₌tʂen
淮滨	₌miŋ	₌liŋ	tɕiŋ⁻	₌tɕʰiŋ	₌ɕiŋ	ɕiŋ⁻	₌tʂəŋ

	趁	阵	真	神	身	肾	认
	臻开三 去震彻	臻开三 去震澄	臻开三 平真章	臻开三 平真船	臻开三 平真书	臻开三 上轸禅	臻开三 去震日
老城区	tsʻən˧	tsən˧	꜀tsən	꜀sən	꜀sən	sən˧	zən˧
浉河区	tʂʻen˧	tʂen˧	꜀tʂen	꜀ʂen	꜀ʂen	ʂen˧	zen˧
平桥区	tsʻən˧	tsən˧	꜀tsən	꜀sən	꜀sən	sən˧	zən˧
罗山	tsʻən˧	tsən˧	꜀tsən	꜀sən	꜀sən	sən˧	zən˧
光山	tʂʻen˧	tʂen˧	꜀tʂen	꜀ʂen	꜀ʂen	ʂen˧	zen˧
新县	tʂʻen˧	tʂen˧	꜀tʂen	꜀ʂen	꜀ʂen	ʂen˧	ɥen˧
卡房	tsʻen˧	tʂen˧	꜀tʂen	꜀ʂen	꜀ʂen	ʂen˧	zen˧
潢川	tsʻən˧	tsən˧	꜀tsən	꜀sən	꜀sən	sən˧	zən˧
固始	tsʻən˧	tsən˧	꜀tsən	꜀sən	꜀sən	sən˧	zən˧
商城	tsʻən˧	tsən˧	꜀tsən	꜀sən	꜀sən	sən˧	zən˧
息县	tʂʻən˧	tʂən˧	꜀tʂən	꜀ʂən	꜀ʂən	ʂən˧	zʐən˧
淮滨	tsʻəŋ˧	tsəŋ˧	꜀tsəŋ	꜀səŋ	꜀səŋ	səŋ˧	zəŋ˧

	紧	银	印	引	笔	匹	蜜
	臻开三 上轸见	臻开三 平真疑	臻开三 去震影	臻开三 上轸以	臻开三 入质帮	臻开三 入质滂	臻开三 入质明
老城区	ꜛtɕin	꜁in	in˧	ꜛin	꜁pei	꜁pʻi	꜁mi
浉河区	ꜛtɕin	꜁in	in˧	ꜛin	꜁pei	꜁pʻi	꜁mi
平桥区	ꜛtɕin	꜁in	in˧	ꜛin	꜁pi	꜁pʻi	꜁mi
罗山	ꜛtɕin	꜁in	in˧	ꜛin	꜁pei	꜁pʻi	꜁mi
光山	ꜛtɕin	꜁in	in˧	ꜛin	꜁pei	꜁pʻi	꜁mi
新县	ꜛtɕin	꜁in	in˧	ꜛin	꜁pei	꜁pʻi	꜁mi
卡房	ꜛtɕin	꜁in	in˧	ꜛin	pei˧	pʻi˧	mi˧
潢川	ꜛtɕin	꜁in	in˧	ꜛin	꜁pi	꜁pʻi	꜁mi
固始	ꜛtɕin	꜁in	in˧	ꜛin	꜁pi	꜁pʻi	꜁mi
商城	ꜛtɕin	꜁in	in˧	ꜛin	꜁pi	꜁pʻi	꜁mi
息县	ꜛtɕin	꜁in	in˧	ꜛin	꜁pi	꜁pʻi	꜁mi
淮滨	ꜛtɕiŋ	꜁iŋ	iŋ˧	ꜛiŋ	꜁pi	꜁pʻi	꜁mi

	栗	漆	疾	悉	秩	质	实
	臻开三 入质来	臻开三 入质清	臻开三 入质从	臻开三 入质心	臻开三 入质澄	臻开三 入质章	臻开三 入质船
老城区	꞊li	꞊tɕʻi	꞊tɕi	꞊ɕi	tsʻʅʔ	꞊tsʅ	꞊sʅ
浉河区	꞊li	꞊tɕʻi	꞊tɕi	꞊ɕi	tʂʅʔ	꞊tʂʅ	꞊sʅ
平桥区	꞊li	꞊tɕʻi	꞊tɕi	꞊ɕi	tsʻʅʔ	꞊tsʅ	꞊sʅ
罗山	꞊li	꞊tɕʻi	꞊tɕi	꞊ɕi	꞊tsʅ	꞊tsʅ	꞊sʅ
光山	꞊li	꞊tɕʻi	꞊tɕi	꞊ɕi	tʂʻʅʔ	꞊tʂʅ	꞊ʂʅ
新县	꞊li	꞊tɕʻi	꞊tɕi	꞊ɕi	tʂʻʅʔ	꞊tʂʅ	꞊ʂʅ
卡房	niꓸ	tɕʻiꓸ	tɕiꓸ	ɕiꓸ	tʂʻʅ꜔	tʂʅ꜔	ʂʅ꜔
潢川	꞊li	꞊tɕʻi	꞊tɕi	꞊ɕi	tsʻʅʔ	꞊tsʅ	꞊sʅ
固始	꞊li	꞊tɕʻi	꞊tɕi	꞊ɕi	tsʻʅʔ	꞊tsʅ	꞊sʅ
商城	꞊li	꞊tɕʻi	꞊tɕi	꞊ɕi	tsʻʅʔ	꞊tsʅ	꞊sʅ
息县	꞊li	꞊tɕʻi	꞊tɕi	꞊ɕi	tsʻʅʔ	꞊tsʅ	꞊sʅ
淮滨	꞊li	꞊tɕʻi	꞊tɕi	꞊ɕi	tsʻʅʔ	꞊tsʅ	꞊sʅ

	失	日	吉	一	逸	斤	近
	臻开三 入质书	臻开三 入质日	臻开三 入质见	臻开三 入质影	臻开三 入质以	臻开三 平殷见	止开三 上隐群
老城区	꞊sʅ	꞊zʅ	꞊tɕi	꞊i	꞊i	꞊tɕin	tɕinꓻ
浉河区	꞊ʂʅ	꞊zʅ	꞊tɕi	꞊i	꞊i	꞊tɕin	tɕinꓻ
平桥区	꞊ʂʅ	꞊zʅ	꞊tɕi	꞊i	꞊i	꞊tɕin	tɕinꓻ
罗山	꞊sʅ	꞊zʅ	꞊tɕi	꞊i	꞊i	꞊tɕin	tɕinꓻ
光山	꞊ʂʅ	꞊ɚ	꞊tɕi	꞊i	꞊i	꞊tɕin	tɕinꓻ
新县	꞊ʂʅ	꞊ɚ	꞊tɕi	꞊i	꞊i	꞊tɕin	tɕinꓻ
卡房	ʂʅ꜔	ʅꓸ	tɕiꓻ	iꓸ	iꓸ	꞊tɕin	tɕinꓻ
潢川	꞊sʅ	꞊zʅ	꞊tɕi	꞊i	꞊i	꞊tɕin	tɕinꓻ
固始	꞊sʅ	꞊zʅ	꞊tɕi	꞊i	꞊i	꞊tɕin	tɕinꓻ
商城	꞊sʅ	꞊zʅ	꞊tɕi	꞊i	꞊i	꞊tɕin	tɕinꓻ
息县	꞊sʅ	꞊zʅ	꞊tɕi	꞊i	꞊i	꞊tɕin	tɕinꓻ
淮滨	꞊sʅ	꞊zʅ	꞊tɕi	꞊i	꞊i	꞊tɕiŋ	tɕiŋꓻ

	隐	本	笨	门	顿	钝	嫩
	止开三 上隐影	臻合一 上混帮	臻合一 上混並	臻合一 平魂明	臻合一 去恩端	臻合一 去恩定	臻合一 去恩泥
老城区	꜀in	꜀pən	pən꜄	꜁mən	tən꜄	tən꜄	lən꜄
浉河区	꜀in	꜀pen	pen꜄	꜁men	ten꜄	ten꜄	len꜄
平桥区	꜀in	꜀pən	pən꜄	꜁mən	tuən꜄ ~ tən꜄	tuən꜄ ~ tən꜄	luən꜄ ~ lən꜄
罗山	꜀in	꜀pən	pən꜄	꜁mən	tən꜄	tən꜄	lən꜄
光山	꜀in	꜀pen	pen꜄	꜁men	ten꜄	ten꜄	len꜄
新县	꜀in	꜀pen	pen꜄	꜁men	ten꜄	ten꜄	len꜄
卡房	꜀in	꜀pen	pen꜄	꜁men	ten꜄	ten꜄	nen꜄
潢川	꜀in	꜀pən	pən꜄	꜁mən	tən꜄	tən꜄	lən꜄
固始	꜀in	꜀pən	pən꜄	꜁mən	tən꜄	tən꜄	lən꜄
商城	꜀in	꜀pən	pən꜄	꜁mən	tən꜄	tən꜄	lən꜄
息县	꜀in	꜀pən	pən꜄	꜁mən	tən꜄	tən꜄	lən꜄
淮滨	꜀iŋ	꜀pəŋ	pəŋ꜄	꜁məŋ	təŋ꜄	təŋ꜄	ləŋ꜄

	论议论	尊	村	存	孙	棍	困
	臻合一 去恩来	臻合一 平魂精	臻合一 平魂清	臻合一 平魂从	臻合一 平魂心	臻合一 去恩见	臻合一 去恩溪
老城区	lən꜄	꜀tsən	꜀ts'ən	꜁ts'ən	꜀sən	kuən꜄	k'uən꜄
浉河区	len꜄	꜀tsen	꜀ts'en	꜁ts'en	꜀sen	kuen꜄	k'uen꜄
平桥区	luən꜄ ~ lən꜄	꜀tsuən	꜀ts'uən	꜁ts'uən	꜀suən	kuən꜄	k'uən꜄
罗山	lən꜄	꜀tsən	꜀ts'ən	꜁ts'ən	꜀sən	kuən꜄	k'uən꜄
光山	len꜄	꜀tsen	꜀ts'en	꜁ts'en	꜀sen	kuen꜄	k'uen꜄
新县	len꜄	꜀tsen	꜀ts'en	꜁ts'en	꜀sen	kuen꜄	k'uen꜄
卡房	nen꜄	꜀tsen	꜀ts'en	꜁ts'en	꜀sen	kuen꜄	k'uen꜄
潢川	lən꜄	꜀tsən	꜀ts'ən	꜁ts'ən	꜀sən	kuən꜄	k'uən꜄
固始	lən꜄	꜀tsən	꜀ts'ən	꜁ts'ən	꜀sən	kuən꜄	k'uən꜄
商城	lən꜄	꜀tsən	꜀ts'ən	꜁ts'ən	꜀sən	kuən꜄	k'uən꜄
息县	lən꜄	꜀tsən	꜀ts'ən	꜁ts'ən	꜀sən	kuən꜄	k'uən꜄
淮滨	ləŋ꜄	꜀tsəŋ	꜀ts'əŋ	꜁ts'əŋ	꜀səŋ	kuəŋ꜄	k'uəŋ꜄

	婚	魂	稳	不	没	突	卒
	臻合一平魂晓	臻合一平魂匣	臻合一上混影	臻合一入没帮	臻合一入没明	臻合一入没定	臻合一入没精
老城区	₌fən	₌fən	ᶜuen	₌pu	mei⁼	₌tʻou	₌tsou
浉河区	₌fen	₌fen	ᶜuen	₌pu	mei⁼	₌tʻou	₌tsou
平桥区	₌fəŋ	₌fəŋ	ᶜuəŋ	₌pu	mu⁼	₌tʻu	₌tsu
罗山	₌fən	₌fən	ᶜuən	₌pu	₌mei	₌tʻəu	₌tsəu
光山	₌fen	₌fen	ᶜuen	₌pu	mei⁼	₌tʻəu	₌tsəu
新县	₌fen	₌fen	ᶜuen	₌pu	mu⁼	₌tʻəu	₌tsəu
卡房	₌fen	₌fen	ᶜuen	pu₌	mu₌	tʻəu₌	tsəu₌
潢川	₌xuəŋ	₌xuəŋ	ᶜuəŋ	₌pu	mu⁼	₌tʻu	₌tsu
固始	₌xuən	₌xuən	ᶜuən	₌pu	₌mei	tʻu⁼	₌tsu
商城	₌xuən	₌xuən	ᶜuən	₌pu	₌mei	₌tʻəu	₌tsəu
息县	₌fən	₌fən	ᶜuən	₌pu	mei⁼	₌tʻu	₌tsu
淮滨	₌xuəŋ	₌xuəŋ	ᶜuəŋ	₌pu	₌mei	₌tʻu	₌tsu

	骨	窟	忽	轮	俊	迅	巡
	臻合一入没见	臻合一入没溪	臻合一入没晓	臻合三平谆来	臻合三去稕精	臻合三去稕心	臻合三平谆邪
老城区	₌ku	₌kʻu	₌fu	₌lən	tɕyn⁼	ɕyn⁼	₌ɕyn
浉河区	₌ku	₌kʻu	₌fu	₌len	tʂɿ̣uen⁼	ɕyn⁼	₌ʂɿ̣uen
平桥区	₌ku	₌kʻu	₌fu	₌luən ~ ₌lən	tɕyn⁼	ɕyn⁼	₌ɕyn
罗山	₌ku	₌kʻu	₌fu	₌lən	tɕyn⁼	ɕyn⁼	₌ɕyn
光山	₌ku	₌kʻu	₌fu	₌len	tɕin⁼	ɕin⁼	₌ɕin
新县	₌ku	₌kʻu	₌fu	₌len	tɕin⁼	ɕin⁼	₌ɕin
卡房	ku₌	kʻu₌	₌fu	₌nen	tɕin⁼	ɕin⁼	₌ɕin
潢川	₌ku	₌kʻu	₌xu	₌lən	tɕyn⁼	ɕyn⁼	₌ɕyn
固始	₌ku	₌kʻu	₌xu	₌lən	tɕyn⁼	ɕyn⁼	₌ɕyn
商城	₌ku	₌kʻu	₌xu	₌lən	tɕyn⁼	ɕyn⁼	₌ɕyn
息县	₌ku	₌kʻu	₌fu	₌lən	tɕyn⁼	ɕyn⁼	₌ɕyn
淮滨	₌ku	₌kʻu	₌xu	₌ləŋ	tɕyŋ⁼	ɕyŋ⁼	₌ɕyŋ

	椿椿树	准	春	唇	纯	闰	匀
	臻合三 平谆彻	臻合三 上准章	臻合三 平谆昌	臻合三 平谆船	臻合三 平谆禅	臻合三 去稕日	臻合三 平谆以
老城区	꜁tɕʰyn	꜀tɕyn	꜀tɕʰyn	꜁tɕʰyn	꜁tɕʰyn	yn꜄	꜁yn
浉河区	꜁tʂʰɥen	꜀tʂɥen	꜀tʂʰɥen	꜀tʂʰɥen	꜁tʂʰɥen	ɥen꜄	꜁ɥen
平桥区	꜁tsʰuən	꜀tsuən	꜁tsʰuən	꜁tɕʰyn	꜁tsʰuən	yn꜄	꜁yn
罗　山	꜁tɕʰyn	꜀tɕyn	꜀tɕʰyn	꜁tɕʰyn	꜁tɕʰyn	yn꜄	꜁yn
光　山	꜁tʂʰɥen	꜀tʂɥen	꜀tʂʰɥen	꜀tʂʰɥen	꜁tʂʰɥen	ɥen꜄	꜁ɥen
新　县	꜁tʂʰɥen	꜀tʂɥen	꜀tʂʰɥen	꜀tʂʰɥen	꜁tʂʰɥen	ɥen꜄	꜁ɥen
卡　房	꜁tʂʰɥen	꜀tʂɥen	꜀tʂʰɥen	꜀tʂʰɥen	꜁tʂʰɥen	ɥen꜄	꜁ɥen
潢　川	꜁tsʰuən	꜀tsuən	꜁tsʰuən	꜁tɕʰyn	꜁tsʰuən	yn꜄	꜁yn
固　始	꜁tsʰuən	꜀tsuən	꜁tsʰuən	꜁tɕʰyn	꜁tsʰuən	yn꜄	꜁yn
商　城	꜁tsʰuən	꜀tɕyn	꜁tɕʰyn	꜁tɕʰyn	꜁tɕʰyn	yn꜄	꜁yn
息　县	꜁tʂʰuən	꜀tʂuən	꜁tʂʰuən	꜁tɕʰyn	꜁tsʰuən	yn꜄	꜁yn
淮　滨	꜁tsʰuəŋ	꜀tsuəŋ	꜁tsʰuəŋ	꜁tɕʰyŋ	꜁tsʰuəŋ	yŋ꜄	꜁yŋ

	律	戍	率	出	术	橘	粉
	臻合三 入术来	臻合三 入术心	臻合三 入术生	臻合三 入术昌	臻合三 入术船	臻合三 入术见	臻合三 上吻非
老城区	꜁ly	꜀ɕy	sai꜄	꜁tɕʰy	꜁ɕy	꜁tɕy	꜂fən
浉河区	꜁ʐʮ	꜀ɕi	sai꜄	꜁tʂʰʮ	꜁ʂʮ	꜁tʂʮ	꜂fen
平桥区	꜁ly	꜀ɕy	suai꜄	꜁tsʰu	꜁su	꜁tɕy	꜂fən
罗　山	꜁ly	꜀ɕy	sai꜄	꜁tɕʰy	꜁ɕy	꜁tɕy	꜂fən
光　山	꜁li	꜀ɕi	sai꜄	꜁tʂʰʮ	꜁ʂʮ	꜁tʂʮ	꜂fen
新　县	꜁li	꜀ɕi	sai꜄	꜁tʂʰʮ	꜁ʂʮ	꜁tʂʮ	꜂fen
卡　房	ni꜄	ɕi꜄	sai꜄	tʂʰʮ꜄	ʂʮ꜄	tʂʮ꜄	꜂fen
潢　川	꜁ly	꜁ɕy	suɛ꜄	꜁tsʰu	su꜄	꜁tɕy	꜂xuən
固　始	꜁ly	꜀ɕy	suai꜄	꜁tsʰu	su꜄	꜁tɕy	꜂fən
商　城	꜁ly	꜀ɕy	syɛi꜄	꜁tɕʰy	ɕy꜄	꜁tɕy	꜂fən
息　县	꜁ly	꜀ɕy	suɛ꜄	꜁tsʰu	꜁su	꜁tɕy	꜂fən
淮　滨	꜁ly	꜀ɕy	suɛ꜄	꜁tsʰu	su꜄	꜁tɕy	꜂xuəŋ

	愤	问	军	群	勋	云	物
	臻合三上吻奉	臻合三去问微	臻合三平文见	臻合三平文群	臻合三平文晓	臻合三平文云	臻合三入物微
老城区	fən²	uen²	₌tɕyn	₌tɕʰyn	₌ɕyn	₌yn	u²
浉河区	fen²	uen²	₌tʂuen	₌tʂʰuen	₌ɕuen	₌ɥen	u²
平桥区	fən²	uən²	₌tɕyn	₌tɕʰyn	₌ɕyn	₌yn	u²
罗山	fən²	uən²	₌tɕyn	₌tɕʰyn	₌ɕyn	₌yn	₌u
光山	fen²	uen²	₌tʂuen	₌tʂʰuen	₌ɕuen	₌ɥen	u²
新县	fen²	uen²	₌tʂuen	₌tʂʰuen	₌ɕuen	₌ɥen	u²
卡房	fen²	uen²	₌tʂuen	₌tʂʰuen	₌ɕuen	₌ɥen	u꜕
潢川	xuən²	uən²	₌tɕyn	₌tɕʰyn	₌ɕyn	₌yn	u²
固始	fən²	uən²	₌tɕyn	₌tɕʰyn	₌ɕyn	₌yn	₌u
商城	fən²	uən²	₌tɕyn	₌tɕʰyn	₌ɕyn	₌yn	u²
息县	fən²	uən²	₌tɕyn	₌tɕʰyn	₌ɕyn	₌yn	₌u
淮滨	xuən²	uəŋ²	₌tɕyŋ	₌tɕʰyŋ	₌ɕyŋ	₌yŋ	₌u

	屈	帮	旁	莽	当	汤	糖
	臻合三入物溪	宕开一平唐帮	宕开一平唐並	宕开一上荡明	宕开一平唐端	宕开一平唐透	宕开一平唐定
老城区	₌tɕʰy	₌paŋ	₌pʰaŋ	ꜛmaŋ	₌taŋ	₌tʰaŋ	₌tʰaŋ
浉河区	₌tʂʰʅ	₌paŋ	₌pʰaŋ	ꜛmaŋ	₌taŋ	₌tʰaŋ	₌tʰaŋ
平桥区	₌tɕʰy	₌paŋ	₌pʰaŋ	ꜛmaŋ	₌taŋ	₌tʰaŋ	₌tʰaŋ
罗山	₌tɕʰy	₌paŋ	₌pʰaŋ	ꜛmaŋ	₌taŋ	₌tʰaŋ	₌tʰaŋ
光山	₌tʂʰʅ	₌paŋ	₌pʰaŋ	ꜛmaŋ	₌taŋ	₌tʰaŋ	₌tʰaŋ
新县	₌tʂʰʅ	₌paŋ	₌pʰaŋ	ꜛmaŋ	₌taŋ	₌tʰaŋ	₌tʰaŋ
卡房	tʂʰʅ꜕	₌paŋ	₌pʰaŋ	ꜛmaŋ	₌taŋ	₌tʰaŋ	₌tʰaŋ
潢川	₌tɕʰy	₌paŋ	₌pʰaŋ	ꜛmaŋ	₌taŋ	₌tʰaŋ	₌tʰaŋ
固始	₌tɕʰy	₌paŋ	₌pʰaŋ	ꜛmaŋ	₌taŋ	₌tʰaŋ	₌tʰaŋ
商城	₌tɕʰy	₌paŋ	₌pʰaŋ	ꜛmaŋ	₌taŋ	₌tʰaŋ	₌tʰaŋ
息县	₌tɕʰy	₌paŋ	₌pʰaŋ	ꜛmaŋ	₌taŋ	₌tʰaŋ	₌tʰaŋ
淮滨	₌tɕʰy	₌paŋ	₌pʰaŋ	ꜛmaŋ	₌taŋ	₌tʰaŋ	₌tʰaŋ

	浪	葬	仓	藏西藏	桑	岗	抗
	宕开一去宕来	宕开一去宕精	宕开一平唐清	宕开一去宕从	宕开一平唐心	宕开一平唐见	宕开一去宕溪
老城区	laŋ꜄	tsaŋ꜄	₋tsʻaŋ	tsaŋ꜄	₋saŋ	₋kaŋ	kʻaŋ꜄
浉河区	laŋ꜄	tsaŋ꜄	₋tsʻaŋ	tsaŋ꜄	₋saŋ	₋kaŋ	kʻaŋ꜄
平桥区	laŋ꜄	tsaŋ꜄	₋tsʻaŋ	tsaŋ꜄	₋saŋ	₋kaŋ	kʻaŋ꜄
罗　山	laŋ꜄	tsaŋ꜄	₋tsʻaŋ	tsaŋ꜄	₋saŋ	₋kaŋ	kʻaŋ꜄
光　山	laŋ꜄	tsaŋ꜄	₋tsʻaŋ	tsaŋ꜄	₋saŋ	₋kaŋ	kʻaŋ꜄
新　县	laŋ꜄	tsaŋ꜄	₋tsʻaŋ	tsaŋ꜄	₋saŋ	₋kaŋ	kʻaŋ꜄
卡　房	naŋ꜄	tsaŋ꜄	₋tsʻaŋ	tsaŋ꜄	₋saŋ	₋kaŋ	kʻaŋ꜄
潢　川	laŋ꜄	tsaŋ꜄	₋tsʻaŋ	tsaŋ꜄	₋saŋ	₋kaŋ	kʻaŋ꜄
固　始	laŋ꜄	tsaŋ꜄	₋tsʻaŋ	tsaŋ꜄	₋saŋ	₋kaŋ	kʻaŋ꜄
商　城	laŋ꜄	tsaŋ꜄	₋tsʻaŋ	tsaŋ꜄	₋saŋ	₋kaŋ	kʻaŋ꜄
息　县	laŋ꜄	tsaŋ꜄	₋tsʻaŋ	tsaŋ꜄	₋saŋ	₋kaŋ	kʻaŋ꜄
淮　滨	laŋ꜄	tsaŋ꜄	₋tsʻaŋ	tsaŋ꜄	₋saŋ	₋kaŋ	kʻaŋ꜄

	昂	杭	博	薄	膜	幕	托
	宕开一平唐疑	宕开一平唐匣	宕开一入铎帮	宕开一入铎並	宕开一入铎明	宕开一入铎明	宕开一入铎透
老城区	₌ŋaŋ	₌xaŋ	₋po	₌po	₌mo	mu꜄	₋tʻuo
浉河区	₌ŋaŋ	₌xaŋ	₋po	₌po	₌mo	mu꜄	₋tʻo
平桥区	₌ɣaŋ	₌xaŋ	₋po	₌po	₌mo	mu꜄	₋tʻo
罗　山	₌ŋaŋ	₌xaŋ	₋po	₌po	₌mu	mu꜄	₋tʻo
光　山	₌ŋaŋ	₌xaŋ	₋po	₌po	₌mo	mu꜄	₋tʻo
新　县	₌ŋaŋ	₌xaŋ	₋po	₌po	₌mo	mu꜄	₋tʻo
卡　房	₌ŋaŋ	₌xaŋ	po₋	₌po	₌mo	mu꜄	tʻo₋
潢　川	₌ɣaŋ	₌xaŋ	₌po	₌po	₌mo	mu꜄	₋tʻuo
固　始	₌ɣaŋ	₌xaŋ	₌po	₌po	₌mo	məŋ꜄	₋tʻuo
商　城	₌ɣaŋ	₌xaŋ	₌po	₌po	₌mo	məŋ꜄	₋tʻo
息　县	₌ɣaŋ	₌xaŋ	₌po	₌po	₌mo	mu꜄	₋tʻuo
淮　滨	₌ɣaŋ	₌xaŋ	₌po	₌po	₌mo	mu꜄	₋tʻuo

	落	作工作	错错杂	昨	索	各	胳
	宕开一 入铎来	宕开一 入铎精	宕开一 入铎清	宕开一 入铎从	宕开一 入铎心	宕开一 入铎见	宕开一 入铎见
老城区	₋luo	₋tsuo	ts'uo˥	₋tsuo	₌suo	₌kɤ	₋kie
浉河区	₌lo	tso˥	ts'o˥	₌tso	₌so	₌ko	₋ke
平桥区	₋lo	tso˥	ts'o˥	₌tso	˥so	₌ko	₋kie
罗 山	₋lo	₌tso	₋ts'o	₌tso	₌so	₌ko	₋ke
光 山	₋lo	₌tso	ts'o˥	₌tso	˥so	₌ko	₋ke
新 县	₋lo	₌tso	₋ts'o	₌tso	₌so	₌ko	₋ko
卡 房	no˩	tso˩	ts'o˩	tso˩	so˩	ko˩	ko˥
潢 川	₋luo	₌tsuo	ʹts'uo˥	₌tsuo	₌suo	₌kuo	₋kie
固 始	₋luo	₌tsuo	ts'uo˥	₌tsuo	₌suo	₌kɤ	₋kie
商 城	₌lo	₌tso	ts'o˥	₌tso	₌so	₌kɤ	₋kie
息 县	₋luo	₌tsuo	ts'uo˥	₌tsuo	₌suo	₌kɤ	₋kie
淮 滨	₋luo	₌tsuo	ts'uo˥	tsuo˥	₌suo	₌kɤ	₋kie

	鄂	鹤	恶	娘	亮	蒋	枪
	宕开一 入铎疑	宕开一 入铎匣	宕开一 入铎影	宕开三 平阳泥	宕开三 去漾来	宕开三 上养精	宕开三 平阳清
老城区	₌ŋo	xɤ˥	₋ŋo	₌n̠iaŋ	liaŋ˥	˥tɕiaŋ	₋tɕ'iaŋ
浉河区	₌ŋo	xo˥	₌ŋo	₌n̠iaŋ	liaŋ˥	˥tɕiaŋ	₋tɕ'iaŋ
平桥区	₌uo	xɤ˥	₋uo	₌n̠iaŋ	liaŋ˥	˥tɕiaŋ	₋tɕ'iaŋ
罗 山	₌uo	₋xo	₋uo	₌n̠iaŋ	liaŋ˥	˥tɕiaŋ	₋tɕ'iaŋ
光 山	uo˥	xo˥	₋ŋo	₌n̠iaŋ	liaŋ˥	˥tɕiaŋ	₋tɕ'iaŋ
新 县	₌ŋo	₋xo	₌uo	₌n̠iaŋ	liaŋ˥	˥tɕiaŋ	₋tɕ'iaŋ
卡 房	uo˩	xo˩	ŋo˩	₌n̠iaŋ	niaŋ˥	˥tɕiaŋ	₋tɕ'iaŋ
潢 川	₌uo	xuo˥	₋ɤɣ	₌liaŋ	liaŋ˥	˥tɕiaŋ	₋tɕ'iaŋ
固 始	₌ɤɣ	xɤ˥	₌ɤɣ	₌liaŋ	liaŋ˥	˥tɕiaŋ	₋tɕ'iaŋ
商 城	₌ɤɣ	xo˥	₌ɤɣ	₌liaŋ	liaŋ˥	˥tɕiaŋ	₋tɕ'iaŋ
息 县	₌ɤɣ	xɤ˥	₌ɤɣ	₌niaŋ	liaŋ˥	˥tɕiaŋ	₋tɕ'iaŋ
淮 滨	₌ɤɣ	xɤ˥	₌ɤɣ	₌liaŋ	liaŋ˥	˥tɕiaŋ	₋tɕ'iaŋ

	墙	箱	象	畅	肠	庄	创
	宕开三平阳从	宕开三平阳心	宕开三上养邪	宕开三去漾彻	宕开三平阳澄	宕开三平阳庄	宕开三去漾初
老城区	⊆tɕʰiaŋ	⊂ɕiaŋ	ɕiaŋ⊃	tsʰaŋ⊃	⊆tsʰaŋ	⊂tsaŋ	tsʰaŋ⊃
浉河区	⊆tɕʰiaŋ	⊂ɕiaŋ	ɕiaŋ⊃	tʂʰaŋ⊃	⊆tʂʰaŋ	⊂tsaŋ	tsʰaŋ⊃
平桥区	⊆tɕʰiaŋ	⊂ɕiaŋ	ɕiaŋ⊃	tsʰaŋ⊃	⊆tsʰaŋ	⊂tsuaŋ	tsʰaŋ⊃
罗山	⊆tɕʰiaŋ	⊂ɕiaŋ	ɕiaŋ⊃	tsʰaŋ⊃	⊆tsʰaŋ	⊂tsaŋ	tsʰaŋ⊃
光山	⊆tɕʰiaŋ	⊂ɕiaŋ	ɕiaŋ⊃	tʂʰaŋ⊃	⊆tʂʰaŋ	⊂tsaŋ	tsʰaŋ⊃
新县	⊆tɕʰiaŋ	⊂ɕiaŋ	ɕiaŋ⊃	tʂʰaŋ⊃	⊆tʂʰaŋ	⊂tsaŋ	tsʰaŋ⊃
卡房	⊆tɕʰiaŋ	⊂ɕiaŋ	ɕiaŋ⊃	tʂʰaŋ⊃	⊆tʂʰaŋ	⊂tsaŋ	tsʰaŋ⊃
潢川	⊆tɕʰiaŋ	⊂ɕiaŋ	ɕiaŋ⊃	tsʰaŋ⊃	⊆tsʰaŋ	⊂tsuaŋ	tsʰuaŋ⊃
固始	⊆tɕʰiaŋ	⊂ɕiaŋ	ɕiaŋ⊃	tsʰaŋ⊃	⊆tsʰaŋ	⊂tsuaŋ	tsʰuaŋ⊃
商城	⊆tɕʰiaŋ	⊂ɕiaŋ	ɕiaŋ⊃	tsʰaŋ⊃	⊆tsʰaŋ	⊂tɕyaŋ	tɕʰyaŋ⊃
息县	⊆tɕʰiaŋ	⊂ɕiaŋ	ɕiaŋ⊃	tʂʰaŋ⊃	⊆tʂʰaŋ	⊂tsaŋ	tsʰaŋ⊃
淮滨	⊆tɕʰiaŋ	⊂ɕiaŋ	ɕiaŋ⊃	tsʰaŋ⊃	⊆tsʰaŋ	⊂tsuaŋ	tsʰuaŋ⊃

	床	霜	章	厂	伤	上(上山)	让
	宕开三平阳崇	宕开三平阳生	宕开三平阳章	宕开三上养昌	宕开三平阳书	宕开三上养禅	宕开三去漾日
老城区	⊆tsʰaŋ	⊂saŋ	⊂tsaŋ	⁻tsʰaŋ	⊂saŋ	saŋ⊃	zaŋ⊃
浉河区	⊆tʂʰaŋ	⊂ʂaŋ	⊂tʂaŋ	⁻tʂʰaŋ	⊂ʂaŋ	ʂaŋ⊃	ʐaŋ⊃
平桥区	⊆tsʰuaŋ	⊂suaŋ	⊂tsaŋ	⁻tsʰaŋ	⊂saŋ	saŋ⊃	zaŋ⊃
罗山	⊆tsʰaŋ	⊂saŋ	⊂tsaŋ	⁻tsʰaŋ	⊂saŋ	saŋ⊃	zaŋ⊃
光山	⊆tsʰaŋ	⊂saŋ	⊂tʂaŋ	⁻tʂʰaŋ	⊂saŋ	ʂaŋ⊃	zaŋ⊃
新县	⊆tsʰaŋ	⊂saŋ	⊂tʂaŋ	⁻tʂʰaŋ	⊂saŋ	ʂaŋ⊃	zaŋ⊃
卡房	⊆tsʰaŋ	⊂saŋ	⊂tʂaŋ	⁻tʂʰaŋ	⊂ʂaŋ	ʂaŋ⊃	zaŋ⊃
潢川	⊆tsʰuaŋ	⊂suaŋ	⊂tsaŋ	⁻tsʰaŋ	⊂saŋ	saŋ⊃	zaŋ⊃
固始	⊆tsʰuaŋ	⊂suaŋ	⊂tsaŋ	⁻tsʰaŋ	⊂saŋ	saŋ⊃	zaŋ⊃
商城	⊆tsʰuaŋ	⊂ɕyaŋ	⊂tsaŋ	⁻tsʰaŋ	⊂saŋ	saŋ⊃	zaŋ⊃
息县	⊆tsʰaŋ	⊂saŋ	⊂tʂaŋ	⁻tʂʰaŋ	⊂saŋ	ʂaŋ⊃	zaŋ⊃
淮滨	⊆tsʰuaŋ	⊂suaŋ	⊂tsaŋ	⁻tsʰaŋ	⊂saŋ	saŋ⊃	zaŋ⊃

	姜	强	香	央	样	略	雀
	宕开三 平阳见	宕开三 平阳群	宕开三 平阳晓	宕开三 平阳影	宕开三 去漾以	宕开三 入药来	宕开三 入药精
老城区	꜀tɕiaŋ	꜁tɕʰiaŋ	꜀ɕiaŋ	꜀iaŋ	iaŋ꜄	꜀lyo	꜀tɕʰyo
浉河区	꜀tɕiaŋ	꜁tɕʰiaŋ	꜀ɕiaŋ	꜀iaŋ	iaŋ꜄	꜀ȵio	꜀tɕʰio
平桥区	꜀tɕiaŋ	꜁tɕʰiaŋ	꜀ɕiaŋ	꜀iaŋ	iaŋ꜄	꜀lyo	꜀tɕʰyo
罗 山	꜀tɕiaŋ	꜁tɕʰiaŋ	꜀ɕiaŋ	꜀iaŋ	iaŋ꜄	꜀lyo	꜀tɕʰyo
光 山	꜀tɕiaŋ	꜁tɕʰiaŋ	꜀ɕiaŋ	꜀iaŋ	iaŋ꜄	꜀lio	꜀tɕʰio
新 县	꜀tɕiaŋ	꜁tɕʰiaŋ	꜀ɕiaŋ	꜀iaŋ	iaŋ꜄	꜀lio	꜀tɕʰio
卡 房	꜀tɕiaŋ	꜁tɕʰiaŋ	꜀ɕiaŋ	꜀iaŋ	iaŋ꜄	nio꜄	tɕʰio꜄
潢 川	꜀tɕiaŋ	꜁tɕʰiaŋ	꜀ɕiaŋ	꜀iaŋ	iaŋ꜄	꜁luo	꜀tɕʰyo
固 始	꜀tɕiaŋ	꜁tɕʰiaŋ	꜀ɕiaŋ	꜀iaŋ	iaŋ꜄	꜁luo	꜀tɕʰyo
商 城	꜀tɕiaŋ	꜁tɕʰiaŋ	꜀ɕiaŋ	꜀iaŋ	iaŋ꜄	꜁zuo	꜀tɕʰyo
息 县	꜀tɕiaŋ	꜁tɕʰiaŋ	꜀ɕiaŋ	꜀iaŋ	iaŋ꜄	꜁luo	꜀tɕʰyo
淮 滨	꜀tɕiaŋ	꜁tɕʰiaŋ	꜀ɕiaŋ	꜀iaŋ	iaŋ꜄	꜁luo	꜀tɕʰyo

	鹊	嚼	削	着（睡着）	勺	弱	脚
	宕开三 入药清	宕开三 入药从	宕开三 入药心	宕开三 入药澄	宕开三 入药禅	宕开三 入药日	宕开三 入药见
老城区	꜀tɕʰyo	꜁tɕyo	꜀ɕyo	꜁tsuo	꜁suo	꜁zuo	꜀tɕyo
浉河区	꜀tɕʰio	꜁tɕio	꜀ɕio	꜁tʂo	꜁ʂo	꜁zo	꜀tɕio
平桥区	꜀tɕʰyo	꜁tɕyo	꜀ɕyo	꜁tso	꜁so	꜁zo	꜀tɕyo
罗 山	꜀tɕʰyo	꜁tɕyo	꜀ɕyo	꜁tso	꜁so	꜁ȵyo	꜀tɕyo
光 山	꜀tɕʰio	꜁tɕio	꜀ɕio	꜁tʂo	꜁ʂo	꜁ȵio	꜀tɕio
新 县	꜀tɕʰio	꜁tɕio	꜀ɕio	꜁tʂo	꜁ʂo	꜁ȵio	꜀tɕio
卡 房	tɕʰio꜄	tɕiau꜄	ɕio꜄	꜁tʂo	꜁ʂau	꜁ȵio	tɕio꜄
潢 川	꜁tɕʰyo	꜁tɕyo	꜀ɕyo	꜁tsuo	꜁suo	꜁zuo	꜀tɕyo
固 始	꜁tɕʰyo	꜁tɕyo	꜀ɕyo	꜁tsuo	꜁suo	꜁zuo	꜀tɕyo
商 城	꜁tɕʰyo	꜁tɕyo	꜀ɕyo	꜁tso	꜁so	꜁zo	꜀tɕyo
息 县	꜁tɕʰyo	꜁tɕyo	꜀ɕyo	꜁tʂuo	꜁ʂuo	꜁zuo	꜀tɕyo
淮 滨	꜁tɕʰyo	꜁tɕyo	꜀ɕyo	꜁tsuo	꜁suo	꜁zuo	꜀tɕyo

	却	疟	约	药	跃	光	谎
	宕开三入药溪	宕开三入药疑	宕开三入药影	宕开三入药以	宕开三入药以	宕合一平唐见	宕合一上荡晓
老城区	꜀tɕ'yo	꜀yo	꜀yo	꜀yo	iau꜄	꜀kuaŋ	꜂faŋ
浉河区	꜀tɕ'io	꜀io	꜀io	꜀io	iau꜄	꜀kuaŋ	꜂faŋ
平桥区	tɕ'yo꜄	꜀yo	꜀yo	꜀yo	iau꜄	꜀kuaŋ	꜂faŋ
罗山	꜀tɕ'ye	꜀n̠yo	꜀yo	꜀yo	꜀iau	꜀kuaŋ	꜂faŋ
光山	꜀tɕ'io	꜀n̠io	꜀io	꜀io	iau꜄	꜀kuaŋ	꜂faŋ
新县	꜀tɕ'io	꜀n̠io	꜀io	꜀io	iau꜄	꜀kuaŋ	꜂faŋ
卡房	tɕ'io꜄	n̠io꜄	io꜄	io꜄	iau꜄	꜀kuaŋ	꜂faŋ
潢川	꜀tɕ'yo	꜀yo	꜀yo	꜀yo	iau꜄	꜀kuaŋ	꜂xuaŋ
固始	꜀tɕ'yo	꜁yo	꜀yo	꜁yo	iau꜄	꜀kuaŋ	꜂xuaŋ
商城	꜀tɕ'yo	꜁yo	꜀yo	꜁yo	iau꜄	꜀kuaŋ	꜂xuaŋ
息县	꜀tɕ'yo	꜀yo	꜀yo	꜀yo	iau꜄	꜀kuaŋ	꜂faŋ
淮滨	꜀tɕ'yo	꜁yo	꜀yo	꜁yo	iau꜄	꜀kuaŋ	꜂xuaŋ

	黄	郭	扩	霍	放	纺	房
	宕合一平唐匣	宕合一入铎见	宕合一入铎溪	宕合一入铎晓	宕合三去漾非	宕合三上养敷	宕合三平阳奉
老城区	꜁faŋ	꜀kuo	꜀k'uo	xγ꜄	faŋ꜄	꜂faŋ	꜁faŋ
浉河区	꜁faŋ	꜀ko	꜀k'o	xo꜄	faŋ꜄	꜂faŋ	꜁faŋ
平桥区	꜁faŋ	꜀ko	k'o꜄	xo꜄	faŋ꜄	꜂faŋ	꜁faŋ
罗山	꜁faŋ	꜀ko	꜀k'o	xo꜄	faŋ꜄	꜂faŋ	꜁faŋ
光山	꜁faŋ	꜀ko	꜀k'o	xo꜄	faŋ꜄	꜂faŋ	꜁faŋ
新县	꜁faŋ	꜀ko	꜀k'o	xo꜄	faŋ꜄	꜂faŋ	꜁faŋ
卡房	꜁faŋ	꜀ko	꜀k'o	xo꜄	faŋ꜄	꜂faŋ	꜁faŋ
潢川	꜁xuaŋ	꜀kuo	꜀k'uo	xo꜄	xuaŋ꜄	꜂xuaŋ	꜁xuaŋ
固始	꜁xuaŋ	꜀kuo	꜀k'uo	꜁xγ	faŋ꜄	꜂faŋ	꜁faŋ
商城	꜁xuaŋ	꜀ky	꜀k'o	xo꜄	faŋ꜄	꜂faŋ	꜁faŋ
息县	꜁faŋ	꜀kuo	꜀k'γ	꜁xγ	faŋ꜄	꜂faŋ	꜁faŋ
淮滨	꜁xuaŋ	꜀kuo	꜀k'uo	꜁xγ	xuaŋ꜄	꜂xuaŋ	꜁xuaŋ

	忘	逛	筐	狂	况	王	绑
	宕合三 去漾微	宕合三 去漾见	宕合三 平阳溪	宕合三 平阳群	宕合三 去漾晓	宕合三 平阳云	江开二 上讲帮
老城区	uaŋ˺	kuaŋ˺	˻kʰuaŋ	˻kʰuaŋ	kʰuaŋ˺	˻uaŋ	˹paŋ
浉河区	uaŋ˺	kuaŋ˺	˻kʰuaŋ	˻kʰuaŋ	kʰuaŋ˺	˻uaŋ	˹paŋ
平桥区	uaŋ˺	kuaŋ˺	˻kʰuaŋ	˻kʰuaŋ	kʰuaŋ˺	˻uaŋ	˹paŋ
罗山	uaŋ˺	kuaŋ˺	˻kʰuaŋ	˻kʰuaŋ	kʰuaŋ˺	˻uaŋ	˹paŋ
光山	uaŋ˺	kuaŋ˺	˻kʰuaŋ	˻kʰuaŋ	kʰuaŋ˺	˻uaŋ	˹paŋ
新县	uaŋ˺	kuaŋ˺	˻kʰuaŋ	˻kʰuaŋ	kʰuaŋ˺	˻uaŋ	˹paŋ
卡房	uaŋ˺	kuaŋ˺	˻kʰuaŋ	˻kʰuaŋ	kʰuaŋ˺	˻uaŋ	˹paŋ
潢川	uaŋ˺	kuaŋ˺	˻kʰuaŋ	˻kʰuaŋ	kʰuaŋ˺	˻uaŋ	˹paŋ
固始	uaŋ˺	kuaŋ˺	˻kʰuaŋ	˻kʰuaŋ	kʰuaŋ˺	˻uaŋ	˹paŋ
商城	uaŋ˺	kuaŋ˺	˻kʰuaŋ	˻kʰuaŋ	kʰuaŋ˺	˻uaŋ	˹paŋ
息县	uaŋ˺	kuaŋ˺	˻kʰuaŋ	˻kʰuaŋ	kʰuaŋ˺	˻uaŋ	˹paŋ
淮滨	uaŋ˺	kuaŋ˺	˻kʰuaŋ	˻kʰuaŋ	kʰuaŋ˺	˻uaŋ	˹paŋ

	胖	棒	撞	窗	双	讲	降投降
	江开二 去绛滂	江开二 上讲並	江开二 去绛澄	江开二 平江初	江开二 平江生	江开二 上讲见	江开二 平江匣
老城区	pʰaŋ˺	paŋ˺	tsaŋ˺	˻tsʰaŋ	˻saŋ	˹tɕiaŋ	˻ɕiaŋ
浉河区	pʰaŋ˺	paŋ˺	tsʰaŋ˺	˻tsʰaŋ	˻saŋ	˹tɕiaŋ	˻ɕiaŋ
平桥区	pʰaŋ˺	paŋ˺	tsuaŋ˺	˻tsʰuaŋ	˻suaŋ	˹tɕiaŋ	˻ɕiaŋ
罗山	pʰaŋ˺	paŋ˺	tsaŋ˺	˻tsʰaŋ	˻saŋ	˹tɕiaŋ	˻ɕiaŋ
光山	pʰaŋ˺	paŋ˺	tsaŋ˺	˻tsʰaŋ	˻saŋ	˹tɕiaŋ	˻ɕiaŋ
新县	pʰaŋ˺	paŋ˺	tsaŋ˺	˻tsʰaŋ	˻saŋ	˹tɕiaŋ	˻ɕiaŋ
卡房	pʰaŋ˺	paŋ˺	tsaŋ˺	˻tsʰaŋ	˻saŋ	˹tɕiaŋ	˻ɕiaŋ
潢川	pʰaŋ˺	paŋ˺	tsuaŋ˺	˻tsʰuaŋ	˻suaŋ	˹tɕiaŋ	˻ɕiaŋ
固始	pʰaŋ˺	paŋ˺	tsuaŋ˺	˻tsʰuaŋ	˻suaŋ	˹tɕiaŋ	˻ɕiaŋ
商城	pʰaŋ˺	paŋ˺	tɕʰyaŋ˺	˻tɕʰyaŋ	˻ɕyaŋ	˹tɕiaŋ	˻ɕiaŋ
息县	pʰaŋ˺	paŋ˺	tsuaŋ˺	˻tsʰuaŋ	˻suaŋ	˹tɕiaŋ	˻ɕiaŋ
淮滨	pʰaŋ˺	paŋ˺	tsuaŋ˺	˻tsʰuaŋ	˻suaŋ	˹tɕiaŋ	˻ɕiaŋ

	剥	雹	桌	戳	捉	镯	觉知觉
	江开二入觉帮	江开二入觉並	江开二入觉知	江开二入觉彻	江开二入觉庄	江开二入觉崇	江开二入觉见
老城区	꜀po	꜀pau	꜀tsuo	꜀tsʰuo	꜀tsuo	꜓tsuo	꜀tɕyo
浉河区	꜀po	꜀pau	꜀tso	꜀tsʰo	꜀tso	꜓tso	꜀tɕio
平桥区	꜀po	꜀pau	꜀tso	꜀tsʰo	꜀tso	꜓tso	꜀tɕyo
罗 山	꜀po	꜀pau	꜀tso	꜀tsʰo	꜀tso	꜓tso	꜀tɕyo
光 山	꜀po	꜀pau	꜀tʂo	꜀tʂʰo	꜀tʂo	꜓tʂo	꜀tɕio
新 县	꜀po	꜀pau	꜀tʂo	꜀tʂʰo	꜀tʂo	꜓tʂo	꜀tɕio
卡 房	po꜔	꜀pau	tso꜔	tʂʰo꜔	tso꜔	꜓tso	tɕio꜔
潢 川	꜀po	꜀pau	꜀tsuo	꜀tsʰuo	꜀tsuo	꜓tsuo	꜀tɕyo
固 始	꜀po	꜀pau	꜀tsuo	꜀tsʰuo	꜀tsuo	꜓tsuo	꜀tɕyo
商 城	꜀po	pau꜔	꜓tso	꜀tsʰo	꜀tso	꜓tso	꜓tɕyo
息 县	꜀po	꜀pau	꜀tsuo	꜀tsʰuo	꜀tsuo	꜓tsuo	꜀tɕyo
淮 滨	꜀po	꜀pau	꜀tsuo	꜀tsʰuo	꜀tsuo	꜓tsuo	꜀tɕyo

	搲搲蒜	岳	乐音乐	学	握	崩崩塌①	朋
	江开二入觉溪	江开二入觉疑	江开二入觉疑	江开二入觉匣	江开二入觉影	曾开一平登帮	曾开一平登並
老城区	꜀tɕʰyo	꜀yo	꜀yo	ꜱɕyo	꜀uo	꜀pən1	ꜱpʰoŋ
浉河区	꜀tɕʰio	꜀io	꜀io	ꜱɕio	꜀uo	꜀pen	ꜱpʰoŋ
平桥区	꜀tɕʰyo	꜀yo	꜀yo	ꜱɕyo	꜀uo	꜀pən	ꜱpʰəŋ
罗 山	꜀tɕʰyo	꜀yo	꜀yo	ꜱɕyo	꜀u	꜀pən	ꜱpʰoŋ
光 山	꜀tɕʰio	꜀io	꜀io	ꜱɕio	u꜔	꜀pen	ꜱpʰoŋ
新 县	꜀tɕʰio	꜀io	꜀io	ꜱɕio	u꜔	꜀pen	ꜱpʰoŋ
卡 房	tɕʰio꜔	io꜔	io꜔	ɕio꜔	u꜔	꜀pen	ꜱpʰoŋ
潢 川	꜀tɕʰyo	꜀yo	꜀yo	ꜱɕyo	꜀uo	꜀pən	ꜱpʰəŋ
固 始	꜀tɕʰyo	꜀yo	꜀yo	ꜱyo	꜀uo	꜀pən	ꜱpʰəŋ
商 城	꜀tɕʰyo	꜀yo	꜀yo	ꜱɕyo	꜀uo	꜀pən	ꜱpʰəŋ
息 县	꜀tɕʰyo	꜀yo	꜀yo	ꜱɕyo	꜀uo	꜀pəŋ	ꜱpʰəŋ
淮 滨	꜀tɕʰyo	꜀yo	꜀yo	ꜱɕyo	꜀uo	꜀pəŋ	ꜱpʰəŋ

① 信阳地区的"崩崩塌"有文白异读(息县与淮滨除外),白读为 en/ən 韵母,文读为 oŋ/əŋ 韵母,这里记的是白读音。

	等	疼	能	增	层	僧	肯
	曾开一上等端	曾开一平登定	曾开一平登泥	曾开一平登精	曾开一平登从	曾开一平登心	曾开一上等溪
老城区	ᶜtən	₌t'ən	₌lən	₌tsən	₌ts'ən	₌sən	ꜛk'ən
浉河区	ᶜten	₌t'en	₌len	₌tsen	₌ts'en	₌sen	ꜛk'en
平桥区	ᶜtən	₌t'ən	₌lən	₌tsən	₌ts'ən	₌sən	ꜛk'ən
罗山	ᶜtən	₌t'ən	₌lən	₌tsən	₌ts'ən	₌sən	ꜛk'ən
光山	ᶜten	₌t'en	₌len	₌tsen	₌ts'en	₌sen	ꜛk'en
新县	ᶜten	₌t'en	₌len	₌tsen	₌ts'en	₌sen	ꜛk'en
卡房	ᶜten	₌t'en	₌nen	₌tsen	₌ts'en	₌sen	ꜛk'en
潢川	ᶜtən	₌t'ən	₌lən	₌tsən	₌ts'ən	₌sən	ꜛk'ən
固始	ᶜtən	₌t'ən	₌lən	₌tsən	₌ts'ən	₌sən	ꜛk'ən
商城	ᶜtən	₌t'ən	₌lən	₌tsən	₌ts'ən	₌sən	ꜛk'ən
息县	ᶜtəŋ	₌t'əŋ	₌ləŋ	tsəŋᶜ	₌ts'əŋ	₌səŋ	ꜛk'əŋ
淮滨	ᶜtəŋ	₌t'əŋ	₌ləŋ	₌tsəŋ	₌ts'əŋ	₌səŋ	ꜛk'əŋ

	恒	北	墨	德	特	勒	则
	曾开一平登匣	曾开一入德帮	曾开一入德明	曾开一入德端	曾开一入德定	曾开一入德来	曾开一入德精
老城区	₌xən	₌pɛ	₌mɛ	₌tɛ	t'iɛᶜ /t'ɛᶜ	₌lɛ	₌tsɛ
浉河区	₌xen	₌pɜ	₌mɜ	₌tɜ	t'ɜᶜ	₌lɜ	₌tsɜ
平桥区	₌xən	₌pei	₌mɛ	₌tɛ	t'ɛᶜ	₌lɛ	₌tsɛ
罗山	₌xən	₌pe	₌me	₌te	t'ieᶜ /t'eᶜ	₌le	₌tse
光山	₌xen	₌pe	₌me	₌te	t'ieᶜ	₌le	₌tse
新县	₌xen	₌pe	₌me	₌te	t'ie	₌le	₌tse
卡房	₌xen	peᶜ	meᶜ	teᶜ	₌t'e	neᶜ	tseᶜ
潢川	₌xən	₌pɜ	₌mɜ	₌tɜ	t'ɜᶜ	₌lɜ	₌tsɜ
固始	₌xən	₌pai/ ₌piɛ①	₌mai/ ₌miɛ	₌tai/ ₌tiɛ	₌tai/ t'iɛ	₌lai/ ₌lie	₌tsai
商城	₌xən	₌piɛ	₌miɛ	₌tiɛ	₌t'iɛ	₌liɛ	₌tsiɛ
息县	₌xəŋ	₌pei	₌mɜ	₌tɜ	t'ɜᶜ	₌lɜ	₌tsɜ
淮滨	₌xəŋ	₌pɜ	₌mɜ	₌tɜ	t'ɜᶜ	₌lɜ	₌tsɜ

---

① 固始的德、陌、麦韵帮组"北百伯白"等字的韵母有 ai/iɛ 和 ai/iɛ 两个新老差异，其中前一个是以前的，后一个是现在的。这里列的是以前的。下同。

	贼	塞	刻	黑	冰	陵	征征求
	曾开一入德从	曾开一入德心	曾开一入德溪	曾开一入德晓	曾开三平蒸帮	曾开三平蒸来	曾开三平蒸知
老城区	₌tsei	₌sɤ	k'ɛ⁼	₌xɤ	₌pin	₌lin	₌tsən
浉河区	₌tsei	₌sɤ	₌k'ɛ	₌xɤ	₌pin	₌lin	₌tʂen
平桥区	₌tsei	₌sɤ	k'ɛ⁼	₌xɤ	₌pin	₌lin	₌tsən
罗　山	₌tse	₌se	₌k'e	₌xe	₌pin	₌lin	₌tsən
光　山	₌tsei	₌sɤ	₌k'e	₌xe	₌pin	₌lin	₌tʂen
新　县	₌tse	₌se	₌k'e	₌xe	₌pin	₌lin	₌tʂen
卡　房	₌tsei	se⁼	k'e⁼	xe⁼	₌pin	₌nin	₌tʂen
潢　川	₌tsei	₌sɤ	₌k'ie	₌xie	₌pin	₌lin	₌tsən
固　始	₌tsei	₌sai	₌k'ie	₌xie	₌pin	₌lin	₌tsən
商　城	₌tsei	₌sie	₌k'ie	₌xie	₌pin	₌lin	₌tsən
息　县	₌tsei	₌sɤ	₌k'ie	₌xie	₌piŋ	₌liŋ	₌tsəŋ
淮　滨	₌tsei	₌sɤ	₌k'ie	₌xie	₌piŋ	₌liŋ	₌tsəŋ

	拯拯救	称称呼	剩	升	扔	兴高兴	鹰
	曾开三上拯章	曾开三平蒸昌	曾开三去证船	曾开三平蒸书	曾开三平蒸日	曾开三去证晓	曾开三平蒸影
老城区	ᶜtsən	₌ts'ən	sən⁼	₌sən	₌zən	ɕin⁼	₌in
浉河区	ᶜtʂen	₌tʂ'en	ʂen⁼	₌ʂen	₌ʐen	ɕin⁼	₌in
平桥区	ᶜtsən	₌ts'ən	sən⁼	₌sən	₌zən	ɕin⁼	₌in
罗　山	ᶜtsən	₌ts'ən	sən⁼	₌sən	₌zən①	ɕin⁼	₌in
光　山	ᶜtʂen	₌tʂ'en	ʂen⁼	₌ʂen	₌ʐen	ɕin⁼	₌in
新　县	ᶜtʂen	₌tʂ'en	ʂen⁼	₌ʂen	₌ʐen	ɕin⁼	₌in
卡　房	ᶜtʂen	₌tʂ'en	ʂen⁼	₌ʂen	₌ʐen	ɕin⁼	₌in
潢　川	ᶜtsən	₌ts'ən	sən⁼	₌sən	₌zən	ɕin⁼	₌in
固　始	ᶜtsən	₌ts'ən	sən⁼	₌sən	₌zən	ɕin⁼	₌in
商　城	ᶜtsən	₌ts'ən	sən⁼	₌sən	₌zən	ɕin⁼	₌in
息　县	ᶜtʂəŋ	₌tʂ'əŋ	ʂəŋ⁼	₌ʂəŋ	₌ʐəŋ	ɕiŋ⁼	₌iŋ
淮　滨	ᶜtsəŋ	₌ts'əŋ	səŋ⁼	₌səŋ	₌zəŋ	ɕin⁼	₌iŋ

①　罗山县臻、深摄与曾、梗摄合流为前鼻音 n，只有"仍扔"等个别字还习惯性地读成后鼻音 ŋ，但由于没有音位区别，故这里仍将这些字记为前鼻音。卡房的"扔"也是。

	蝇	逼	力	鲫	媳	直	侧
	曾开三 平蒸以	曾开三 入职帮	曾开三 入职来	曾开三 入职精	曾开三 入职心	曾开三 入职澄	曾开三 入职庄
老城区	꜀in	꜀pi	꜁li	꜁tɕi	꜀ɕi	꜁tʂ	꜁tsʻɛ
浉河区	꜀in	꜀pi	꜁li	꜁tɕi	꜀ɕi	꜁tʂ	꜁tsʻɛ
平桥区	꜀in	꜀pi	꜁li	꜁tɕi	꜀ɕi	꜁tʂ	tsʻɛ꜓
罗山	꜀in	꜀pi	꜁li	꜁tɕi	꜀ɕi	꜁tʂ	꜁tsʻe
光山	꜀in	꜀pi	꜁li	꜁tɕi	꜀ɕi	꜁tʂ	꜁tsʻe
新县	꜀in	꜀pi	꜁li	꜁tɕi	꜀ɕi	꜁tʂ	꜁tsʻe
卡房	꜀in	pi꜓	ni꜓	tɕi꜓	ɕi꜓	꜁tʂ	tsʻe꜓
潢川	꜀in	꜀pi	꜁li	꜁tɕi	꜀ɕi	꜁tʂ	꜁tsʻɛ
固始	꜀in	꜀pi	꜁li	꜁tɕi	꜀ɕi	꜁tʂ	꜁tsʻai
商城	꜀in	꜀pi	꜁li	꜁tɕi	꜀ɕi	꜁tʂ	꜁tsʻiɛ
息县	꜀iŋ	꜀pi	꜁li	꜁tɕi	꜀ɕi	꜁tʂ	꜁tsʻɛ
淮滨	꜀iŋ	꜀pi	꜁li	꜁tɕi	꜀ɕi	꜁tʂ	꜁tsʻɛ

	测	色	职	食	识	植	极
	曾开三 入职初	曾开三 入职生	曾开三 入职章	曾开三 入职船	曾开三 入职书	曾开三 入职禅	曾开三 入职群
老城区	꜁tsʻɛ	꜀ʂɛ	꜁tʂ	꜁ʂ	꜁ʂ	꜁tʂ	꜁tɕi
浉河区	꜁tsʻɛ	꜀ʂɛ	꜁tʂ	꜁ʂ	꜁ʂ	꜁tʂ	꜁tɕi
平桥区	꜁tsʻɛ	꜀ʂɛ	꜁tʂ	꜁ʂ	꜁ʂ	꜁tʂ	꜁tɕi
罗山	꜁tsʻe	꜀ʂe	꜁tʂ	꜁ʂ	꜁ʂ	꜁tʂ	꜁tɕi
光山	꜁tsʻe	꜀ʂe	꜁tʂ	꜁ʂ	꜁ʂ	꜁tʂ	꜁tɕi
新县	꜁tsʻe	꜀ʂe	꜁tʂ	꜁ʂ	꜁ʂ	꜁tʂ	꜁tɕi
卡房	tsʻe꜓	ʂe꜓	tʂ꜓	ʂ꜓	ʂ꜓	tʂ꜓	tɕi꜓
潢川	꜁tsʻɛ	꜀ʂɛ	꜁tʂ	꜁ʂ	꜁ʂ	꜁tʂ	꜁tɕi
固始	꜁tsʻai	꜀sai	꜁tʂ	꜁ʂ	꜁ʂ	꜁tʂ	꜁tɕi
商城	꜁tsʻiɛ	꜀sie	꜁tʂ	꜁ʂ	꜁ʂ	꜁tʂ	꜁tɕi
息县	꜁tsʻɛ	꜀ʂɛ	꜁tʂ	꜁ʂ	꜁ʂ	꜁tʂ	꜁tɕi
淮滨	꜁tsʻɛ	꜀ʂɛ	꜁tʂ	꜁ʂ	꜁ʂ	꜁tʂ	꜁tɕi

	亿	翼	国	或	域	彭	猛
	曾开三入职影	曾开三入职以	曾合一入德见	曾合一入德匣	曾合三入职云	梗开二平庚并	梗开二上梗明
老城区	i˥	₌i	₌kuε	₌fe	ᴇy	₌p'ən	˧məŋ
浉河区	i˥	₌i	₌kuε	₌fe	ᴇʮ	₌p'en	˧men
平桥区	i˥	₌i	₌kuε	₌fe	y˥	₌p'ən	˧məŋ
罗 山	i˥	i˥	₌kue	₌fe	ᴇy	₌p'ən	˧məŋ
光 山	i˥	i˥	₌kue	fe˥	ᴇʮ	₌p'en	˧men
新 县	i˥	i˥	₌kue	xue	ʮ˥	₌p'en	˧men
卡 房	i˩	i˥	kue₌	fe˥	ᴇʮ	₌p'en	˧men
潢 川	i˥	₌i	₌kuɤ	₌xuɤ	ᴇy	₌p'əŋ①	˧məɤ
固 始	i˥	₌i	₌kuai	₌xuai	ᴇy	₌p'əŋ	˧məɤ
商 城	i˥	₌i	₌kuɤ	₌xuɤ	y˥	₌p'ən	˧məɤ
息 县	i˥	₌i	₌kuε	₌fe	y˥	₌p'əŋ	˧məɤ
淮 滨	i˥	₌i	₌kuε	₌xuε	ᴇy	₌p'əŋ	˧məŋ

	打	冷	生	更更加	硬	行行为	杏
	梗开二上梗端	梗开二上梗来	梗开二平庚生	梗开二去映见	梗开二去映疑	梗开二平庚匣	梗开二上梗匣
老城区	˧ta	˧lən	₌sən	kən˥	ŋən˥	₌ɕin	ɕin˥
浉河区	˧ta	˧len	₌sen	ken˥	ŋen˥	₌ɕin	ɕin˥
平桥区	˧ta	˧lən	₌sən	kən˥	ɣən˥	₌ɕin	ɕin˥
罗 山	˧ta	˧lən	₌sən	kən˥	ŋən˥	₌ɕin	ɕin˥
光 山	˧ta	˧len	₌sen	ken˥	ŋen˥	₌ɕin	ɕin˥
新 县	˧ta	˧len	₌sen	ken˥	ŋen˥	₌ɕin	ɕin˥
卡 房	˧ta	˧nen	₌sen	ken˥	ŋen˥	₌ɕin	ɕin˥
潢 川	˧ta	˧lən	₌sən	kən˥	ɣən˥	₌ɕin	xən˥
固 始	˧ta	˧lən	₌sən	kən˥	ɣən˥	₌ɕin	xən˥
商 城	˧ta	˧lən	₌sən	kən˥	ɣən˥	₌ɕin	xən˥
息 县	˧ta	˧ləŋ	₌səŋ	kəŋ˥	ɣəŋ˥	₌ɕiŋ	xəŋ˥
淮 滨	˧ta	˧ləŋ	₌səŋ	kəŋ˥	ɣəŋ˥	₌ɕiŋ	xəŋ˥

① 这是年轻人的读法，老年人一般都读前鼻音 ₌p'ən。固始、息县和淮滨等县也是。

	百	拍	白	陌	拆	泽	窄
	梗开二入陌帮	梗开二入陌滂	梗开二入陌並	梗开二入陌明	梗开二入陌彻	梗开二入陌澄	梗开二入陌庄
老城区	⁼pɛ	⁼p'ɛ	₌pɛ	₌mɛ	⁼ts'ʅ	₌tsɛ	⁼tsɛ
浉河区	⁼pɛ	⁼p'ɛ	₌pɛ	₌mɛ	⁼ts'ʅ	₌tsɛ	⁼tsɛ
平桥区	⁼pɛ	⁼p'ɛ	₌pɛ	₌mɛ	⁼ts'ʅ	₌tsɛ	⁼tsɛ
罗　山	⁼pe	⁼p'e	₌pe	₌me	⁼ts'e	₌tse	⁼tse
光　山	⁼pe	⁼p'e	₌pe	₌me	⁼ts'e	₌tse	⁼tse
新　县	⁼pe	⁼p'e	₌pe	₌me	⁼ts'e	₌tse	⁼tse
卡　房	pe⁼	p'e⁼	₌pe	me⁼	ts'e⁼	tse⁼	tse⁼
潢　川	⁼pɛ	⁼p'ɛ	₌pɛ	₌mɛ	⁼ts'ʅ	₌tsɛ	⁼tsɛ
固　始	⁼pai/ ⁼piɛ	⁼p'iɛ	₌pai/ ₌piɛ	₌miɛ	₌ts'ai	₌tsai	₌tsai
商　城	₌piɛ	₌p'iɛ	₌piɛ	mo⁻	⁼ts'iɛ	₌tsiɛ	₌tsiɛ
息　县	⁼pɛ	⁼p'ɛ	₌pɛ	₌mɛ	⁼ts'ʅ	₌tsɛ	⁼tsɛ
淮　滨	⁼pɛ	⁼p'ɛ	₌pɛ	₌mɛ	⁼ts'ʅ	₌tsɛ	⁼tsɛ

	格（格子）	客	额	棚	萌	争	耕
	梗开二入陌见	梗开二入陌溪	梗开二入陌疑	梗开二平耕並	梗开二平耕明	梗开二平耕庄	梗开二平耕见
老城区	₌kɛ	₌k'ɛ	₌ŋɛ	₌p'oŋ	₌məŋ	₌tsən	₌kən
浉河区	₌ko	₌k'ɛ	₌ŋe	₌p'oŋ	₌men	₌tsen	₌ken
平桥区	₌ke	₌k'ɣ	₌ɣɛ	₌p'əŋ	₌məŋ	₌tsən	₌kən
罗　山	₌ke	₌k'e	₌ŋe	₌p'oŋ	₌məŋ	₌tsən	₌kən
光　山	₌ke	₌k'e	₌ŋe	₌p'oŋ	₌men	₌tsen	₌ken
新　县	₌ke	₌k'e	₌ŋe	₌p'oŋ	₌men	₌tsen	₌ken
卡　房	ke⁼	k'e⁼	ŋe⁼	₌p'oŋ	₌men	₌tsen	₌ken
潢　川	₌kɛ	₌k'iɛ	₌ɣɛ	₌p'əŋ	₌məŋ	₌tsən	₌kən
固　始	₌kiɛ	₌k'iɛ	₌ɣiɛ①	₌p'əŋ	₌məŋ	₌tsən	₌kən
商　城	₌kiɛ	₌k'iɛ	₌ɣiɛ	₌p'əŋ	₌məŋ	₌tsən	₌kən
息　县	₌kiɛ	₌k'iɛ	₌ɣiɛ	₌p'əŋ	₌məŋ	₌tsən	₌kən
淮　滨	₌kɣ ~ ₌kiɛ	₌k'iɛ	₌ɣiɛ	₌p'əŋ	₌məŋ	₌tsən	₌kən

① ɣ声母只与开口呼相拼，不与合口呼、齐齿呼、撮口呼相拼，但"额"字例外。商城与淮滨也是。

	幸	樱	麦	摘	责	册	革
	梗开二上耿匣	梗开二平耕影	梗开二入麦明	梗开二入麦知	梗开二入麦庄	梗开二入麦初	梗开二入麦见
老城区	çin꜔	꜀in	꜀me	꜀tse	꜀tse	꜀tsʰɛ	꜀ke
浉河区	çin꜔	꜀in	꜀me	꜀tse	꜀tse	꜀tsʰɛ	꜀ke
平桥区	çin꜔	꜀in	꜀me	꜀tse	꜀tse	꜀tsʰɛ	꜀ke
罗山	çin꜔	꜀in	꜀me	꜀tse	꜀tse	꜀tsʰɛ	꜀ke
光山	çin꜔	꜀in	꜀me	꜀tse	꜀tse	꜀tsʰɛ	꜀ke
新县	çin꜔	꜀in	꜀me	꜀tse	꜀tse	꜀tsʰɛ	꜀ke
卡房	çin꜔	in꜔	me꜔	tse꜔	tse꜔	tsʰɛ꜔	ke꜔
潢川	çin꜔	꜀in	꜀me	꜀tse	꜀tse	꜀tsʰɛ	꜀kie
固始	çin꜔	꜀in	꜀mai/꜀mie	꜀tsai	꜀tsai	꜀tsʰai	꜀kie
商城	çin꜔	꜀in	꜀mie	꜀tsie	꜀tsie	꜀tsʰie	꜀kie
息县	çiŋ꜔	꜀iŋ	꜀me	꜀tse	꜀tse	꜀tsʰɛ	꜀kie
淮滨	çiŋ꜔	꜀iŋ	꜀me	꜀tse	꜀tse	꜀tsʰɛ	꜀kie

	核（审核）	兵	病	明	镜	庆	迎
	梗开二入麦匣	梗开三平庚帮	梗开三去映並	梗开三平庚明	梗开三去映见	梗开三去映溪	梗开三平庚疑
老城区	꜀xɛ	꜀pin	pin꜔	꜀min	tçin꜔	tçʰin꜔	꜀in
浉河区	꜀xɛ	꜀pin	pin꜔	꜀min	tçin꜔	tçʰin꜔	꜀in
平桥区	꜀xɛ	꜀pin	pin꜔	꜀min	tçin꜔	tçʰin꜔	꜀in
罗山	꜀xɛ	꜀pin	pin꜔	꜀min	tçin꜔	tçʰin꜔	꜀in
光山	꜀xɛ	꜀pin	pin꜔	꜀min	tçin꜔	tçʰin꜔	꜀in
新县	꜀xɛ	꜀pin	pin꜔	꜀min	tçin꜔	tçʰin꜔	꜀in
卡房	꜀xɛ	꜀pin	pin꜔	꜀min	tçin꜔	tçʰin꜔	꜀an
潢川	꜀xie	꜀pin	pin꜔	꜀min	tçin꜔	tçʰin꜔	꜀in
固始	꜀xie	꜀pin	pin꜔	꜀min	tçin꜔	tçʰin꜔	꜀in
商城	꜀xie	꜀pin	pin꜔	꜀min	tçin꜔	tçʰin꜔	꜀in
息县	꜀xie	꜀piŋ	piŋ꜔	꜀miŋ	tçin꜔	tçʰiŋ꜔	꜀iŋ
淮滨	꜀xɛ	꜀piŋ	piŋ꜔	꜀miŋ	tçin꜔	tçʰiŋ꜔	꜀iŋ

	影	碧	剧戏剧	饼	名	令	井
	梗开三 上梗影	梗开三 入陌帮	梗开三 入陌群	梗开三 上静帮	梗开三 平清明	梗开三 去劲来	梗开三 上静精
老城区	⁼in	piᵓ	tɕyᵓ	⁼pin	₌min	linᵓ	⁼tɕin
浉河区	⁼in	piᵓ	tʂʅᵓ	⁼pin	₌min	linᵓ	⁼tɕin
平桥区	⁼in	piᵓ	tɕyᵓ	⁼pin	₌min	linᵓ	⁼tɕin
罗　山	⁼in	₌pi	₌tɕy	⁼pin	₌min	linᵓ	⁼tɕin
光　山	⁼in	₌pi	tʂʅᵓ	⁼pin	₌min	linᵓ	⁼tɕin
新　县	⁼in	piᵓ	tʂʅᵓ	⁼pin	₌min	linᵓ	⁼tɕin
卡　房	⁼in	₌pi	tʂʅᵓ	⁼pin	₌min	ninᵓ	⁼tɕin
潢　川	⁼in	piᵓ	tɕyᵓ	⁼pin	₌min	linᵓ	⁼tɕin
固　始	⁼in	piᵓ	tɕyᵓ	⁼pin	₌min	linᵓ	⁼tɕin
商　城	⁼in	piᵓ	tɕyᵓ	⁼pin	₌min	linᵓ	⁼tɕin
息　县	⁼iŋ	piᵓ	tɕyᵓ	⁼piŋ	₌miŋ	liŋᵓ	⁼tɕiŋ
淮　滨	⁼iŋ	piᵓ	tɕyᵓ	⁼piŋ	₌miŋ	liŋᵓ	⁼tɕiŋ

	清	情	姓	贞	侦	郑	整
	梗开三 平清清	梗开三 平清从	梗开三 去劲心	梗开三 平清知	梗开三 平清彻	梗开三 去劲澄	梗开三 上静章
老城区	₌tɕʰin	₌tɕʰin	ɕinᵓ	₌tsən	₌tsən	tsənᵓ	⁼tsən
浉河区	₌tɕʰin	₌tɕʰin	ɕinᵓ	₌tʂen	₌tʂen	tʂenᵓ	⁼tʂen
平桥区	₌tɕʰin	₌tɕʰin	ɕinᵓ	₌tsən	₌tsən	tsənᵓ	⁼tsən
罗　山	₌tɕʰin	₌tɕʰin	ɕinᵓ	₌tsən	₌tsən	tsənᵓ	⁼tsən
光　山	₌tɕʰin	₌tɕʰin	ɕinᵓ	₌tʂen	₌tʂen	tʂenᵓ	⁼tʂen
新　县	₌tɕʰin	₌tɕʰin	ɕinᵓ	₌tʂen	₌tʂen	tʂenᵓ	⁼tʂen
卡　房	₌tɕʰin	₌tɕʰin	ɕinᵓ	₌tʂen	₌tʂen	tʂenᵓ	⁼tʂen
潢　川	₌tɕʰin	₌tɕʰin	ɕinᵓ	₌tsən	₌tsən	tsənᵓ	⁼tsən
固　始	₌tɕʰin	₌tɕʰin	ɕinᵓ	₌tsən	₌tsən	tsənᵓ	⁼tsən
商　城	₌tɕʰin	₌tɕʰin	ɕinᵓ	₌tsən	₌tsən	tsənᵓ	⁼tsən
息　县	₌tɕʰiŋ	₌tɕʰiŋ	ɕiŋᵓ	₌tʂən	₌tʂən	tʂəŋᵓ	⁼tʂəŋ
淮　滨	₌tɕʰiŋ	₌tɕʰiŋ	ɕiŋᵓ	₌tsəŋ	₌tsəŋ	tsəŋᵓ	⁼tsəŋ

	圣	成	轻轻重	婴	赢	壁	僻
	梗开三 去劲书	梗开三 平清禅	梗开三 平清溪	梗开三 平清影	梗开三 平清以	梗开三 入昔帮	梗开三 入昔滂
老城区	sən⁼	⊆tsʰən	⊂tɕʰin	⊂in	⊆in	pi⁼	⊂pʰi
浉河区	ʂen⁼	⊆tʂʰen	⊂tɕʰin	⊂in	⊆in	pi⁼	⊂pʰi
平桥区	sən⁼	⊆tsʰən	⊂tɕʰin	⊂in	⊆in	pi⁼	pʰi⁼
罗山	sən⁼	⊆tsʰən	⊂tɕʰin	⊂in	⊆in	⊂pi	⊂pʰi
光山	ʂen⁼	⊆tʂʰen	⊂tɕʰin	⊂in	⊆in	pi⁼	⊂pʰi
新县	ʂen⁼	⊆tʂʰen	⊂tɕʰin	⊂in	⊆in	pi⁼	⊂pʰi
卡房	ʂen⁼	⊆tʂʰen	⊂tɕʰin	⊂in	⊆in	pi⁼	⊂pʰi
潢川	sən⁼	⊆tsʰən	⊂tɕʰin	⊂in	⊆in	pi⁼	⊂pʰi
固始	sən⁼	⊆tsʰən	⊂tɕʰin	⊂in	⊆in	pi⁼	pʰi⁼
商城	sən⁼	⊆tsʰən	⊂tɕʰin	⊂in	⊆in	pi⁼	⊂pʰi
息县	ʂəŋ⁼	⊆tʂʰəŋ	⊂tɕʰiŋ	⊂iŋ	⊆iŋ	pi⁼	⊂pʰi
淮滨	səŋ⁼	⊆tsʰəŋ	⊂tɕʰiŋ	⊂iŋ	⊆iŋ	pi⁼	⊂pʰi

	辟	积	籍	惜	席	只只身	尺
	梗开三 入昔并	梗开三 入昔精	梗开三 入昔从	梗开三 入昔心	梗开三 入昔邪	梗开三 入昔章	梗开三 入昔昌
老城区	⊂pʰi	⊆tɕi	⊆tɕi	⊂ɕi	⊆ɕi	⊂tsʐ̩	⊂tsʰʐ̩
浉河区	⊂pʰi	tɕi⁼	⊆tɕi	⊂ɕi	⊆ɕi	⊂tʂʐ̩	⊂tʂʰʐ̩
平桥区	⊂pʰi	tɕi⁼	⊆tɕi	⊂ɕi	⊆ɕi	⊂tʂʐ̩	⊂tʂʰʐ̩
罗山	⊂pʰi	⊂tɕi	⊆tɕi	⊂ɕi	⊆ɕi	⊂tʂʐ̩	⊂tʂʰʐ̩
光山	⊂pʰi	⊂tɕi	⊆tɕi	⊂ɕi	⊆ɕi	⊂tʂʐ̩	⊆tʂʰʐ̩
新县	⊂pʰi	tɕi⁼	⊆tɕi	⊂ɕi	⊆ɕi	⊂tʂʐ̩	⊆tʂʰʐ̩
卡房	⊂pʰi	tɕi꜔	tɕi重	ɕi⁼	⊆ɕi	⊂tʂʐ̩	tʂʰʐ̩
潢川	⊂pʰi	⊆tɕi	⊆tɕi	⊂ɕi	⊆ɕi	⊂tʂʐ̩	⊂tʂʰʐ̩
固始	⊂pʰi	tɕi⁼	⊆tɕi	⊂ɕi	⊆ɕi	⊂tʂʐ̩	⊂tʂʰʐ̩
商城	⊂pʰi	⊆tɕi	⊆tɕi	⊂ɕi	⊆ɕi	⊂tʂʐ̩	⊂tsʰʐ̩
息县	⊂pʰi	⊆tɕi	⊆tɕi	⊂ɕi	⊆ɕi	⊂tʂʐ̩	⊂tʂʰʐ̩
淮滨	⊂pʰi	⊆tɕi	⊆tɕi	⊆ɕi	⊆ɕi	⊂tʂʐ̩	⊆tsʰʐ̩

	射	适	石	益	译	易交易	瓶
	梗开三 入昔船	梗开三 入昔书	梗开三 入昔禅	梗开三 入昔影	梗开三 入昔以	梗开三 入昔以	梗开四 平青並
老城区	sɤʔ⁻	₌ʂʅ	₌ʂʅ	₌i	₌i	i⁻	₌pʰin
浉河区	ʂɤʔ⁻	₌ʐʅ	₌ʂʅ	₌i	₌i	i⁻	₌pʰin
平桥区	sɤʔ⁻	₌ʂʅ	₌ʂʅ	₌i	₌i	i⁻	₌pʰin
罗 山	sɤʔ⁻	₌ʂʅ	₌ʂʅ	₌i	₌i	₌i	₌pʰin
光 山	ʂɤʔ⁻	₌ʐʅ	₌ʂʅ	₌i	₌i	₌i	₌pʰin
新 县	sɤʔ⁻	₌ʐʅ	₌ʂʅ	₌i	₌i	i⁻	₌pʰin
卡 房	ʂɤʔ⁻	₌ʐʅ	₌ʂʅ	i₌	i₌	i₌	₌pʰin
潢 川	sɤʔ⁻	₌ʐʅ	₌ʂʅ	₌i	₌i	₌i	₌pʰin
固 始	sai⁻	₌ʐʅ	₌ʂʅ	₌i	₌i	₌i	₌pʰin
商 城	sie⁻	⁻ʐʅ	₌ʂʅ	i⁻	₌i	₌i	₌pʰin
息 县	ʂɤʔ⁻	₌ʐʅ	₌ʂʅ	₌i	₌i	₌i	₌pʰiŋ
淮 滨	sɤʔ⁻	₌ʂʅ	₌ʂʅ	₌i	₌i	₌i	₌pʰiŋ

	订	听听见	停	零	青	醒	经
	梗开四 去径端	梗开四 平青透	梗开四 平青定	梗开四 平青来	梗开四 平青清	梗开四 上迥心	梗开四 平青见
老城区	tin⁻	₌tʰin	₌tʰin	₌lin	₌tɕʰin	⁻ɕin	₌tɕin
浉河区	tin⁻	₌tʰin	₌tʰin	₌lin	₌tɕʰin	⁻ɕin	₌tɕin
平桥区	tin⁻	₌tʰin	₌tʰin	₌lin	₌tɕʰin	⁻ɕin	₌tɕin
罗 山	tin⁻	₌tʰin	₌tʰin	₌lin	₌tɕʰin	⁻ɕin	₌tɕin
光 山	tin⁻	₌tʰin	₌tʰin	₌lin	₌tɕʰin	⁻ɕin	₌tɕin
新 县	tin⁻	₌tʰin	₌tʰin	₌lin	₌tɕʰin	⁻ɕin	₌tɕin
卡 房	tin⁻	₌tʰin	₌tʰin	₌nin	₌tɕʰin	⁻ɕin	₌tɕin
潢 川	tin⁻	₌tʰin	₌tʰin	₌lin	₌tɕʰin	⁻ɕin	₌tɕin
固 始	tin⁻	₌tʰin	₌tʰin	₌lin	₌tɕʰin	⁻ɕin	₌tɕin
商 城	tin⁻	₌tʰin	₌tʰin	₌lin	₌tɕʰin	⁻ɕin	₌tɕin
息 县	tiŋ⁻	₌tʰiŋ	₌tʰiŋ	₌liŋ	₌tɕʰiŋ	⁻ɕiŋ	₌tɕiŋ
淮 滨	tiŋ⁻	₌tʰiŋ	₌tʰiŋ	₌liŋ	₌tɕʰiŋ	⁻ɕiŋ	₌tɕiŋ

	形	壁	劈	滴	踢	笛	历日历
	梗开四平青匣	梗开四入锡帮	梗开四入锡滂	梗开四入锡端	梗开四入锡透	梗开四入锡定	梗开四入锡来
老城区	꜌ɕin	pi⁼	꜀pʻi	꜀ti	꜀tʻi	꜌ti	꜌li
浉河区	꜌ɕin′	pi⁼	꜀pʻi	꜀ti	꜀tʻi	꜌ti	꜌li
平桥区	꜌ɕin	pi⁼	꜀pʻi	꜀ti	꜀tʻi	꜌ti	꜌li
罗 山	꜌ɕin	꜀pi	꜀pʻi	꜀ti	꜀tʻi	꜌ti	li⁼
光 山	꜌ɕin	pi⁼	꜀pʻi	꜀ti	꜀tʻi	꜀ti/ ꜌ti	꜌li/li⁼
新 县	꜌ɕin	pi⁼	꜀pʻi	꜀ti	꜀tʻi	꜌ti	꜌li
卡 房	꜌ɕin	pi⁼	pʻi꜇	ti꜇	tʻi꜇	ti꜇	ni꜇
潢 川	꜌ɕin	pi⁼	꜀pʻi	꜀ti	꜀tʻi	꜌ti	꜌li
固 始	꜌ɕin	pi⁼	꜀pʻi	꜀ti	꜀tʻi	꜌ti	li⁼
商 城	꜌ɕin	pi⁼	꜀pʻi	꜀ti	꜀tʻi	꜌ti	꜌li
息 县	꜌ɕin	pi⁼	꜀pʻi	꜀ti	꜀tʻi	꜌ti	꜌li
淮 滨	꜌ɕiŋ	pi⁼	꜀pʻi	꜀ti	꜀tʻi	꜌ti	li⁼

	绩	戚	锡	激	吃	矿	轰
	梗开四入锡精	梗开四入锡清	梗开四入锡心	梗开四入锡见	梗开四入锡溪	梗合二上梗见	梗合二平耕晓
老城区	꜀tɕi	꜀tɕʻi	꜀ɕi	꜀tɕi	꜀tsʻʅ	kʻuan⁼	꜀foŋ
浉河区	꜀tɕi	꜀tɕʻi	꜀ɕi	꜀tɕi	꜀tsʻʅ	kʻuan⁼	꜀foŋ
平桥区	tɕi⁼	꜀tɕʻi	꜀ɕi	꜀tɕi	꜀tsʻʅ	kʻuan⁼	꜀fəŋ
罗 山	꜀tɕi	꜀tɕʻi	꜀ɕi	꜀tɕi	꜀tsʻʅ	kʻuan⁼	꜀foŋ
光 山	꜀tɕi	꜀tɕʻi	꜀ɕi	꜀tɕi	꜀tsʻʅ	kʻuan⁼	xoŋ
新 县	꜀tɕi	꜀tɕʻi	꜀ɕi	꜀tɕi	꜀tsʻʅ	kʻuan⁼	꜀xoŋ
卡 房	tɕi꜇	tɕʻi꜇	ɕi꜇	tɕi꜇	tsʻʅ꜇	kʻuan⁼	꜀xoŋ
潢 川	꜀tɕi	꜀tɕʻi	꜀ɕi	꜀tɕi	꜀tsʻʅ	kʻuan⁼	꜀xuŋ
固 始	꜀tɕi	꜀tɕʻi	꜀ɕi	꜀tɕi	꜀tsʻɤ⁼/ ꜀tsʻʅ⁼	kʻuan⁼	꜀xuŋ
商 城	꜀tɕi	꜀tɕʻi	꜀ɕi	꜀tɕi	꜀tsʻʅ	kʻuan⁼	꜀xuŋ
息 县	꜀tɕi	꜀tɕʻi	꜀ɕi	꜀tɕi	꜀tsʻʅ	kʻuan⁼	꜀fəŋ
淮 滨	꜀tɕi	꜀tɕʻi	꜀ɕi	꜀tɕi	꜀tsʻʅ	kʻuan⁼	꜀xuŋ

	横蛮横	获	琼	兄	荣	永	疫
	梗合二去映匣	梗合二入麦匣	梗合三平清群	梗合三平庚晓	梗合三平庚云	梗合三上梗云	梗合三入昔以
老城区	foŋ⁼	꜀fe	꜀tɕʰyoŋ	꜀ɕyoŋ	꜀zoŋ	꜆zoŋ	꜀i
浉河区	foŋ⁼	꜀fɛ	꜀tɕʰioŋ	꜀ɕioŋ	꜀zoŋ	꜆zoŋ	꜀i
平桥区	fən⁼	꜀fɛ	꜀tɕʰyŋ	꜀ɕyŋ	꜀zuŋ	꜆zuŋ	꜀i
罗山	꜀fən	꜀fe	꜀tɕʰioŋ	꜀ɕioŋ	꜀zoŋ	꜆yn	꜀i
光山	꜀fen	fe⁼	꜀tɕʰioŋ	꜀ɕioŋ	꜀zoŋ	꜆ʮen	꜀i
新县	꜀xuen	꜀xue	꜀tɕʰioŋ	꜀ɕioŋ	꜀zoŋ	꜆ʮen	꜀i
卡房	꜀fen	꜀fe	꜀tɕʰioŋ	꜀ɕioŋ	꜀zoŋ	꜆ʮen	i̠
潢川	xuŋ⁼	꜀xue	꜀tɕʰyŋ	꜀ɕyŋ	꜀zuŋ	꜆zuŋ	꜀i
固始	xuŋ⁼	꜀xuai	꜀tɕʰyŋ	꜀ɕyŋ	꜀zuŋ	꜆zuŋ	꜀i
商城	xuŋ⁼	꜀xuɛ	꜀tɕʰyŋ	꜀ɕyŋ	꜀zuŋ	꜆yn	꜀i
息县	fəŋ⁼	꜀fɛ	꜀tɕʰyŋ	꜀ɕyŋ	꜀zuŋ	꜆yn	꜀i
淮滨	xuŋ⁼	꜀xuɛ	꜀tɕʰyŋ	꜀ɕyŋ	꜀zuŋ	꜆zuŋ	꜀i

	蓬	蒙	东	桶	动	笼	总
	通合一平东并	通合一平东明	通合一平东端	通合一上董透	通合一上董定	通合一平东来	通合一上董精
老城区	꜀pʰoŋ	꜀moŋ	꜀toŋ	꜆tʰoŋ	toŋ⁼	꜆loŋ	꜆tsoŋ
浉河区	꜀pʰoŋ	꜀moŋ	꜀toŋ	꜆tʰoŋ	toŋ⁼	꜆loŋ	꜆tsoŋ
平桥区	꜀pʰəŋ	꜀məŋ	꜀təŋ ~ tuŋ	꜆tʰəŋ ~ tʰuŋ	təŋ⁼ ~ tʰuŋ⁼	꜆ləŋ ~ ꜆luŋ	꜆tsuŋ
罗山	꜀pʰoŋ	꜀moŋ	꜀toŋ	꜆tʰoŋ	toŋ⁼	꜆loŋ	꜆tsoŋ
光山	꜀pʰoŋ	꜀moŋ	꜀toŋ	꜆tʰoŋ	toŋ⁼	꜆loŋ	꜆tsoŋ
新县	꜀pʰoŋ	꜀moŋ	꜀toŋ	꜆tʰoŋ	toŋ⁼	꜆loŋ	꜆tsoŋ
卡房	꜀pʰoŋ	꜀moŋ	꜀toŋ	꜆tʰoŋ	toŋ⁼	꜀noŋ	꜆tsoŋ
潢川	꜀pʰəŋ	꜀məŋ	꜀təŋ	꜆tʰəŋ	təŋ⁼	꜆ləŋ	꜆tsuŋ
固始	꜀pʰəŋ	꜀məŋ	꜀təŋ	꜆tʰəŋ	təŋ⁼	꜆ləŋ	꜆tsuŋ
商城	꜀pʰəŋ	꜀məŋ	꜀təŋ	꜆tʰəŋ	təŋ⁼	꜆ləŋ	꜆tsəŋ
息县	꜀pʰəŋ	꜀məŋ	꜀tuŋ	꜆tʰuŋ	tuŋ⁼	꜆luŋ	꜆tsuŋ
淮滨	꜀pʰəŋ	꜀məŋ	꜀tuŋ	꜆tʰuŋ	tuŋ⁼	꜆luŋ	꜆tsuŋ

	葱	从	送	公	孔	烘	红
	通合一平东清	通合一平东从	通合一去送心	通合一平东见	通合一上董溪	通合一平东晓	通合一平东匣
老城区	₌tsʻoŋ	₌tsʻoŋ	soŋ³	₌koŋ	ˀkʻoŋ	₌foŋ	₌foŋ
浉河区	₌tsʻoŋ	₌tsʻoŋ	soŋ³	₌koŋ	ˀkʻoŋ	₌foŋ	₌foŋ
平桥区	₌tsʻuŋ	₌tsʻuŋ	suŋ³	₌kuŋ	ˀkʻuŋ	₌fəŋ	₌fəŋ
罗山	₌tsʻoŋ	₌tsʻoŋ	soŋ³	₌koŋ	ˀkʻoŋ	₌foŋ	₌foŋ
光山	₌tsʻoŋ	₌tsʻoŋ	soŋ³	₌koŋ	ˀkʻoŋ	₌xoŋ	₌xoŋ
新县	₌tsʻoŋ	₌tsʻoŋ	soŋ³	₌koŋ	ˀkʻoŋ	₌xoŋ	₌xoŋ
卡房	₌tsʻoŋ	₌tsʻoŋ	soŋ³	₌koŋ	ˀkʻoŋ	₌foŋ	₌foŋ
潢川	₌tsʻuŋ	₌tsʻuŋ	suŋ³	₌kuŋ	ˀkʻuŋ	₌xuŋ	₌xuŋ
固始	₌tsʻuŋ	₌tsʻuŋ	suŋ³	₌kuŋ	ˀkʻuŋ	₌xuŋ	₌xuŋ
商城	₌tsʻəŋ	₌tsʻəŋ	səŋ³	₌kuŋ	ˀkʻuŋ	₌xuŋ	₌xuŋ
息县	₌tsʻuŋ	₌tsʻuŋ	suŋ³	₌kuŋ	ˀkʻuŋ	₌fəŋ	₌fəŋ
淮滨	₌tsʻuŋ	₌tsʻuŋ	suŋ³	₌kuŋ	ˀkʻuŋ	₌xuŋ	₌xuŋ

	翁	木	秃	读	鹿	族	速
	通合一平东影	通合一入屋明	通合一入屋透	通合一入屋定	通合一入屋来	通合一入屋从	通合一入屋心
老城区	₌uoŋ	₌mu	₌tʻu	₌tou	₌lou	tsʻou³	₌sou
浉河区	₌uoŋ	₌mu	₌tʻou	₌tou	₌lou	₌tsʻou	₌sou
平桥区	₌uəŋ	₌mu	₌tʻu	₌tu	₌lu	tsʻu³	₌su
罗山	₌uoŋ	₌mu	₌tʻəu	₌təu	₌ləu	₌tsʻəu	₌səu
光山	₌ŋoŋ	₌mu	₌tʻəu	₌təu	₌ləu	₌tsʻəu	₌səu
新县	₌ŋoŋ	₌mu ~ ₌moŋ	₌tʻəu	₌təu	₌ləu	₌tsʻəu	₌səu
卡房	₌ŋoŋ	₌mu	tʻəu	₌təu	₌nəu	tsʻəu³	səu³
潢川	₌uəŋ	₌məŋ	₌tʻu	₌tu	₌lou	₌tsʻu	₌su
固始	₌uəŋ	₌məŋ	₌tʻu	₌tu	₌lou	₌tsʻu	₌su
商城	₌uəŋ	₌məŋ	₌tʻəu	₌təu	₌ləu	₌tsʻəu	₌səu
息县	₌uəŋ	₌mu	₌tʻu	₌tu	₌lu	₌tsʻu	₌su
淮滨	₌uəŋ	₌mu	₌tʻu	ˀtu	₌lu	₌tsʻu	₌su

	谷	屋	冬	农	宗	宋	督
	通合一 入屋见	通合一 入屋影	通合一 平冬端	通合一 平冬泥	通合一 平冬精	通合一 去宋心	通合一 入沃端
老城区	꜀ku	꜀ɣ	꜀toŋ	꜁loŋ	꜀tsoŋ	soŋꜗ	꜀tou
浉河区	꜀ku	꜀ɣ	꜀toŋ	꜁loŋ	꜀tsoŋ	soŋꜗ	꜀tou
平桥区	꜀ku	꜀ɣ	꜀təŋ ~ ꜀tuŋ	꜁ləŋ ~ ꜁luŋ	꜀tsuŋ	suŋꜗ	꜀tu
罗 山	꜀ku	꜀ɣ	꜀toŋ	꜁loŋ	꜀tsoŋ	soŋꜗ	꜀təu
光 山	꜀ku	꜀ɣ	꜀toŋ	꜁loŋ	꜀tsoŋ	soŋꜗ	꜀təu
新 县	꜀ku	꜀ɣ	꜀toŋ	꜁loŋ	꜀tsoŋ	soŋꜗ	꜀təu
卡 房	kuꜗ	ɣꜗ	꜀toŋ	꜁noŋ	꜀tsoŋ	soŋꜗ	təuꜗ
潢 川	꜁ku	꜀ɣ	꜀təŋ	꜁ləŋ	꜀tsuŋ	suŋꜗ	꜀tu
固 始	꜁ku	꜀ɣ	꜀təŋ	꜁ləŋ	꜀tsuŋ	suŋꜗ	꜀tu
商 城	꜁ku	꜀ɣ	꜀təŋ	꜁ləŋ	꜀tsəŋ	səŋꜗ	꜀təu
息 县	꜁ku	꜀ɣ	꜀tuŋ	꜁nu	꜀tsuŋ	suŋꜗ	꜀tu
淮 滨	꜁ku	꜀ɣ	꜀tuŋ	꜁luŋ	꜀tsuŋ	suŋꜗ	꜀tu

	毒	沃	风	丰	冯	梦	隆
	通合一 入沃定	通合一 入沃影	通合三 平东非	通合三 平东敷	通合三 平东奉	通合三 去送明	通合三 平东来
老城区	꜁tou	꜀uo	꜀foŋ	꜀foŋ	꜁foŋ	moŋꜗ	꜁loŋ
浉河区	꜁tou	꜀uo	꜀foŋ	꜀foŋ	꜁foŋ	moŋꜗ	꜁loŋ
平桥区	꜁tu	꜀uo	꜀fəŋ	꜀fəŋ	꜁fəŋ	məŋꜗ	꜁ləŋ ~ ꜁luŋ
罗 山	꜁təu	꜀uo	꜀foŋ	꜀foŋ	꜁foŋ	moŋꜗ	꜁loŋ
光 山	꜁təu	꜀uo	꜀foŋ	꜀foŋ	꜁foŋ	moŋꜗ	꜁loŋ
新 县	꜁təu	ɣꜗ	꜀foŋ	꜀foŋ	꜁foŋ	moŋꜗ	꜁loŋ
卡 房	꜁təu	uoꜗ	꜀foŋ	꜀foŋ	꜁foŋ	moŋꜗ	꜁noŋ
潢 川	꜁tu	꜀uo	꜀xuŋ	꜀xuŋ	꜁xuŋ	məŋꜗ	꜁luŋ
固 始	꜁tu	꜀uo	꜀fəŋ	꜀fəŋ	꜁fəŋ	məŋꜗ	꜁ləŋ
商 城	꜁təu	uoꜗ	꜀fəŋ	꜀fəŋ	꜁fəŋ	məŋꜗ	꜁ləŋ
息 县	꜁tu	꜀uo	꜀fəŋ	꜀fəŋ	꜁fəŋ	məŋꜗ	꜁luŋ
淮 滨	꜁tu	꜀uo	꜀xuŋ	꜀xuŋ	꜁xuŋ	məŋꜗ	꜁luŋ

	忠	虫	众	充	绒	宫	穷
	通合三平东知	通合三平东澄	通合三去送章	通合三平东昌	通合三平东日	通合三平东见	通合三平东群
老城区	₌tsoŋ	₌tsʻoŋ	tsoŋ²	₌tsʻoŋ	₌zoŋ	₌koŋ	₌tɕʻyoŋ
浉河区	₌tʂoŋ	₌tʂʻoŋ	tʂoŋ²	₌tʂʻoŋ	₌zoŋ	₌koŋ	₌tɕʻioŋ
平桥区	₌tsuŋ	₌tsʻuŋ	tsuŋ²	₌tsʻuŋ	₌zuŋ	₌kuŋ	₌tɕʻyŋ
罗 山	₌tsoŋ	₌tsʻoŋ	tsoŋ²	₌tsʻoŋ	₌zoŋ	₌koŋ	₌tɕʻioŋ
光 山	₌tʂoŋ	₌tʂʻoŋ	tʂoŋ²	₌tʂʻoŋ	₌zoŋ	₌koŋ	₌tɕʻioŋ
新 县	₌tʂoŋ	₌tʂʻoŋ	tʂoŋ²	₌tʂʻoŋ	₌zoŋ	₌koŋ	₌tɕʻioŋ
卡 房	₌tʂoŋ	₌tʂʻoŋ	tʂoŋ²	₌tʂʻoŋ	₌zoŋ	₌koŋ	₌tɕʻioŋ
潢 川	₌tsuŋ	₌tsʻuŋ	tsuŋ²	₌tsʻuŋ	₌zuŋ	₌kuŋ	₌tɕʻyŋ
固 始	₌tsuŋ	₌tsʻuŋ	tsuŋ²	₌tsʻuŋ	₌zuŋ	₌kuŋ	₌tɕʻyŋ
商 城	₌tsəŋ	₌tsʻəŋ	tsəŋ²	₌tsʻəŋ	₌zəŋ	₌kuŋ	₌tɕʻyŋ
息 县	₌tsuŋ	₌tsʻuŋ	tsuŋ²	₌tsʻuŋ	₌zuŋ	₌kuŋ	₌tɕʻyŋ
淮 滨	₌tsuŋ	₌tsʻuŋ	tsuŋ²	₌tsʻuŋ	₌zuŋ	₌kuŋ	₌tɕʻyŋ

	熊	融	福	服	目	穆	六
	通合三平东云	通合三平东以	通合三入屋非	通合三入屋奉	通合三入屋明	通合三入屋明	通合三入屋来
老城区	₌ɕyoŋ	₌zoŋ	₌fu	₌fu	₌mu	₌mu	liou²
浉河区	₌ɕioŋ	₌zoŋ	₌fu	₌fu	mu²	mu²	liou²
平桥区	₌ɕyoŋ	₌zuŋ	₌fu	₌fu	mu²	₌mu	liou²
罗 山	₌ɕioŋ	₌zoŋ	₌fu	₌fu	₌mu	₌mu	₌ləu²
光 山	₌ɕioŋ	₌zoŋ	₌fu	₌fu	₌mu	₌mu	₌ləu²
新 县	₌ɕioŋ	₌zoŋ	₌fu	₌fu	₌mu	₌mu	₌ləu²
卡 房	₌ɕioŋ	₌zoŋ	fu	fu²	mu²	mu²	nəu²
潢 川	₌ɕyŋ	₌zuŋ	₌xu	₌xu	mu²	məŋ²	₌lou ~ liou²
固 始	₌ɕyŋ	₌zuŋ	₌fu	₌fu	məŋ²	məŋ²	₌lou ~ liou²
商 城	₌ɕyŋ	₌zoŋ	₌fu	₌fu	₌məŋ	məŋ²	₌ləu
息 县	₌ɕyŋ	₌zuŋ	₌fu	₌fu	mu²	₌mu	liou²
淮 滨	₌ɕyŋ	₌zuŋ	₌xu	₌xu	mu²	₌mu	liou²

	陆	肃	宿	筑	轴	祝	缩
	通合三入屋来	通合三入屋心	通合三入屋心	通合三入屋知	通合三入屋澄	通合三入屋章	通合三入屋生
老城区	₌lou	₋çy	₋çy	₌tsou	₌tsou	tsou⊃	₌suo
浉河区	lou⊃	₋çy	₋çy	₌tʂou	₌tʂou	₌tʂou	₌so
平桥区	₌lou	₋çy	₋çy	₌tsu	₌tsu	₌tsu	₌so
罗山	₌ləu	₋çy	₋çy	₌tsəu	₌tsəu	tsəu⊃	₌so
光山	₌uei⊃	₌nəu	₌nəu	₌tʂəu	₌tʂəu	₌tʂəu	₌so
新县	₌ləu⊃	₌nəu	₌nəu	₌tʂəu	₌tʂəu	₌tʂəu	so⊃
卡房	nəu₌	səu₌	səu₌	tʂəu₌	tʂəu₌	tʂəu₌	səu₌
潢川	₌lou	₌çy	₋çy	₌tsu	₌tsu	₌tsu	₌suo
固始	₌lou	₋çy	₋çy	₌tsu	₌tsu	₌tsu	₌suo
商城	₌ləu	₋çy	₋çy	₌tsəu	₌tsəu	₌tsəu	₌so
息县	₌lou	₋çy	₋çy	₌tsu	₌tsu	₌tsu	₌suo
淮滨	₌lou	₋çy	₋çy	₌tsu	₌tsu	₌tsu	₌suo

	叔	熟熟悉	肉	菊	曲酒曲	畜畜牧	育
	通合三入屋书	通合三入屋禅	通合三入屋日	通合三入屋见	通合三入屋溪	通合三入屋晓	通合三入屋以
老城区	⊂sou	₌sou	zou⊃	₋tçy	₋tçʻy	₋çy	y⊃
浉河区	⊂ʂou	₌ʂou	ʐou⊃	₋tʂʅ	₋tʂʻʅ	₋ʂʅ	ʯ⊃
平桥区	⊂su	₌su	zou⊃	₋tçy	₋tçʻy	₋çy	y⊃
罗山	⊂səu	₌səu	zəu⊃	₋tçy	₋tçʻy	₋çy	₋y
光山	₌ʂəu	₌ʂəu	ʐəu⊃	₋tʂʅ	₋tʂʻʅ	₋çiəu	₌ʯ/ʯ⊃
新县	₌ʂəu	₌ʂəu	ʐəu⊃	₋tʂʅ	₋tʂʻʅ	₋çiəu	₌ʯ
卡房	ʂəu₌	₌ʂəu	ʐəu₌	tʂʅ₌	tʂʻʅ₌	çiəu₌	ʐəu₌
潢川	⊂su	₌su	zou⊃	₋tçy	₋tçʻy	₌çy	y⊃
固始	⊂su	₌su	zou⊃	₌tçy	₋tçʻy	₌çy	y⊃
商城	₌səu	₌səu	zəu⊃	₌tçy	₌tçʻy	₌çy	y⊃
息县	⊂su	₌su	zou⊃	₋tçy	₋tçʻy	₌çy	y⊃
淮滨	⊂su	₌su	zou⊃	₋tçy	₋tçʻy	₌çy	y⊃

	封	峰	奉	龙	从跟从	松	重轻重
	通合三平钟非	通合三平钟敷	通合三上肿奉	通合三平钟龙	通合三平钟从	通合三平钟邪	通合三上肿澄
老城区	₌foŋ	₌foŋ	foŋ꜒	₌loŋ	₌tsʻoŋ	₌soŋ	tsoŋ꜒
浉河区	₌foŋ	₌foŋ	foŋ꜒	₌loŋ	₌tsʻoŋ	₌soŋ	tʂoŋ꜒
平桥区	₌fəŋ	₌fəŋ	fəŋ꜒	₌ləŋ ~ ₌luŋ	₌tsʻuŋ	₌suŋ	tsuŋ꜒
罗 山	₌foŋ	₌foŋ	foŋ꜒	₌loŋ	₌tsʻoŋ	₌soŋ	tsoŋ꜒
光 山	₌foŋ	₌foŋ	foŋ꜒	₌loŋ	₌tsʻoŋ	₌soŋ	tʂoŋ꜒
新 县	₌foŋ	₌foŋ	foŋ꜒	₌loŋ	₌tsʻoŋ	₌soŋ	tʂoŋ꜒
卡 房	₌foŋ	₌foŋ	foŋ꜒	₌noŋ	₌tsʻoŋ	₌soŋ	tʂoŋ꜒
潢 川	₌xuŋ	₌xuŋ	xuŋ꜒	₌lyŋ	₌tsʻuŋ	₌suŋ	tsuŋ꜒
固 始	₌fəŋ	₌fəŋ	fəŋ꜒	₌ləŋ	₌tsʻuŋ	₌suŋ	tsuŋ꜒
商 城	₌fəŋ	₌fəŋ	fəŋ꜒	₌lyŋ	₌tsʻəŋ	₌səŋ	tsəŋ꜒
息 县	₌fəŋ	₌fəŋ	fəŋ꜒	₌lyŋ	₌tsʻuŋ	₌ɕyn	tsuŋ꜒
淮 滨	₌xuŋ	₌xuŋ	xuŋ꜒	₌luŋ	⁻ ₌tsʻuŋ	₌suŋ	tsuŋ꜒

	种种树	冲	茸鹿茸	恭	恐	共	凶
	通合三去用章	通合三平钟昌	通合三平钟日	通合三平钟见	通合三上肿溪	通合三去用群	通合三平钟晓
老城区	tsoŋ꜒	₌tsʻoŋ	₌zoŋ	₌koŋ	꜂kʻoŋ	koŋ꜒	₌ɕyoŋ
浉河区	tʂoŋ꜒	₌tʂʻoŋ	₌zoŋ	₌koŋ	꜂kʻoŋ	koŋ꜒	₌ɕioŋ
平桥区	tsuŋ꜒	₌tsʻuŋ	₌zuŋ	₌kuŋ	꜂kʻuŋ	kuŋ꜒	₌ɕyn
罗 山	tsoŋ꜒	₌tsʻoŋ	₌zoŋ	₌koŋ	꜂kʻoŋ	koŋ꜒	₌ɕioŋ
光 山	tʂoŋ꜒	₌tʂʻoŋ	₌zoŋ	₌koŋ	꜂kʻoŋ	koŋ꜒	₌ɕioŋ
新 县	tʂoŋ꜒	₌tʂʻoŋ	₌zoŋ	₌koŋ	꜂kʻoŋ	koŋ꜒	₌ɕioŋ
卡 房	tʂoŋ꜒	₌tʂʻoŋ	₌zoŋ	₌koŋ	꜂kʻoŋ	koŋ꜒	₌ɕioŋ
潢 川	tsuŋ꜒	₌tsʻuŋ	₌zuŋ	₌kuŋ	꜂kʻuŋ	kuŋ꜒	₌ɕyŋ
固 始	tsuŋ꜒	₌tsʻuŋ	₌zuŋ	₌kuŋ	꜂kʻuŋ	kuŋ꜒	₌ɕyŋ
商 城	tsəŋ꜒	₌tsʻəŋ	₌zəŋ	₌kuŋ	꜂kʻuŋ	kuŋ꜒	₌ɕyŋ
息 县	tsuŋ꜒	₌tsʻuŋ	₌zuŋ	₌kuŋ	꜂kʻuŋ	kuŋ꜒	₌ɕyŋ
淮 滨	tsuŋ꜒	₌tsʻuŋ	₌zuŋ	₌kuŋ	꜂kʻuŋ	kuŋ꜒	₌ɕyŋ

	拥	容	勇	绿	足	俗	续
	通合三上肿影	通合三平钟以	通合三上肿以	通合三入烛来	通合三入烛精	通合三入烛邪	通合三入烛邪
老城区	ˬzoŋ	ˬzoŋ	ˉzoŋ	ˏlou	ˏtsou	ˬɕy	ɕyˎ
浉河区	ˬzoȵ	ˬzoȵ	ˉzoȵ	ˏlou	ˏtsou	ˬɕy	ɕyˎ
平桥区	ˬzuŋ	ˬzuŋ	ˉzuŋ	ˏlu	ˬtɕy	ˬɕy	ɕyˎ
罗山	ˬzoŋ	ˬzoŋ	ˉzoŋ	ˏləu	ˏtsou	ˬɕy	ɕyˎ
光山	ˉzoŋ	ˬzoŋ	ˉzoŋ	ˏnəu	ˏtsəu	nəuˎ	ɕiəuˎ
新县	ˉzoŋ	ˬzoŋ	ˉzoŋ	ˏləu	ˏtsəu	ˬsəu	ɕiəuˎ
卡房	zoŋˎ	ˬzoŋ	ˉzoŋ	nəuˬ	tsəuˬ	səuˬ	ɕiəuˎ
潢川	ˉzuȵ	ˬzuȵ	ˉzuȵ	ˏlu	ˬtɕy	ˬɕy	ɕyˎ
固始	ˬzuŋ	ˬzuŋ	ˉzuŋ	ˏlou	ˬtɕy	ˬɕy	ɕyˎ
商城	ˬzuŋ	ˬzuŋ	ˉzuŋ	ˏləu	ˬtɕy	ˬɕy	ɕyˎ
息县	ˬzuȵ	ˬzuȵ	ˉzuȵ	ˏlu	ˬtɕy	ˬɕy	ɕyˎ
淮滨	ˬzuŋ	ˬzuŋ	ˉzuŋ	ˏlu	ˬtɕy	ˬɕy	ɕyˎ

	烛	触	赎	束	辱
	通合三入烛章	通合三入烛昌	通合三入烛船	通合三入烛书	通合三入烛日
老城区	ˬtsou	ˬtsʻou	ˬsou	ˉsou	ˬzou
浉河区	ˬtʂou	ˬtʂʻou	ˬʂou	ˉʂou	ˬzou
平桥区	ˬtsu	ˬtsʻu	ˬsu	ˉsu	ˬzu
罗山	ˬtsəu	ˬtsʻəu	ˬsəu	ˉsəu	ˬzəu
光山	ˬtʂəu	ˬtʂʻəu	ˬʂəu	ˉʂəu	ˬzʻəu
新县	ˬtʂəu	ˬtʂʻəu	ˬʂəu	ˉʂəu	ˬzʻəu
卡房	ˬtʂəu	ˬtʂʻəu	ʂəuˬ	ʂəuˬ	ˬzʻəu
潢川	ˬtsu	ˬtsu	ˬsu	ˉsu	ˬzu
固始	ˬtsu	ˬtsu	ˬsu	ˉsu	ˉzu
商城	ˬtsəu	ˬtsəu	ˬsəu	ˉsəu	ˬzʻəu
息县	ˬtsu	ˬtsʻu	ˉsu	ˉsu	ˬzu
淮滨	ˬtsu	ˬtsʻu	ˬsu	ˉsu	ˬzu

	曲曲折 通合三 入烛溪	局 通合三 入烛群	玉 通合三 入烛疑	狱 通合三 入烛疑	浴 通合三 入烛以
老城区	₌tɕʻy	₌tɕʻy	y²	₌y	y²
浉河区	₌tʂʻʅ	₌tʂʻʅ	ʮ²	ʮ²	ʮ²
平桥区	₌tɕʻy	₌tɕʻy	y²	₌y	y²
罗　山	₌tɕʻy	₌tɕʻy	y²	₌y	₌y
光　山	₌tʂʻʅ	₌tʂʻʅ	ʮ²	₌ʮ	₌ʮ
新　县	₌tʂʻʅ	₌tʂʻʅ	ʮ²	ʮ²	ʮ²
卡　房	₌tʂʻʅ	₌tʂʻʅ	ʮ²	ʮ²	ʮ²
潢　川	₌tɕʻy	₌tɕʻy	y²	₌y	₌y
固　始	₌tɕʻy	₌tɕʻy	y²	₌y	₌y
商　城	₌tɕʻy	₌tɕʻy	y²	₌y	₌y
息　县	₌tɕʻy	₌tɕʻy	y²	₌y	₌y
淮　滨	₌tɕʻy	₌tɕʻy	y²	₌y	y²

遇、蟹、止、山、臻、通六摄合口部分字读音对照表①

（一）遇摄合口部分字读音对照表

	土 遇合一 端组	努 遇合一 泥组	祖 遇合一 精组	猪 遇合三 知组	树 遇合三 章组	如 遇合三 日组	初 遇合三 庄组	滤 遇合三 泥组	蛆 遇合三 精组
老城区	ꜛtʻou	ꜛlou	ꜛtsou	₌tɕy	ɕyꜛ	₌y	₌tsʻou	lyꜛ	₌tɕʻy
浉河区	ꜛtʻou	ꜛlou	ꜛtsou	₌tʂʅ	ʂʅꜛ	₌ʯ	₌tsʻou	ȵʯꜛ	₌tɕʻi
平桥区	ꜛtʻu	₌lu	ꜛtsu	₌tsu	suꜛ	₌y	₌tsʻu	lyꜛ	₌tɕʻy
罗山	ꜛtʻəu	₌ləu	ꜛtsəu	₌tɕy	ɕyꜛ	₌y	₌tsʻəu	lyꜛ	₌tɕʻi
光山	ꜛtʻəu	₌ləu	ꜛtsəu	₌tʂʅ	ʂʅꜛ	₌ʯ	₌tsʻəu	liꜛ	₌tɕʻi
新县	ꜛtʻəu	₌nəu	ꜛtsəu	₌tʂʅ	ʂʅꜛ	₌ʯ	₌tsʻo	niꜛ	₌tʂʅ
卡房	ꜛtʻəu	₌nəu	ꜛtsəu	₌tʂʅ	ʂʅꜛ	₌ʯ	₌tsʻəu	niꜛ	₌tɕʻi
潢川	ꜛtʻu	₌lu	ꜛtsu	₌tsu	suꜛ	₌y	₌tsʻuo	lyꜛ	₌tɕʻy
固始	ꜛtʻu	ꜛlou	ꜛtsu	₌tsu	suꜛ	₌zu	₌tsʻuo	lyꜛ	₌tɕʻy
商城	ꜛtʻəu	₌ləu	ꜛtsəu	₌tɕy	ɕyꜛ	₌y	₌tsʻo	lyꜛ	₌tɕʻy
息县	ꜛtʻu	₌nu	ꜛtsu	₌tʂʅ	ʂuꜛ	₌z̩u	₌tsʻuo	lyꜛ	₌tɕʻy
淮滨	ꜛtʻu	ꜛlu	ꜛtsu	₌tsu	suꜛ	₌zu	₌tsʻuo	lyꜛ	₌tɕʻy

① 本附录只列举 12 个方言点，这 12 个点依次是：老城区、浉河区谭家河镇、平桥区城阳城、罗山县楠杆镇、光山县北向店乡、新县沙窝镇、新县卡房乡、潢川县白店乡、固始县郭陆滩镇、商城县吴河乡、息县孙庙乡和淮滨县张庄乡。

（二）蟹摄合口部分字读音对照表

	对	雷	崔	罪	岁	税
	蟹合一端组	蟹合一来组	蟹合一精组	蟹合一精组	蟹合三精组	蟹合三章组
老城区	tei²	₌lei	₌tsʻei	tsei²	sei²	sei²
浉河区	tei²	₌li/₌lei	₌tsʻei	tsei²	sei²	sei²
平桥区	tei²	₌lei	₌tsʻei	tsuei²	suei²	suei²
罗 山	tei²	₌li/₌lei	₌tsʻei	tsei²	sei²	sei²
光 山	tei²	₌li/₌lei	₌tsʻei	tɕi²/tsei²	sei²	sei²
新 县	tei²	₌li/₌lei	₌tsʻei	tɕi²/tsei²	sei²	sei²
卡 房	tei²	₌ni/₌nei	₌tsʻei	tɕi²/sei²	sei²	sei²
潢 川	tei²	₌lei	₌tsʻei	tsei²	sei²	sei²~suei²
固 始	tei²	₌lei	₌tsʻei~₌tsʻuei	tsei²	sei²	sei²~suei²
商 城	tei²	₌lei	₌tsʻei	tsei²	sei²	ɕyei²
息 县	tei²	₌lei	₌tsʻuei	tsuei²	suei²	suei²
淮 滨	tei²	₌lei	₌tsʻei	tsei²	sei²	suei²

（三）止摄合口部分字读音对照表

	累 连累	醉	追	锤	帅	吹	睡
	止合三泥组	止合三精组	止合三知组	止合三知组	止合三庄组	止合三章组	止合三章组
老城区	lei²	tsei²	₌tsei	₌tsʻei	sai²	₌tsʻei	sei²
浉河区	lei²	tsei²	₌tsei	₌tsʻei	sai²	₌tsʻei	sei²
平桥区	lei²	tsuei²	₌tsuei	₌tsʻuei	suai²	₌tsʻuei	sei²~suei²
罗 山	lei²	tsei²	₌tsei	₌tsʻei	sai²	₌tsʻei	sei²
光 山	lei²	tsei²	₌tsei	₌tsʻei	sai²	₌tsʻei	sei²
新 县	lei²	tsei²	₌tsei	₌tsʻei	sai²	₌tsʻei	sei²
卡 房	nei²	tsei²	₌tsei	₌tsʻei	sai²	₌tsʻei	sei²
潢 川	lei²	tsei²	₌tsuei	₌tsʻuei	suɛ²	₌tsʻuei	sei²
固 始	lei²	tsei²	₌tsuei	₌tsʻuei	suai²	₌tsʻuei	sei²
商 城	lei²	tsei²	₌tɕʻyei	₌tɕʻyei	ɕyei²	₌tɕʻyei	sei²
息 县	lei²	tsuei²	₌tsuei	₌tsʻuei	suɛ²	₌tsʻuei	sei²
淮 滨	lei²	tsuei²	₌tsuei	₌tsʻuei	suɛ²	₌tsʻuei	sei²

（四）山摄合口一、二等部分字读音对照表

	短	段	乱	钻(动词)	酸	拴	刷
	山合一端组	山合一端组	山合一泥组	山合一精组	山合一精组	山合二庄组	山合二庄组
老城区	ᶜtan	tanꜛ	lanꜛ	₌tsan	₋san	₋san	₋sa
浉河区	ᶜtan	tanꜛ	lanꜛ	₌tsan	₋san	₋san	₋sa
平桥区	ᶜtan~ᶜtuan	tanꜛ~tuanꜛ	lanꜛ~luanꜛ	₌tsuan	₋suan	₋suan	₋sua
罗山	ᶜtan	tanꜛ	lanꜛ	₌tsan	₋san	₋san	₋sa
光山	ᶜtan	tanꜛ	lanꜛ	₌tsan	₋san	₋san	₋sa
新县	ᶜtan	tanꜛ	lanꜛ	₌tsan	₋san	₋san	₋sa
卡房	ᶜtan	tanꜛ	nanꜛ	₌tsan	₋san	₋san	sa꜕
潢川	ᶜtan	tanꜛ	luanꜛ	₌tsuan	₋suan	₋suan	₋sua
固始	ᶜtuan	tuanꜛ	luanꜛ	₌tsuan	₋suan	₋suan	₋sua
商城	ᶜtan	tanꜛ	lanꜛ	₌tsan	₋san	₋çyan	₋çya
息县	ᶜtuan	tuanꜛ	luanꜛ	₌tsuan	₋suan	₋suan	₋sua
淮滨	ᶜtuan	tuanꜛ	luanꜛ	₌tsuan	₋suan	₋suan	₋sua

（五）臻摄合口部分字读音对照表

	顿	尊	孙	轮	迅	突	卒
	臻合一端组	臻合一精组	臻合一精组	臻合三泥组	臻合三精组	臻合一入端组	臻合一入精组
老城区	tənꜛ	₌tsən	₋sən	₋lən	çynꜛ	₌tʰou	₋tsou
浉河区	tenꜛ	₌tsen	₋sen	₋len	çynꜛ	₌tʰou	₋tsou
平桥区	tuənꜛ~tənꜛ	₌tsuən	₋suən	₋luən~₋lən	çynꜛ	₌tʰu	₋tsu
罗山	tənꜛ	₌tsən	₋sən	₋lən	çynꜛ	₌tʰuə	₋tsəu
光山	tenꜛ	₌tsen	₋sen	₋len	çinꜛ	₌tʰəu	₋tsəu
新县	tenꜛ	₌tsen	₋sen	₋len	çinꜛ	₌tʰuə	₋tsəu
卡房	tenꜛ	₌tsen	₋sen	₋nen	çinꜛ	tʰəu꜕	tsəu꜕
潢川	tənꜛ	₌tsən	₋sən	₋lən	çynꜛ	₌tʰu	₋tsu
固始	tənꜛ	₌tsən	₋sən	₋lən	çynꜛ	₌tʰu	₋tsu
商城	tənꜛ	₌tsən	₋sən	₋lən	çynꜛ	₌tʰuə	₌tsəu
息县	tənꜛ	₌tsən	₋sən	₋lən	çynꜛ	₌tʰu	₋tsu
淮滨	tənꜛ	₌tsəŋ	₋səŋ	₋ləŋ	çyŋꜛ	₌tʰu	₋tsu

（六）通摄部分字读音对照表

	东	笼	送	虫	秃	叔	肃	绿
	通合一端组	通合一泥组	通合一精组	通合三知组	通合一入端组	通合三入章组	通合三入精组	通合三入泥组
老城区	₌toŋ	₌loŋ	soŋ²	₌tʂ'oŋ	₌t'u	꜀sou	₌ɕy	₌lou①
浉河区	₌toŋ	₌loŋ	soŋ²	₌tʂ'oŋ	₌t'ou	꜀ʂou	₌ɕy	₌lou
平桥区	₌təŋ~ ₌tuŋ	₌ləŋ~ ꜀luŋ	suŋ²	₌tʂ'oŋ	₌t'u	꜀su	₌ɕy	₌lu
罗 山	₌toŋ	₌loŋ	soŋ²	₌tʂ'oŋ	₌t'əu	꜀sou	₌ɕy	₌ləu
光 山	₌toŋ	₌loŋ	soŋ²	₌tʂ'oŋ	₌t'əu	꜀ɕəu	₌səu	₌ləu
新 县	₌toŋ	₌loŋ	soŋ²	₌tʂ'oŋ	₌t'əu	꜀ɕəu	₌səu	₌ləu
卡 房	₌toŋ	꜀noŋ	soŋ²	₌tʂ'oŋ	t'əu²	ʂəu꜀	səu꜀	nəu꜀
潢 川	₌təŋ	₌ləŋ	suŋ²	₌ts'uŋ	₌t'u	꜀su	₌ɕy	₌lu
固 始	₌təŋ	₌ləŋ	suŋ²	₌ts'uŋ	₌t'u	꜀su	₌ɕy	₌lou
商 城	₌təŋ	₌ləŋ	səŋ²	₌ts'əŋ	₌t'u	꜀sou	₌ɕy	꜀lou²
息 县	₌tuŋ	₌luŋ	suŋ²	₌ts'uŋ	₌t'u	꜀su	₌ɕy	₌lu
淮 滨	₌tuŋ	₌luŋ	suŋ²	₌ts'uŋ	₌t'u	꜀su	₌ɕy	₌lu

---

① 年轻人读 ꜀lu。

信阳地区方言语音特征地图

图1　泥、来母分混图

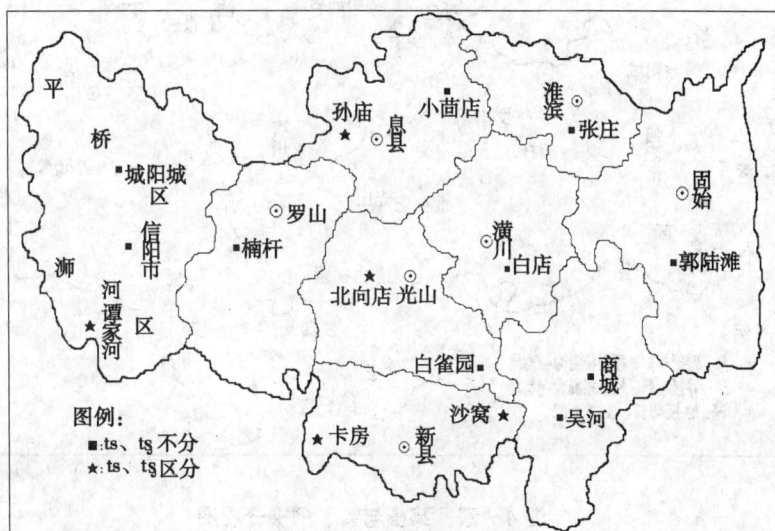

图2　ts、tʂ分混图

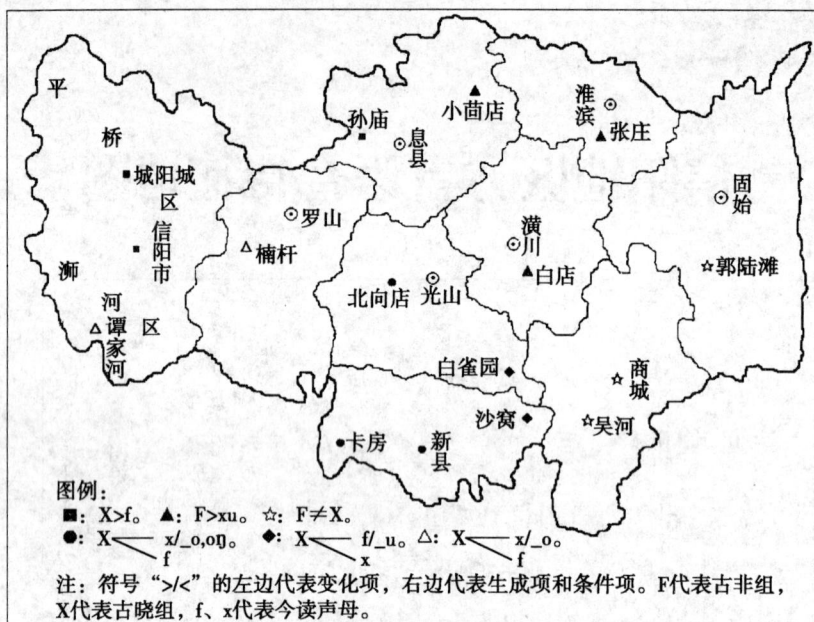

图例：
■: X>f。 ▲: F>xu。 ☆: F≠X。
●: X ⟵ x/_o,oŋ。 ◆: X ⟵ f/_u。 △: X ⟵ x/_o。
　　　　　　 f　　　　　　　　　　　　f

注：符号">/<"的左边代表变化项，右边代表生成项和条件项。F代表古非组，X代表古晓组，f、x代表今读声母。

图3　f、x 分混示意图

图例：
■: 深、臻摄与曾、梗摄相混为-n韵尾
▲: 深、臻摄与曾、梗摄相混为-ŋ韵尾
★: 深、臻摄与曾、梗摄不混

图4　深、臻摄与曾、梗摄分混图

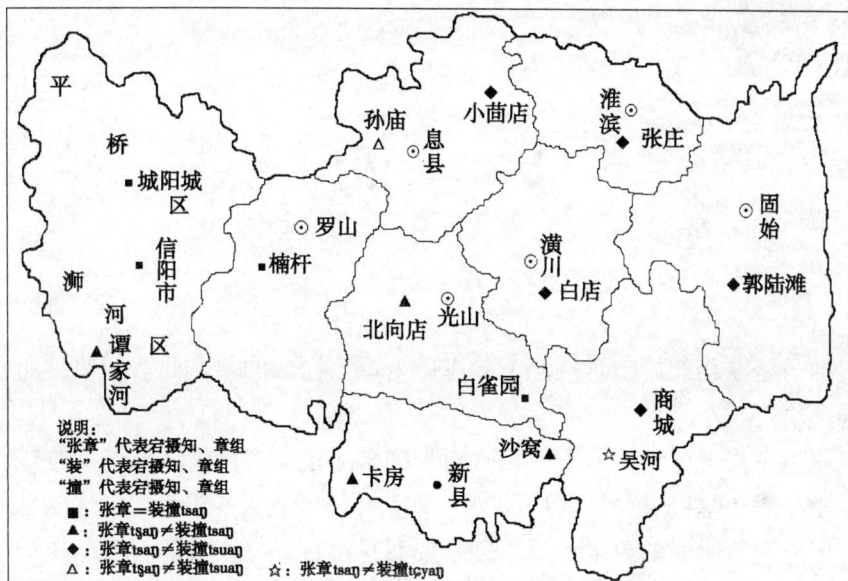

图5　宕、江摄知系阳声韵字读音情形图

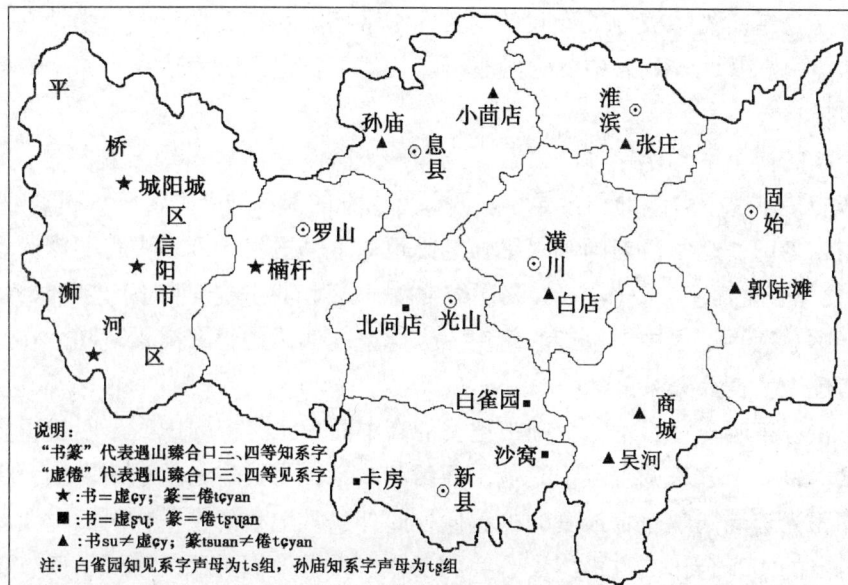

图6　"书虚"、"篆倦"读音情形图

后　记

　　本书是在我的博士学位论文的基础上修改而成的，在此首先要感谢我的导师胡安顺先生。

　　先生不仅自己治学严谨，而且对他的学生也要求严格。他经常告诫自己的学生要"厚积薄发"，切不可投机取巧！由于我天生愚笨，加之基础又差，因此先生对我的要求更严，经常要我付出百分之二百的努力。在论文的撰写阶段，大到框架小到字句，先生都给出了详细指导。先生虽对我很严，却又倍加呵护。先生在"小学"方面造诣很深，但由于我硕士阶段学的是方言学，因此我决定将信阳地区方言语音作为论文选题时，先生非但没有反对，反而非常支持我的选择，而我也时常因为未能学到先生的真正本领而深感遗憾。先生极为关心我的生计，常常询问我在工作与生活中遇到的困难。每念及此，我心中都充满感激。任何语言都无法表达我对先生的感激之情！

　　我的博士后合作导师潘悟云先生和硕士阶段导师涂光禄先生在本书的写作中提供了很多帮助和指导。陕西师范大学的郭芹纳老师、陈学超老师、邢向东老师、赵学清老师和黑维强老师也对本书提出了许多中肯的修改意见，使我获益良多。写作之余，我还经常就一些疑难问题向邢向东老师求教，邢老师总在百忙之中予以细心解答，为此也耽误了他很多宝贵时间。在此向诸位先生表示深深谢意！

　　在方言调查过程中，信阳市纪委的高中同学张光宏同志给予了我很多帮助。每一个方言调查点都是他出面帮我联系，为我省去了诸多麻烦，在此向张光宏老同学表示最真诚的感谢！此外息县纪委的崔记伟同志以及各方言点的发音合作人也极力配合我的工作。没有他们的积极帮忙，调查工作是不可能顺利完成的。

　　在本书的立项和出版过程中，绍兴文理学院的寿永明教授、叶岗教授和周一农教授给了我很多关心和帮助。我的同门和同窗王怀中、王伟、王俊英、刘琨、曹强、许芃、吴媛、谢中平、李学强、周信祥、张书明、陈东升、江融冰、高建、李晰、朱莹、王美玲、杨永发、芦兰花、高峰、王一涛也在我的学习与生活中给予了很多支持，在此一并谢过！

我的爱人易成敏为本书材料的整理和输入做了大量工作，我年幼的孩子和年迈的父母也在我求学的过程中付出了很多。他们的理解和支持是我完成本书的最大动力！

本书的专业符号较多，校对起来费时费力，在此向宫京蕾编辑和其他校对人员不厌其烦、认真细致的校对工作表示最真诚的谢意！

在申报浙江省后期资助时，笔者对博士论文作了许多重大修改。如删除了附录4《固始方言同音字汇》，在第五章中增加了《信阳地区古入声的发展演变》一节，同时对很多章节的内容进行了调整，更加注重从政区沿革、地理地缘等外部因素考察信阳地区方言语音的演变与发展。但由于本人学识有限，又加之时间仓促，书中很多方面都未能深入展开，因而存在的问题很多，敬请各位读者批评指正。

叶祖贵

2013年11月